사기(史記)에서 삶의 길을 보다

지나간 이야기, 남겨진 질문

황인수 지음

고전에서
현대적 삶을
풀어내는
교양서

司馬遷
史記

BOOKK

지나간 이야기, 남겨진 질문

초판 1쇄 | 2025년 12월 01일
초판 2쇄 | 2025년 12월 29일
저 자 | 황인수(불초거사)
펴낸이 | 한건희
펴낸곳 | 주식회사 부크크
출판사등록 | 2014.07.15.(제2014-16호)
주 소 | 서울특별시 금천구 가산디지털1로 119 SK트윈타워 A동 305호
전 화 | 1670-8316
이메일 | info@bookk.co.kr

ISBN | 979-11-12-09322-6

www.bookk.co.kr

지나간 이야기,
남겨진 질문

- 사기(史記)에서 삶의 길을 보다 -

황 인 수 지음

황인수(黃仁洙)

충남 보령에서 태어나 동국대학교 행정학과를 졸업했습니다.

총무처, 중앙인사위원회, 행정안전부 등에서 30여 년간 국가공무원으로 재직하며 인사 분야의 정책 경험을 쌓았습니다.

중국 유학과 주중한국대사관 근무를 통해 중국 사회와 문화에 대한 이해의 범위를 넓혔습니다.

현재는 국가공무원 인사정책을 총괄하는 인사혁신처에서 국장으로 재직하고 있습니다.

일러두기

1. 국가명, 인명, 지명의 표기

· 가독성을 고려해 우리말 한자 독음을 기본으로 합니다.

· 혼동을 피하고자 꼭 필요한 경우에만 괄호 안에 한자를 함께 표기합니다.

· 동음이의어 구분, 핵심 인물·지명·관직의 첫 등장 시에만 제한적으로 한자를 표기합니다.

2. 제왕 호칭 구분

· **진시황** : 중국 통일 전(기원전 221년 이전)에는 '진왕(정)', 통일 후(기원전 221년부터)에는 '진시황' 또는 '시황제'라 합니다.

· **항우** : 초패왕 즉위 전(기원전 206년 이전)에는 '항우' 또는 '항적', 초패왕 즉위 후(기원전 206~202년)에는 '항왕'이라 합니다.

· **유방** : 한나라 건국 전(기원전 206년 이전)에는 '패공' 또는 '유방', 한왕 즉위 후(기원전 206~202년)에는 '한왕', 항우를 물리치고 나라를 통일한 후(기원전 202년부터)에는 '한고조' 또는 '고제'라 합니다.

3. 고사성어 표기

· 고사성어는 한글 뒤 괄호 안에 한자를 함께 표기합니다. 예를 들면 기화가거(奇貨可居)

· 같은 글 내에서 반복될 경우 한자 표기는 생략합니다.

4. 용어 및 지명 설명

· 어려운 관직명이나 제도는 본문에서 현대적 비유와 함께 설명합니다.

· 지명은 필요시 현재의 지명과 함께 표기합니다. 예를 들면 함양(오늘날 섬서성 서안 서쪽)

5. 인물 이미지

· 고대 인물의 이미지는 인물의 특성과 시대적 배경을 참고하여, 상상력을 더해 AI로 구현하였습니다.

6. 참고문헌

· 본문에 수록된 《사기》의 내용과 일화는 김원중, 김영수 두 선생님의 《사기》 번역본을 참고하여 구성하였습니다. 두 분의 깊이 있는 연구와 번역 결과가 큰 도움이 되었습니다.

머리말

몇 년 전, 우연한 기회에 《사기》를 접하게 되었습니다.

처음에는 방대한 분량에 적잖이 압도되었지만, 첫 장을 펼치자 그 부담감은 금세 흥미와 도전 의지로 바뀌었습니다.

제나라, 진나라, 초나라… 수많은 나라들이 쉴 틈 없이 등장하고, 그보다 더 많은 인간 군상이 쏟아지는 《사기》에는 중국 고전만의 독특한 매력이 가득했습니다. 또한 한 쪽 한 쪽마다 배어 있는 깊이와 재미를 발견하는 즐거움이 있었습니다.

하지만 고대 지명을 오늘날의 지역과 연결해서 이해하는 것은 쉽지 않았고, 곳곳에 등장하는 한자와 고사성어 역시 하나하나 새롭게 공부해야 할 숙제로 다가왔습니다. 그런데 이러한 느낌은 저만의 것이 아니라, 《사기》의 가치를 인정하는 많은 이들이 느끼는 공통된 점이라는 것을 알게 되었습니다. 특히 고전 초심자들에게는 더욱 그렇게 보였습니다. 이런 경험이 이 책을 쓰게 된 첫 번째 동기였습니다. 한발 앞서 《사기》를 읽은 사람으로서, 다른 이들의 시행착오를 조금이라도 줄여줄 수 있다면 좋겠다는 생각이었습니다.

두 번째 동기는 한국과 중국의 특별한 관계였습니다.

우리나라는 지정학적으로나 경제적으로 중국과 밀접한 관계를 맺고 있지만, 서로에 대한 오해와 편견도 적지 않습니다. 베이징 유학 시절, 한 중국인 친구가 이런 말을 했습니다. "한국 사람들은 우리를 너무 단순하게 봐요. 중국은 하나가 아니라 수십 개의 나라만큼 다양한데 말이죠." 그 말이 오랫동안 제 머릿속에 남았습니다.

오늘의 중국은 과거와 다른 질서와 속도로 빠르게 움직이고 있습니다. 이를 외면하거나 단정하기보다, 인정할 것은 인정하고, 우리 상황에 맞게 받아들이려는 태도가 필요합니다. 그리고 그 시작은 그들의 사고방식과 변화를 긴 흐름 속에서 바라보는 것이라고 생각합니다.

마지막으로, 퇴직을 몇 년 앞둔 시점에서 돌아본 30여 년의 공직 생활에 대한 감사의 마음이 있었습니다.

공직 생활을 하며 수없이 많은 선택의 순간을 마주했습니다. 원칙과 현실 사이에서, 명분과 실리 사이에서, 앞으로 나아가는 것과 물러서는 것 사이에서 고민할 때마다 《사기》 속 인물들의 선택이 떠올랐습니다. 이 책은 제가 공직 생활을 통해 배운 것을 나누려는 시도였습니다. 운 좋게도 다양한 분야에서 배우고 일할 기회를 주신 국가, 가르침과 도움을 아끼지 않으신 선배님들, 함께 고민하고 성장해 온 동료들, 그리고 묵묵히 따라주며 앞으로 더 많은 일들을 해나갈 후배들께 고마운 마음을 담아 이 책을 쓰게 되었습니다

《사기》는 130권, 52만 자가 넘는 방대한 분량으로서, 중국 최초의 통사이자, 중국 '역사의 아버지'라고 일컬어지는 사마천이 평생을 걸고 완성한 걸작입니다.

전설 시대부터 한무제까지 약 3천 년의 역사를 다섯 가지 형식으로

체계화했습니다.

① 본기(황제들의 기록), ② 세가(제후와 주요 공신들), ③ 열전(다양한 인물들), ④ 표(연표), ⑤ 서(제도와 문화). 이 체계는 이후 모든 중국 역사서의 기준이 되었습니다.

더욱 놀라운 점은, 사마천이 개인적 시련 속에서도 이 작업을 포기하지 않았다는 것입니다. 흉노에게 항복한 이릉 장군을 변호했다가 한무제의 노여움을 사서 치욕스러운 궁형을 당했습니다. 그 후에도 그는 붓을 놓지 않았습니다. 그래서 권력의 정점에서 나락으로 떨어진 사람만이 느낄 수 있는 깊은 인간애와 통찰이 이 책 곳곳에 배어 있습니다.

이 책은 독자 여러분이 쉽고 재미있게 읽을 수 있도록 스토리텔링 형태로 구성했습니다. 딱딱한 역사 서술이 아니라, 마치 소설을 읽듯 인물들의 극적인 순간들을 생생하게 그려냈습니다. 관중과 포숙은 어떻게 친구가 되었을까요? 상앙은 왜 목숨을 걸고 개혁을 밀어붙였을까요? 여불위의 위험한 투자는 성공했을까요? 형가는 마지막 순간 무슨 생각을 했을까요? 이 모든 질문에 대한 답을 2천 년 전 현장에 있는 듯한 느낌으로 만나실 수 있을 것입니다.

제 개인 경험을 최대한 활용했습니다. 중국 유학과 주재관 생활을 통해 직접 보고 느낀 것들을 바탕으로, 고대의 지명을 오늘날의 지명과 연결해서 설명하고, 복잡한 인물 관계를 현대적 표현으로 정리했습니다. 지도와 도표, 연표 등을 적극 활용해 시각적으로 이해하기 쉽도록 구성했습니다.

고사성어도 따로 외우는 것이 아니라, 이야기 속에서 자연스럽게 습득할 수 있도록 배치했습니다. 고사성어가 나온 바로 그 순간의 생생한 상황을 먼저 그려내고, 그 맥락에서 성어의 의미를 이해할 수 있도록 했습니다.

'쉬어가는 이야기' 코너를 통해서는 중국과 중국인에 대한 다양한 토막 지식을 전달하려 했습니다. 이를 통해 독자 여러분이 중국인의 성격과 기질을 더 잘 이해하고, 불필요한 오해를 해소하는 데 도움이 되길 바랍니다.

이 책이 세상에 나오기까지 많은 분의 도움이 있었습니다. 초고를 읽고 조언과 격려를 아끼지 않으신 지인들, 관심과 지지를 보여주신 동료들께 진심으로 감사드립니다.

이 책을 통해 독자 여러분이 중국에 대한 이해를 한층 높이시기를 바랍니다. 그리고 2천 년 전 사람들의 이야기가 오늘을 사는 우리에게 삶의 지혜로 전해지기를 바랍니다.

2025년 겨울의 문턱에서

不肖 황인수

차 례

제5편. 인간관계의 갈림길

제1장. 우정의 두 얼굴

제2장. 충성의 두 모습

제3장. 질투와 배신의 길목에서

제4장. 갈라선 동지들

제6편. 선택의 지혜

제1장. 충심과 변심의 기로

제1편

시대를 알아야 사람을 안다

제1장. 한눈에 보는 중국사

제2장. 분열과 경쟁의 춘추전국시대

제3장. 사기의 이해와 이 책을 읽는 방법

21세기를 살고 있는 우리가 왜 2천 년 전 중국의 역사 이야기를 읽어야 할까요?

제(齊) 나라는 어떻게 최초의 패권국이 되었을까요?

진(秦)나라는 어떻게 변방에서 천하를 통일하는 강국으로 성장할 수 있었을까요?

장사꾼이 어떻게 정치권력의 중심에 설 수 있었을까요?

왜 어떤 사람은 불가능해 보이는 일에도 그렇게 목숨을 걸었을까요?

위 질문에 대한 이들의 선택을 이해하려면 그들이 살았던 시대를 알아야 합니다. 춘추전국 550년의 혼란 속에서 사람들은 어떻게 살았는지, 무엇을 위해 싸웠는지, 어떤 꿈을 품었는지 말입니다.

사마천은 왜, 무엇 때문에 자신의 일생을 걸고 이들의 이야기를 기록했을까요? 사마천은 무엇을 보여주고 싶었던 걸까요? 아마 그 답은 이 책을 읽다 보면 자연스럽게 보이게 될 것입니다.

이제 그들의 활동 무대가 된 역사 속으로 들어가 보겠습니다.

제1장

한눈에 보는 중국사

기원전 시대의 하(夏) 나라부터 21세기 현재까지, 중국 5천 년 역사를 한 장으로 정리한다는 것이 가능할까요?

이는 마치 거대한 강의 흐름을 한눈에 조망하는 것과 같은 무모한 시도처럼 보입니다.

그렇지만 우리에게는 특별한 이유가 있습니다. 바로 이 긴 역사 속에서 치열하게 살았던 《사기》 속 인물들을 만나기 위해서입니다.

관중이 활약했던 춘추시대가 어떤 배경에서 나왔는지, 상앙이 개혁을 시도했던 전국시대가 왜 그토록 치열했는지, 사마천이 《사기》를 쓴 한나라가 어떻게 거대한 제국이 될 수 있었는지를 이해하려면 전체적인 흐름을 먼저 파악해야 합니다.

마치 산을 오르기 전에 먼저 전체 지형을 살펴보듯이, 이제 중국 역사라는 거대한 산맥을 따라 여행을 떠나보겠습니다. 지금부터 우리가 곧 만나게 될 영웅들의 발자취를 미리 따라가 보겠습니다.

《한눈에 보는 중국사 : 전설시대부터 현대까지》

황하문명의 탄생과 초기 왕조들

중국 문명은 어디에서 시작되었을까요?

황하강과 장강(양쯔강) 유역의 비옥한 땅에서 피어난 고대 문명이 바로 그 출발점입니다. 전설 속 삼황오제(三皇五帝) 시대를 거쳐, 실제 존재했을 것으로 추정되는 하(夏)나라가 등장했습니다. 이어 갑골문자와 청동기를 사용한 상(商)나라, 그리고 봉건제도(封建制度)를 확립한 주(周)나라가 중국 고대 문명의 기틀을 다졌습니다.

시간이 흐르면서 중앙 정부 역할을 하던 주나라 왕실의 권위는 점점 약해졌습니다. 결국 기원전 771년 주나라는 수도를 서쪽 호경(오늘날 섬서성 서안)에서 동쪽 낙양(오늘날 하남성 낙양)으로 옮겨야 했습니다. 이때부터 춘추전국시대의 막이 올라 무려 550년이나 지속되게 됩니다.

바로 이 혼란의 시기에 우리가 앞으로 만날 뛰어난 인물들이 등장합니다. 제나라 환공을 최초의 패자(霸者)로 만든 관중, 진나라 개혁을 이끈 상앙, 천하통일의 기반을 다진 이사, 그리고 위험한 투자로 성공한 여불위까지. 이들의 이야기를 제대로 이해하려면 그들이 살았던 시대의 배경을 알아야 합니다.

다만 그 자세한 이야기는 다음 장에서 만나보겠습니다. 우선은 중국 역사의 큰 흐름을 계속 따라가 보겠습니다.

최초의 통일제국, 진나라

550년간의 춘추전국시대 혼란을 끝낸 것은 진시황(秦始皇)이었습니다. 그는 기원전 221년 함곡관 동쪽의 6국을 통일하며 중국 최초의 통일제국 진(秦)나라를 세웠습니다.

진시황은 문자와 화폐, 도량형을 통일했고, 만리장성을 축조했으며, 중앙에서 지방관을 파견하는 군현제(郡縣制)를 도입했습니다. 하지만 동시에 분서갱유(焚書坑儒)로써 학문을 탄압하고, 과도한 형벌로 민심의 이반을 초래했습니다.

이러한 진나라의 통치는 오래가지 못했고, 결국 진시황 사후 15년 만에 멸망했습니다. 농민 출신 진승(陳勝)과 오광(吳廣)의 반란을 시작으로 천하가 다시 혼란에 빠졌고, 그 유명한 초한지의 무대가 되는 항우(項羽)와 유방(劉邦)의 초한쟁패(楚漢爭霸)가 시작된 것입니다.

이들의 5년간 치열한 대결은 《사기》에서도 매우 중요하게 다뤄지는 부분입니다.

한나라와 실크로드의 개척

초한쟁패에서 역전승을 거둔 유방은 한(漢)나라를 세웠습니다. 한나라는 전한과 후한을 합쳐 400여 년간 지속되었습니다.

특히 한무제(고조 유방의 증손) 시대는 한나라의 전성기였습니다. 장건을 서역에 보내 실크로드를 개척했고, 북방 유목민족인 흉노를 정벌하여 북방을 안정시켰습니다.

이 시기에 개척된 실크로드는 동서 문명 교류의 대동맥이 되었으며,

이를 통해 불교가 인도에서 중국으로 전해 오는 계기가 마련되었습니다. 실크로드가 없었다면 동아시아의 문명은 지금과는 사뭇 달라졌을 수도 있을 것입니다.

바로 사마천은 이러한 시대에 살면서 《사기》를 집필한 것입니다. 사마천은 한무제의 치세를 직접 목격하면서 역사를 기록한 것이죠. 그래서 《사기》에는 당시 권력의 정점에서 벌어지는 일들과 황제와 신하들의 관계, 그리고 백성들의 삶이 생생하게 담겨 있습니다.

<한(漢)나라 초기 황제 연표>

구 분	재위기간	비 고
고조(高祖)	기원전 206~195년	
혜제(惠帝)	기원전 194~188년	
여태후	기원전 187~180년	
문제(文帝)	기원전 179~157년	대(代)왕 유항
경제(景帝)	기원전 156~141년	
무제(武帝)	기원전 140~87년	

한나라 이후 중국사의 흐름

400여 년을 유지하던 한나라가 환관과 외척의 폐해로 멸망하고, 중국은 분열과 통일을 반복하는 역사의 순환에 들어갔습니다. 삼국지로 잘 알려진 조조, 유비, 손권의 삼국시대를 거쳐 위진남북조의 긴 분열기가 이어졌는데, 이 시기에는 정치적 혼란 속에서도 한족과 이민족 간의 문화융합이 활발히 일어났습니다.

이후 수(隋)나라가 재통일을 이뤘지만, 무리한 대운하 공사와 고구려 정벌로 37년 만에 멸망했고, 이어진 당(唐)나라는 중국 역사상 가장 개방적인 국제 제국이 되었습니다. 당나라의 수도 장안은 실크로드의 중심지가 되어 동서 문명이 만나는 곳이었습니다.

송(宋)나라는 경제와 과학기술이 크게 발전하여 세계 최초의 지폐와 화약, 나침반, 인쇄술 등 '4대 발명'을 완성했지만, 군사력 약화로 몽골족의 원(元)나라에 멸망했습니다. 이후 주원장이 세운 명(明)나라는 한족의 자존심을 회복하고 정화(鄭和)의 대항해를 통해 해양 진출을 시도했으나, 환관의 폐해로 쇠퇴했습니다. 만주족이 세운 청(淸)나라는 강희, 옹정, 건륭 3대를 거치며 전성기를 누렸지만, 아편전쟁 이후 서구 열강의 침입과 청일전쟁 패배 등으로 쇠퇴의 길을 걸었습니다.

과거와 현재가 만나는 중국

1911년 신해혁명으로 2천 년의 황제 제도가 끝나고, 군벌 할거와 국공내전을 거쳐, 1949년 지금의 중화인민공화국이 건국되었습니다. 현재 중국은 23개 성, 5개 자치구, 4개 직할시, 2개 특별행정구로 구성된 세계에서 네 번째로 넓은 국토(약 960만 제곱킬로미터)를 가진 거대한 나라입니다

그런데 현재 중국의 행정구역 명칭 중 상당수가 고대 제국의 이름에서 유래했다는 걸 알고 계시나요? 산서성의 약칭 '진(晋)'은 춘추전국시대 진나라에서, 섬서성의 원래 약칭은 '섬(陝)'이지만 진(秦)나라의 본거지였기에 '진(秦)'으로도 불립니다.

과거 관중 지역은 현재의 섬서성이고, 제나라가 있던 곳은 산동성,

초나라의 중심지는 호북성과 호남성입니다. 수도 베이징은 연나라와 조나라의 경계 지역이었고, 경제의 중심지 상하이(上海)는 오나라와 월나라가 있던 강남 지역입니다.

이제 뛰어난 재상과 명장들이 활약했던 제나라, 과감한 개혁이 펼쳐진 진나라, 진시황을 죽이려고 자객이 출발한 연나라의 위치를 지도에서 확인해 보시기 바랍니다.

5천 년을 이어온 중화 문명의 생명력은 이렇게 과거와 현재를 연결하며 오늘날까지 지속되고 있습니다. 역사와 현재가 이렇게 연결되어 있다는 것이 흥미롭지 않습니까?

<중국의 행정구역(일부)과 고대 국가>

명칭	약칭	비 고
하북(河北)	기(冀)	조나라, 연나라
산서(山西)	진(晋)	진(晉)나라 중심
하남(河南)	예(豫)	중원의 중심
호북(湖北)	악(鄂)	초나라 중심지
호남(湖南)	상(湘)	초나라 남부
안휘(安徽)	환(皖)	오·초나라 경계
광동(廣東)	월(粤)	남월지역
강소(江蘇)	소(蘇)	오나라
강서(江西)	간(贛)	오나라 남부
절강(浙江)	절(浙)	월나라
산동(山東)	노(魯)	제나라, 노나라
섬서(陝西)	섬(陝)	진(秦)나라 발원지
감숙(甘肃)	감(甘)	실크로드
사천(四川)	천(川), 촉(蜀)	촉한 지역

중국의 행정구역

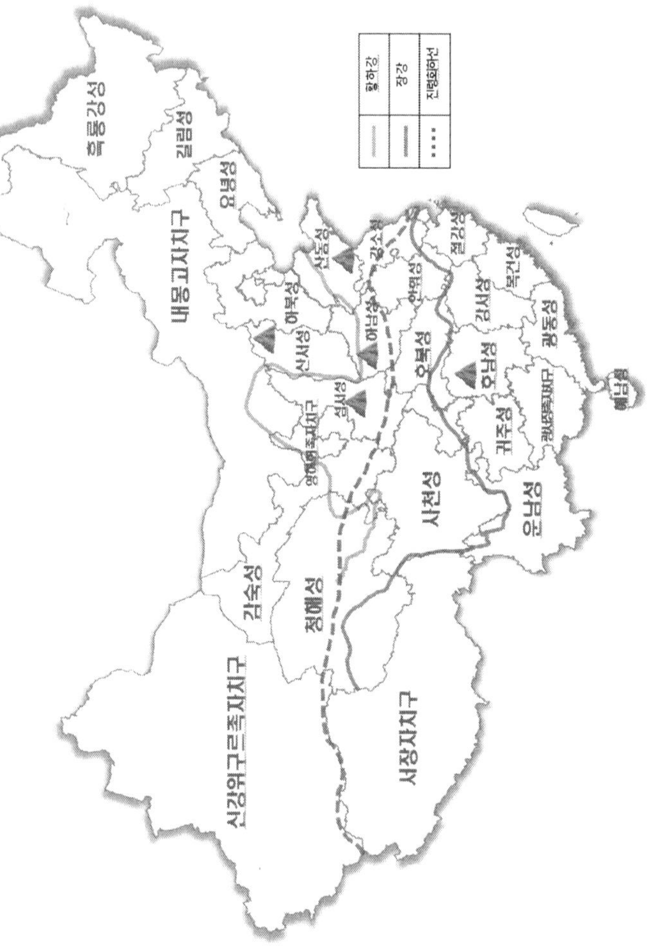
흑룡강성
길림성
요녕성
내몽고자치구
하북성
산동성
강소성
산서성
하남성
안휘성
절강성
복건성
강서성
광동성
호북성
호남성
섬서성
영하회족자치구
귀주성
광서장족자치구
해남성
사천성
운남성
감숙성
청해성
신강위구르족자치구
서장자치구
황하강
장강
진령회하선

역사의 순환과 미래

오늘날 중국은 어떻게 과거의 혼란과 통일 그리고 분열의 패턴에서 벗어나 장기적으로 통일성을 유지하고 있을까요? 중국의 역사를 되돌아보면, 번영과 몰락을 반복하며 수백 년의 혼란과 분열의 시기가 있었고, 수십 년도 채 되지 않는 짧은 통일왕조 시기도 있었습니다.

왕조가 강성할 때는 서안이나 낙양 등으로 서쪽에 수도를 두었으나, 쇠락할 때는 동쪽 또는 남쪽으로 옮겨가는 경향을 보였습니다. 마치 고구려와 백제, 그리고 신라가 한강 유역을 차지하고자 치열하게 싸웠듯이, 중국에서는 중원(하남성과 주변 일대)을 차지하기 위해 싸웠고 많은 왕조가 뒤바뀌었습니다.

그런데 오늘날 중국의 수도인 베이징은 동쪽에 있습니다. 역사를 돌이켜 볼 때 중국의 미래는 앞으로 어떤 모습이 될까요? 또한 우리나라와 중국의 관계는 어떻게 전개될까요?

역사를 통해 우리는 강대국도 언젠가는 쇠퇴할 수 있으며, 분열된 나라도 다시 통일될 수 있다는 것을 보았습니다. 5천 년 중국 역사의 흐름은 끊임없는 변화와 순환 속에서도 지속되는 문명의 생명력을 보여주고 있습니다.

중국 역사의 흐름을 이해하는 것은 단순히 과거 기록을 이해하는 것을 넘어, 동아시아의 미래를 예측하고 준비하는 데 중요한 통찰을 제공합니다. 여러분은 어떻게 생각하시나요?

<우리나라와 중국의 역사 대비표>

<table>
<tr><th colspan="2">중국</th><th colspan="2">우리나라</th></tr>
<tr><td colspan="2">하(夏)
(BC2100~1600)</td><td rowspan="6">고조선
(BC2333~108)</td><td rowspan="6">한사군 설치
(BC108)</td></tr>
<tr><td colspan="2">상(商)
(BC1600~1046)</td></tr>
<tr><td colspan="2">주(周)
(BC1046~771)</td></tr>
<tr><td>춘추전국시대
(BC770~221)</td><td>춘추(BC770~403)
전국(BC403~221)</td></tr>
<tr><td>진(秦)
(BC221~BC206)</td><td>진승오광의 난
(BC209)</td></tr>
<tr><td colspan="2">한(漢)
(BC206~AD220)</td></tr>
<tr><td>위진남북조
(220~589)</td><td>위(220~265)
촉(221~263)
오(222~280)
서진(265~316)
동진(317~420)</td><td rowspan="2">고구려
(BC37~AD668)
백제
(BC18~AD660)
신라
(BC57~AD935)</td><td rowspan="2">살수대첩(612)
안시성 전투(645)
삼국통일(676)</td></tr>
<tr><td colspan="2">수(隨)
(581~618)</td></tr>
<tr><td colspan="2">당(唐)
(618~907)</td><td colspan="2">발해
(698~926)</td></tr>
<tr><td colspan="2">5대 10국
(907~979)</td><td rowspan="3">고려
(918~1392)</td><td rowspan="3">후삼국통일(936)
대몽항쟁
(1231~1259)</td></tr>
<tr><td colspan="2">송(宋)
(960~1279)</td></tr>
<tr><td colspan="2">원(元)
(1271~1368)</td></tr>
<tr><td colspan="2">명(明)
(1368~1644)</td><td colspan="2" rowspan="2">조선
(1392~1910)</td></tr>
<tr><td>청(淸)
(1616~1912)</td><td rowspan="3">아편전쟁(1840)
신해혁명(1911)
대약진운동(1958)
문화대혁명(1966)
개혁개방(1978)</td></tr>
<tr><td>중화민국
(1912~1949)</td><td colspan="2">일제강점기
(1910~1945)</td></tr>
<tr><td>중화인민공화국
(1949~현재)</td><td colspan="2">대한민국
(1945~현재)</td></tr>
</table>

쉬어가는 이야기

산과 강이 만든 나라 이름들

중국은 얼마나 넓을까요?

국토 면적이 약 960만㎢입니다. 한반도의 44배에 달하는 크기입니다. 땅의 동서 넓이로만 따지면 시차가 4시간이나 나는데, 신기하게도 중국은 전 국토가 '베이징 시각'만 사용합니다. 이는 '하나의 중국'을 상징하는 정치적 메시지인 셈입니다.

이토록 광활한 중국을 이해하는 열쇠는 바로 산과 강입니다. 황하는 길이 5,464km로 중국인들이 '어머니의 강'이라 부르는 5천 년 문명의 발상지입니다. 또한 장강은 6,211km로 세계에서 세 번째로 긴 강이며, 그 유역에 충칭, 우한, 상하이 같은 대도시들이 발달했습니다.

한편, 중국에는 남북을 가르는 명확한 경계가 있습니다. 산으로는 진령산맥, 강으로는 회하(淮河)입니다. "귤이 회수를 건너면 탱자가 된다."라는 속담의 그 회수가 바로 이 강입니다. 실제로 회하 북쪽은 밀 농사, 남쪽은 쌀농사를 지어 농업 패턴이 완전히 다릅니다.

흥미로운 건, 이런 산과 강이 중국의 성(省) 이름을 만들어냈다는 점입니다. 태행산맥을 기준으로 산의 서쪽은 산서성, 동쪽은 산동성입니다. 북부의 황하강을 기준으로 강의 북쪽은 하북성, 남쪽은 하남성입니다. 남부를 가로지르는 장강의 동정호를 기준으로 북쪽은 호북성, 남쪽은 호남성입니다.

한편, 중국인들이 사랑하는 오악(태산, 화산, 형산, 항산, 숭산)은 동서남북과 중앙을 상징하는 5대 명산으로 "오악을 다녀오면 산에 가지

쉬어가는 이야기

않고, 황산을 다녀오면 오악을 가지 않는다"라는 속담으로도 유명합니다.

우리가 앞으로 만날 춘추전국시대 나라들도 마찬가지입니다. 제나라는 지금의 산동성, 진나라는 섬서성, 초나라는 호북성과 호남성 일대였습니다. 특히 진나라 본거지인 관중 평원은 사방이 산으로 둘러싸인 천연 요새였고, 함곡관을 통해 동쪽 중원을 공략할 수 있어 천하통일의 지리적 기반이 되었습니다.

서쪽 신강 지역에는 더 재미있는 이야기가 있습니다. 혹시 신강(新疆)의 '疆' 글자를 자세히 보신 적 있으신가요? 오른쪽에 세 개의 가로선(一)과 두 개의 밭 전(田) 자로 구성되어 있습니다. 놀랍게도 이 한자가 신강 지역의 실제 지형과 일치합니다! 신강에는 3개의 큰 산맥(알타이, 천산, 곤륜)이 있고, 그 사이에 2개의 분지(준가르분지, 타림분지)가 있거든요. 놀랍지 않나요? 우연일까요, 아니면 중국인들의 의도였을까요?

이런 지리를 이해하면 앞으로 만날 『사기』 인물들의 활동 무대가 훨씬 생생하게 다가올 것입니다. 관중이 제나라에서 패권을 잡고, 상앙이 진나라에서 개혁을 펼치고, 항우와 유방이 중원에서 천하를 두고 다투었던 그 무대가 바로 이 땅이었으니까요!

제2장

분열과 경쟁의 춘추전국시대

왜 중국 5천 년 역사에서 하필 춘추전국시대만 따로 자세히 다루는 걸까요?

그것은 바로 앞으로 우리가 만날 《사기》 인물들 대부분이 바로 이 시대에 살았기 때문입니다. 관중과 포숙의 우정, 상앙의 개혁, 여불위의 투자, 형가의 암살…. 이 모든 드라마가 춘추전국 550년 동안 펼쳐졌습니다.

"천하의 대세는 오래 나누어지면 반드시 합쳐지고, 오래 합쳐지면 반드시 나뉜다(天下大勢, 分久必合, 合久必分)"는 《삼국지》의 말처럼, 이 긴 분열의 춘추전국시대는 결국 진시황의 통일로 막을 내렸습니다. 하지만 그 과정에서 꽃피운 인간 군상들의 이야기는 오늘날 우리에게 영원히 남아 있습니다.

지금부터 우리가 곧 만나게 될 패자들과 영웅들이 활동했던 그 무대를 살펴보겠습니다.

《예의와 질서의 춘추시대》

중국인들의 세계관

고대 중국인들은 하늘은 둥글고 땅은 네모지다는 세계관으로 세상을 이해했습니다. 이 네모난 땅의 중심에 있는 나라를 '중국(中國)'이라 불렀고, 이 중심 지역을 '중원(中原)' 혹은 '화하(華夏)'라고도 했습니다.

중국 주변은 동해, 서해, 남해, 북해로 둘러싸여 있으며, 이 안쪽 세계를 '사해지내(四海之內)'라 하고, 줄여서 '해내(海內)' 또는 '천하(天下)'라 불렀습니다. 천하의 중심이 중국이라면, 중국의 중심은 곧 중원(中原)이었습니다.

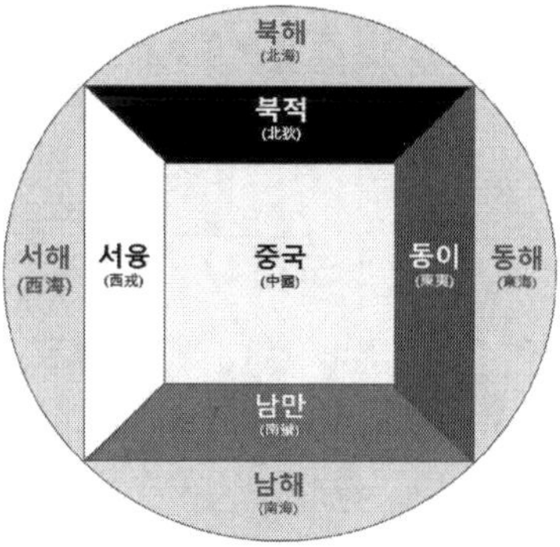

중국 바깥에는 이민족이 살고 있어 동쪽의 이(夷), 남쪽의 만(蠻), 서쪽의 융(戎), 북쪽의 적(狄)이 그들이었습니다. 이들을 통칭해 '사이(四夷)', 또는 '만이(蠻夷)'라 불렀습니다. 이들은 문화와 생활방식이 중국과 다르며 야만적인 민족으로 여겨졌습니다.

이처럼 '중국-천하-사이'로 이어지는 위계 구조 속에서, 중국은 문명의 중심이라는 자의식을 형성하며 고대의 질서와 외교 관계를 구축해 나갔습니다.

주나라의 봉건제도 성립

주나라 무왕은 기원전 1046년 상나라를 멸망시키고 호경(오늘날 섬서성 서안)에 도읍을 정했습니다. 그는 새로운 통치 체제를 어떻게 구축했을까요?

무왕은 친족과 공신들에게 땅을 나누어 주고 지방의 통치자를 임명하는, 이른바 '봉건제도'를 확립했습니다. 이렇게 분봉 받은 지방의 통치자들을 '제후'라 했는데, 이들은 주 왕실과 혈연관계나 개국공신으로서 모두 군주와 신하의 관계를 맺었습니다.

주나라 건국 당시 동성 제후국이 50여 개, 공신인 이성 제후국이 70여 개가 있었다고 합니다. 그렇다면 통치 체계는 어떻게 구성되었을까요? 주나라의 최고 통치자는 천자로서 '왕'이라 불렀고, 제후국을 지정하고 지배자를 임명했습니다.

제후국의 최고 책임자는 '공'이라 칭했으며 그 아래에 경과 대부라는 신하를 두었습니다. 제후국의 호칭은 그 기여도와 영향력에 따라 남(南)·자(子)·백(伯)·후(候)·공(公)으로 변화했는데, 전국시대 말기에는 대부분의 제후국이 '왕'이라 불렀습니다.

그러면 분봉 받은 제후들에게는 어떤 의무가 있었을까요?

제후들에게는 세 가지 의무가 있었습니다. 주 왕실에 주기적으로 천자를 알현하고, 제사음식 등의 공납을 바치며, 유사시 군사 지원을 해야 했습니다.

주의 봉건제도를 운영하는 기본 원리는 장자상속의 종법제도(宗法制度)였으나, 세월이 흐르면서 혈연관계는 점점 옅어지게 되었습니다. 또한 철기의 보급으로 생산력이 향상되면서 황하 중상류 지역에 있던 제후국들은 변방으로 영토를 확대하며 각자 강대국으로 발전하기 시작했습니다.

이에 따라 제후국에 둘러싸인 주 왕실은 점점 지배력을 상실했고, 멀어진 혈연관계와 뒤바뀐 형세 속에서 중원의 주 왕실은 명목상의 지배자였을 뿐 제후국의 강성과 저항을 통제할 방법이 없었습니다.

강력했던 왕권이 약해지면 누가 질서를 유지할까요? 약화한 중앙 권력의 공백을 누가 채우게 될까요?

공화의 기원과 중국 연대 기록의 시작

주나라 여왕(厲王)은 어떤 왕이었을까요?

기원전 841년, 더 이상 폭정을 참을 수 없었던 백성들이 봉기했습니다. 여왕은 왕궁을 버리고 이웃 나라로 도망쳤고, 그곳에서 14년 후 쓸쓸하게 죽음을 맞았습니다.

그러면 왕이 사라진 주 나라를 누가 다스려야 할까요?

이때 주공(周公)과 소공(昭公)이 나섰습니다. 놀랍게도 이들은 새로운 왕을 세우지 않았습니다. 대신 두 사람이 함께 나라를 다스리기로 했습니다. 이것을 '공화(共和)'라고 불렀습니다. '함께 화합하여 다스린다'라는 뜻입니다.

그렇다면 고대 주나라의 공화와 오늘날의 공화국은 같은 개념일까요? 형태는 다르지만, 핵심 정신은 같습니다. 바로 '합의로 통치한다'는 것입니다. 서구의 '공화국(Republic)' 개념이 중국에 들어올 때 자연스럽게 '공화국(共和國)'으로 번역된 것도 이런 연결고리가 있었기 때문입니다.

공화 시대가 가져온 또 다른 변화는 체계적인 연대(年代) 기록의 시작이었습니다. 기원전 841년, 즉 공화 원년부터 중국에서는 정확한 연도별 기록이 시작되었습니다. 이전까지는 대부분 전설 같은 이야기들이었다면, 이때부터 비로소 실제 역사로 인정받는 기록들이 남게 되었습니다.

미소가 불러온 왕조의 몰락

기원전 8세기, 주나라 유왕(幽王)의 치세는 중국 역사상 비극적인 교훈 중 하나를 남겼습니다. 정사를 등한시하고 향락에 빠진 유왕에게는 절세미인이지만 좀처럼 웃지 않는 후궁 포사가 있었습니다.

사랑하는 여인 포사의 웃음을 보기 위해 유왕은 위험한 장난을 시작했습니다. 외적 침입을 알리는 군사 신호인 봉화를 허위로 올려 제후들을 소집한 것입니다. 급보를 받고 달려온 제후들이 당황하는 모습을 본 포사가 마침내 웃자, 유왕은 크게 기뻐하며 이런 행동을 반복했습니다.

거듭된 거짓 신호로 제후들의 신뢰를 완전히 잃은 유왕에게 이번엔 진짜 위기가 찾아왔습니다. 기원전 771년 서쪽 이민족의 침입으로 위급해진 유왕이 봉화를 올렸지만, 이번에는 아무도 오지 않았습니다.

절세미인 한 명 때문에 나라가 기울어진 이런 상황을 후세 사람들은 '경국지색(傾國之色)'이라 불렀습니다. 이 사건은 중국판 '양치기 소년' 이야기로 불리며, 신뢰를 잃는 것이 얼마나 치명적인지 생각하게 합니다. 이때부터 천자의 권위가 실추되고 제후들이 독립적 세력으로 부상하는 전환점이 되었습니다.

주나라의 수도 이전과 춘추시대의 개막

기원전 771년, 융적(서쪽과 북쪽의 이민족)의 침입을 받은 주 왕실은 중대한 결정을 내렸습니다. 수도를 호경에서 동쪽 낙읍(오늘날 하남성 낙양시)으로 천도한 것입니다. 그래서 천도 이전을 서주라 하고 이후를 동주로 구분합니다. 서주는 호경에 도읍하고 약 350년간 존속했고, 동주는 기원전 770년부터 주나라의 마지막 난왕이 죽은 기원전 256년까지 약 500년을 의미합니다.

그럼 '춘추시대'라는 명칭은 어디에서 왔을까요? 이는 공자가 노나라를 중심으로 기원전 722년부터 주변국의 사건을 시대순으로 서술한 편년체 역사책인 《춘추》에서 유래했습니다.

춘추시대는 어떤 특징이 있었을까요? 이 시기에는 주 왕실을 존중하고 오랑캐를 물리친다는 '존왕양이(尊王攘夷)'의 구호를 내세우고, 강력한 제후국이 다른 제후국에 대해 질서와 복종을 강요하며 '회맹(會盟)'을 주도하는 '패자(霸者)'가 등장했습니다.

회맹과 패자

춘추시대에는 많은 군웅들이 할거하면서 100개 이상의 나라가 있었다고 합니다. 당시에는 '회맹'과 '패자'라는 말이 자주 등장합니다.

그럼 '회맹'이란 무엇일까요? 이는 제후 또는 유력자를 중심으로 서로 만나서 맹약하는 것을 말합니다. '회(會)'는 때와 장소를 미리 정하여 모이는 회합이며, '맹(盟)'은 소의 왼쪽 귀를 잘라서 그 피로 조약서에 서명하고 회합한 제후가 피를 마시는 의식을 의미합니다.

이처럼 모임을 주도하는 회맹의 맹주를 '패자'라고 했습니다. 회맹의 성격은 초기에는 국제 친선과 중원의 질서 유지가 목적이었지만, 점점 강자를 중심으로 하는 동맹으로 변화해 갔습니다.

춘추시대의 패자들

이제 춘추시대 최고의 스타들, 춘추오패를 만나볼까요?

쇠약해진 주 왕실을 대신해 패자로 군림한 5명이 있었으며 이를 '춘추오패'라 부릅니다. 하지만 누가 5패에 포함되는지에 대해서는 서로 의견이 나뉩니다. 사마천과 순자의 구분이 다르나, 제 환공, 진 문공, 초 장왕은 공통으로 포함됩니다.

재미있는 건 이들의 패권 시기가 지역별로 나뉘어 있다는 점입니다. 제나라는 동방, 진나라는 중원, 초나라는 남방에서 각각 영향력을 발휘했습니다.

이제 이들이 언제 어떻게 패권을 차지했는지 한눈에 살펴 보겠습니다.

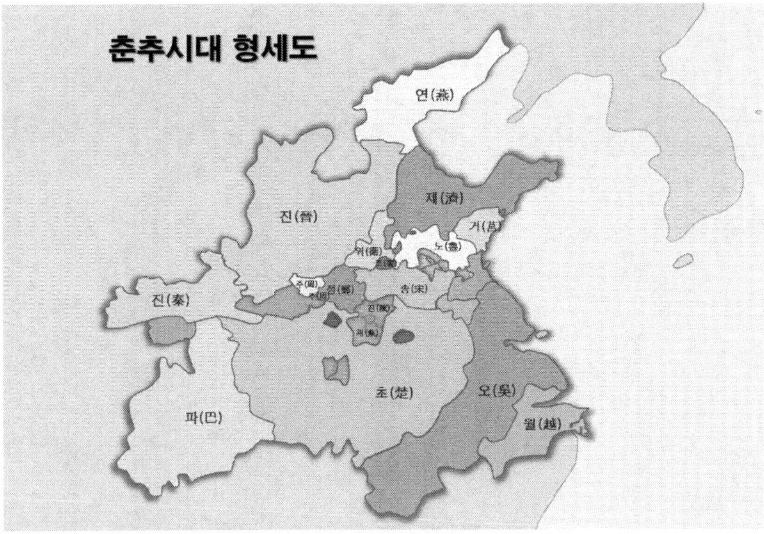

구 분	재위 기간	비 고
① 제 환공	기원전 685~643년	최초 패자
② 진(晉) 문공	기원전 636~628년	중원 패권
③ 초 장왕	기원전 613~591년	남방 강자
④ 송 양공	기원전 650~637년	사마천 선정
⑤ 진(秦) 목공	기원전 659~621년	
④ 월왕 구천	기원전 496~464년	순자 선정
⑤ 오왕 부차	기원전 495~473년	

패자들은 어떻게 자신의 영향력을 키워나갔을까요? 그들은 회맹을 통해 여러 제후국과의 관계를 조율하며 세력을 확장해 나갔습니다. 특히 제 환공은 관중의 보좌를 받아 아홉 차례의 회맹을 주도하며

춘추오패 중 최초로 패자의 지위에 올랐습니다.

그러나 시간이 흐를수록 패자들의 힘도 변화하기 시작했습니다. 존왕양이의 구호는 점차 빛이 바래고, 제후국 간의 경쟁은 더욱 치열해졌습니다.

이제 새로운 시대가 도래하고 있었습니다.

《무한경쟁의 전국시대》

적자생존의 전국시대 개막

춘추시대의 종말과 전국시대가 시작하는 시점은 진(晉)나라가 조(趙), 위(魏), 한(韓)의 3개 나라로 분열되는 삼가분진(三家分晉, 기원전 453년 또는 403년)으로 봅니다.

전국시대에는 어떤 변화가 일어났을까요? 철기의 대량 보급에 따라 나라 간 대규모 전쟁이 빈발했고, 그에 따라 약소국은 급속도로 병합되거나 소멸하였습니다.

전쟁의 형태도 달라졌습니다. 춘추시대에는 전차 중심의 귀족 전쟁이 주를 이뤘고, 예법에 따른 '의로운 전쟁'이 강조되었습니다. 반면 전국시대는 보병 중심의 대규모 전쟁이 일반화되고, 실용적인 전략과 전술이 발달했습니다.

이 시기 각국에서는 부국강병을 추구하면서 강력한 군주권의 확립과 중앙집권의 강화를 위한 개혁이 이루어졌고, 사상과 학문에서는 '백가쟁명(百家爭鳴)'의 시대가 열렸습니다. 왕들의 권력은 더욱 강해졌고, 나라를 다스리는 방식도 체계적으로 바뀌었습니다.

그런데 왜 혼란의 시대에 오히려 다양한 사상과 학문이 발전했을까요? 아마도 급변하는 사회에서 새로운 해결책을 찾으려는 지적 노력이 분출된 것은 아닐까요?

백가쟁명, 사상의 황금시대

전국시대는 정치적으로는 혼란했지만, 사상계에서는 찬란한 꽃을 피웠습니다. 이를 '백가쟁명'이라 부르는데, 말 그대로 수많은 사상가들이 저마다의 철학을 내세우며 경쟁한 시대였습니다.

왜 하필 이 시대에 그토록 다양한 사상이 등장했을까요?

바로 기존 질서가 무너지고 새로운 해답이 필요했기 때문입니다. 주나라의 봉건제가 붕괴하면서 "어떻게 나라를 다스려야 할까?", "나는 어떻게 살아야 할 것인가?"라는 근본적 질문들이 제기되었습니다.

유가(儒家)의 공자는 '인간다운 삶'을 위해 예(禮)와 인(仁)을 강조했고, 도가(道家)의 노자는 자연의 흐름에 따라 사는 지혜인 '무위자연(無爲自然)을' 제시했습니다. 묵가(墨家)의 묵자는 모든 사람을 차별 없이 사랑하자는 '겸애(兼愛)'를 주장했고, 법가(法家)의 한비자는 엄격한 법과 상벌로 나라를 다스려야 한다고 주장했습니다.

이런 다양한 사상들이 앞으로 우리가 만날 《사기》 속 인물들의 선택에 큰 영향을 끼쳤습니다. 특히 진나라가 천하를 통일할 수 있었던 것도 법가 사상을 일관되게 적용했기 때문이었습니다.

급변하는 시대에 어떤 가치관을 선택할 것인가?

2천 년 전 사상가들이 제시한 해답들이 오늘날에도 여전히 의미가 있는 이유입니다.

한편 대표적 종횡가로는 귀곡자(鬼谷子)로부터 동문수학한 소진(蘇秦)과 장의(張儀)가 있었습니다. 소진(蘇秦)의 합종론은 강한 진(秦)나라에 대항하기 위해 나머지 6국이 힘을 합쳐야 한다는 것이고, 장의(張儀)의 연횡론은 강한 진(秦)나라와 화친해야 나라의 존망을 보장받을 수 있다는 것이었습니다.

처음에는 소진의 합종론이 지지를 얻어 약 15년간 진(秦)나라는 함곡관 밖 동쪽으로 나오지 못했으나, 점차 장의의 연횡론에 따라 합종이 깨지게 되었습니다. 여기에서 오늘날 정치권의 이해득실에 따라 통합하고 분열하는 현상인 '합종연횡(合從連橫)'이라는 말이 유래했습니다.

전국칠웅, 최후의 승부

이제 전국시대의 주인공들을 만나볼 차례입니다. 살아남기 위한 치열한 경쟁 속에서 7개 강국이 등장했습니다. 이들을 '전국칠웅(戰國七雄)'이라 불렀는데, 각각 어떤 특징이 있었을까요? 이들을 멸망의 순서대로 살펴보겠습니다.

① 한나라 : 전국칠웅 중 가장 약소국

춘추시대 말 진(晉)나라 왕실의 권위가 약해지고, 지백씨, 범씨, 중항씨, 조씨, 위씨, 한씨 등 여섯 성씨의 신하들이 국정을 좌지우지 했습니다. 기원전 453년 조, 한, 위씨가 연합해 지백씨를 내쫓고 각자의 나라를 세우는 삼가분진(三家分晉)이 되었습니다.

한나라는 지금의 산서성 남부 및 하남성 북부 지역으로 최초의 도읍은 평양(오늘날 산서성 임분시)에서, 훗날 정나라를 멸망시키고 신정(오늘날 하남성 정주시)으로 천도하였으며, 기원전 230년에 전국칠웅 중 최초로 멸망했습니다.

한나라는 중원의 한복판에 있어 사방으로부터 공격을 받았고, 이에 새로운 병기인 쇠뇌와 예리한 검을 생산하며, 이를 통해 중원의 작지만 강한 정나라를 병합하기도 했습니다.

한편, 이왕 때 신불해를 재상으로 등용하여 내정을 개혁하고 국력을 향상시키기도 하였습니다.

② 조나라 : 호복을 입고 말을 탄 혁신의 나라

조나라는 오늘날 하북성과 산서성 중부, 그리고 섬서성 북동부에 걸쳐 있었습니다. 수도는 한단(지금의 하북성 한단시)이었죠. 이 나라의 가장 큰 고민은 북쪽 유목민족이었습니다.

특히 북방의 유목민족인 흉노의 기병은 정말 무서웠습니다. 빠른 말을 타고 활을 쏘며 달려오는데, 조나라의 무거운 전차로는 도저히 상대가 안 되었습니다.

그때 무령왕이 놀라운 결정을 내렸습니다. "우리도 그들처럼 입고 싸우자!" 그는 중원 민족이 입던 넓은 옷 대신 말타기에 편한 짧고 좁은 호복을 입고, 말을 타면서 활을 쏘는 전술을 개발한 것입니다. 당시로서는 정말 파격적인 개혁이었습니다.

이런 혁신과 지정학적 위치 때문에 조나라는 뛰어난 장수들로 유명해졌습니다. 혹시 어린 시절 배우던 천자문의 '기전파목(起翦頗牧), 용군최정(用軍最精)'이란 구절을 기억하시나요? 진(秦)나라의 백기(白起)와 왕전(王翦), 조나라의 염파(廉頗)와 이목(李牧)을 가리키는 말로, 이들은 당대 최고의 명장들이었습니다.

하지만 조나라도 결국 한계가 있었습니다. 기원전 260년 장평대전에서 진(秦)나라에 크게 패하면서 국세가 기울기 시작했고, 결국 기원전 228년 진나라에 멸망했습니다.

③ 위나라 : 전국시대 초기의 강자

위나라는 오늘날의 산서성 남부와 하남성 북부, 그리고 섬서성과 하북성 일부를 포함한 지역을 차지했습니다. 수도는 안읍(오늘날 산서성 운성시)에 두었습니다.

전국시대 초기에 위나라는 가장 강력한 나라 중 하나였습니다. 특히 문후와 무후 시대에 크게 번영했는데, 문후는 학문을 사랑하는 임금이었습니다. 그는 공자의 제자였던 자하와 단간목을 스승으로 모셨고, 서문표와 오기 같은 유능한 개혁가들을 등용했습니다. 이들의 도움으로 진나라와의 전쟁에서 승리해 황하 서쪽, 즉 하서(河西) 지역을 차지하기도 했습니다.

그러나 진(秦) 효공이 상앙의 변법을 시행하면서 상황이 달라졌습니다. 위나라는 하서 지역을 잃고 세력이 급격히 약화되었으며, 결국 수도를 안읍(安邑)에서 동쪽의 대량(大梁, 지금의 하남성 개봉시)으로 옮겼습니다. 이때부터 위나라는 '양(梁)'나라로도 불리게 되었고, 이것이 역사 기록에서는 위나라와 양나라가 혼용되어 등장하는 이유입니다.

위나라의 몰락은 두 차례의 큰 전투에서 본격화되었습니다. 귀곡자 문하에서 함께 배운 제나라 손빈과 위나라 방연이 맞붙은 계릉전투와 마릉전투에서 잇따라 패배하면서, 동쪽으로 세력을 확장하려던 위나라의 계획은 완전히 무너졌습니다.

결국 기원전 225년, 진나라 명장 왕전의 아들 왕분이 강물을 끌어와 수공(水攻)으로 수도 대량을 함락시키며 위나라는 역사 속으로 사라졌습니다.

④ 초나라 : 장강 이남의 거대한 나라

초나라는 정말 특별한 나라였습니다. 장강 이남의 넓은 땅을 차지하고 있어서 중원 사람들은 이들을 오랑캐로 여겼지만, 초나라는 일찍부터 '왕'이라는 칭호를 사용하며 당당히 맞섰습니다.

무왕 때부터 본격적으로 장강 유역의 다른 나라들을 차례차례 병합하기 시작했고, 이후 장왕은 춘추오패 중 한 사람으로 인정받을 정도로 강해졌습니다.

초나라와 진(晉)나라는 중원의 주도권을 놓고 두 번의 큰 전쟁을 벌였습니다. 첫 번째 성복전투(기원전 632년)에서는 진나라가 이겨서 초나라의 북진을 막았지만, 두 번째 필 전투(기원전 597년)에서는 초나라가 진나라를 크게 꺾고 중원 진출의 발판을 마련했습니다.

하지만 초나라도 내부 문제가 있었습니다. 회왕 때부터 왕후 정수에게 빠져 정사를 소홀히 하기 시작했고, 진나라와의 연이은 전쟁에서 패배하면서 수도를 계속 옮겨야 했습니다.

언(오늘날 호북성 양양)→영(오늘날 호북성 형주)→수춘(오늘날 안휘성 회남)으로… 수도가 중부에서 남부, 다시 동부로 옮겨가는 것을 보면 초나라의 쇠퇴 과정이 한눈에 보입니다.

⑤ 연나라 : 북방의 조용한 강자

연나라는 지금의 하북성 북부와 산서성 동북부에 자리 잡고 있었습니다. 지리적으로 중원에서 멀리 떨어져 있어서 다른 나라들과 교류가 적었던 나라였습니다.

그런데 이 연나라에 흥미로운 사건이 일어났습니다. 역왕의 아들 연왕 쾌가 기원전 318년에 고대의 요순시대를 흉내 내 왕위를 오늘날의 총리 격인 상국 자지(子之)에게 '선양'한 것입니다. 아름다운 뜻이었지만 결과는 참담했습니다. 나라 안에서 권력 다툼이 일어났고, 이 혼란을 틈타 제나라가 쳐들어와 수년간 연나라를 짓밟았습니다.

하지만 연나라는 포기하지 않았습니다. 소왕이 즉위한 후 나라를 다시 일으키기 위해 곽외의 조언에 따라 악의라는 뛰어난 장수를 등용했습니다. 악의는 정말 유능했습니다. 연나라의 복수심을 활용하고 이웃 나라와 연합하여 제나라를 거의 멸망 직전까지 몰아붙였습니다.

한편, 연나라 하면 빼놓을 수 없는 것이 형가의 이야기입니다. 태자 단이 자객 형가를 보내 진시황을 암살하려 했지만 실패했고, 이 사건으로 진시황의 분노를 산 연나라는 결국 요동으로 밀려나 기원전 222년에 망명정부마저 멸망했습니다.

⑥ 제나라 : 춘추시대 첫 패자에서 마지막 희생양까지

제나라는 산동 지역의 비옥한 농토와 바다의 어업, 그리고 소금 생산이라는 삼박자가 어우러진 부유한 나라였습니다. 상공업이 발달해서 인구도 많았죠. 환공이 관중을 등용해 개혁을 추진하면서 춘추시대 첫 번째 패자로 우뚝 섰습니다.

그런데 제나라에는 특이한 역사가 있습니다. 원래는 시조 강태공이 세운 강씨 가문이 다스리는 나라였는데, 기원전 386년 전화라는 사람이 왕을 몰아내고 자신이 새로운 왕이 된 것입니다. 하지만 나라 이름은 그대로 '제'를 사용했죠. 그래서 사람들은 이전을 '강제(姜齊)'와 '전제(田齊)'로 구분하여 부릅니다.

전씨 왕조의 4번째 왕인 위왕 시대에 제나라는 다시 한번 전성기를 맞았습니다. 부국강병에 힘써 국력을 크게 키웠고, 특히 손빈이라는 뛰어난 군사 전략가의 도움으로 계릉과 마릉에서 위나라의 장수 방연을 연달아 대파했습니다. 이로써 전국시대 초기 위나라가 잡고 있던 패권을 제나라가 차지하게 되었습니다.

이후 제나라는 연나라를 정벌하고 초나라와 충돌하며 송나라까지 멸망시켰습니다. 한때는 진나라 소양왕과 함께 '황제'라는 칭호를 사용할 정도로 자신만만했습니다.

하지만 제나라의 마지막은 허무했습니다. 진나라의 교묘한 뇌물 전략에 넘어간 탐욕스러운 대신 후승의 말만 믿고, 다른 다섯 나라가 차례로 멸망하는 것을 그냥 지켜만 봤습니다. 전쟁 준비도 제대로 하지 않았죠. 결국 기원전 221년 진나라 장수 왕분이 쳐들어왔을 때 속수무책으로 당하며 전국칠웅의 마지막 먹잇감이 되었습니다.

⑦ 진나라 : 서쪽 끝에서 천하를 통일한 최종 승자

마지막으로 진시황으로 잘 알려진 진나라 이야기를 해보겠습니다. 진나라는 기원전 770년 양공이 견융(개처럼 사나운 서쪽 이민족)의 침입을 받은 주 평왕을 안전하게 동쪽으로 호송해 준 공로를 인정받아, 오늘날 감숙성과 섬서성 일부를 봉토로 받으며 정식 제후국이 되었습니다.

진나라의 가장 큰 특징은 개방적인 인재 정책이었습니다. 목공은 '4불문(4不問)' 정책을 펼쳤는데, 즉 국적, 민족, 신분, 나이를 따지지 않고 능력 있는 사람이면 누구든 등용했습니다. 이에 따라 백리해, 건숙 같은 뛰어난 인재들이 서쪽 변방 진나라로 몰려들었습니다.

이후에도 이런 능력 위주의 전통은 계속 이어졌습니다. 목공과 백리해, 효공과 상앙, 소양왕과 범저, 그리고 진시황과 이사까지… 진나라 역사는 이러한 '군주와 신하의 이상적 결합'으로 점철되어 있습니다. 이것이 바로 진나라가 통일제국을 건설할 수 있었던 비결이었습니다.

마침내 진시황은 6국을 차례대로 멸망시키며 기원전 221년 550년의 혼란을 끝내고 중국을 최초로 통일했습니다. 그런데 놀랍게도 통일 후 그토록 강했던 진나라는 진시황 사후 진승과 오광의 농민 봉기를 시작으로 급속히 무너져 내렸습니다. 통일 후 겨우 15년 만의 일이었습니다.

이제 전국칠웅의 전체적인 흐름을 한눈에 살펴보겠습니다. 이 연표는 단순한 참고 자료가 아닙니다. 앞으로 여러분은 《사기》의 인물들을 만날 때마다 "이때 다른 나라는 어땠을까?"라는 궁금증이 생길 텐데, 바로 이 표로 돌아와서 확인할 수 있습니다.

따라서 한 번 보고 넘어가는 것이 아니라, 책갈피처럼 계속 참조하면서 각국의 흥망성쇠와 시대의 흐름을 함께 읽어가시기를 바랍니다. 그러면 개별 인물의 이야기가 훨씬 더 깊이 있게 다가올 것입니다.

< 전국칠웅의 주요 군주 연표 >

(비고 : 기원전 표기는 생략)

한	조	위	초	연	제	진(秦)
		문후 445~396년			태공(전화) 386~384년	효공 361~ 338년
소후 358~333년		무후 395~370년				혜문왕 337~311년
선혜왕 332~312년	숙후 349~326년	혜왕 369~334년	회왕 328~299년	역왕 332~321년	위왕 356~320년	무왕 310~307년
양왕 311~296년	무령왕 325~299년	양왕 318~296년	경양왕 298~263년	쾌 320~314년	선왕 319~301년	소양왕 306~251년
이왕 295~273년	혜문왕 298~266년	소왕 295~227년	고열왕 262~238년	소왕 311~279년	민왕 300~284년	효문왕 250년
환혜왕 272~239년	효성왕 265~245년	안리왕 276~243년	유왕 237~228년	혜왕 278~272년	양왕 283~265년	장양왕 249~247년
안 238~230년	유무왕 235~228년	경민왕 242~228년	부추 227~223년	희 254~222년	경왕 264~221년	진시황 246~210년
		가 227~225년				이세 황제 209~206년

쉬어가는 이야기

천고마비의 숨겨진 진실

천고마비(天高馬肥)라는 말은 익숙하시죠? "하늘은 높고 말은 살찐다"는 뜻으로, 가을의 아름다운 정취를 나타내는 시어로 많이 사용됩니다. 그런데 이 아름다운 말 속에 무서운 비밀이 숨어 있습니다.

천고마비는 원래 중국 사람들에게는 경계경보를 의미하는 말이었습니다. 북방의 유목민족인 흉노가 가을이 되면 중원을 침입했기 때문입니다. 추운 겨울을 지내기 위한 식량과 고기가 필요했고, 여름 내내 풍족한 초원에서 자란 말들이 가을이 되면 살이 올라 장거리 이동에 적합해지며, 가을 하늘은 높고 맑아서 기마전에 좋은 계절이었거든요.

따라서 '천고마비'는 '흉노가 쳐들어올 계절이 왔다'는 뜻의 경고였습니다. 평화로운 가을 풍경이 아니라 전쟁의 전령을 알리는 무서운 신호였던 것입니다. 하지만 시간이 흐르면서 흉노의 위협이 사라지자, 사람들은 원래 뜻을 잊고 글자 그대로 '하늘이 높고 말이 살찐' 아름다운 가을 풍경으로만 받아들이게 되었습니다.

익숙한 말 속에 그 시대의 긴장과 공포가 숨어 있습니다. 춘추전국시대 사람들은 이런 위협 속에서 살았습니다.

제3장

《사기》의 이해와 이 책을 읽는 방법

《사기》를 읽는다는 것은 단순히 2천 년 전의 옛날이야기를 읽는 것일까요? 아니, 그렇지 않습니다.

《사기》는 인간이 만든 가장 위대한 인간학 교과서 중 하나입니다. 사마천이 굴욕을 참고 견디며 평생을 걸고 남긴 이 작품에는 권력자의 오만함도, 혁신가의 용기도, 배신자의 치졸함도, 의인의 숭고함도 모두 담겨 있습니다. 인간이 보여줄 수 있는 거의 모든 면모가 그 안에 들어있습니다.

더 놀라운 것은 이 인물들의 고민과 선택이 2천 년이 지난 오늘날에도 여전히 생생하게 살아 있다는 것입니다.

꿈을 위해 모험할 것인가, 안정을 택할 것인가? 원칙을 지킬 것인가, 현실과 타협할 것인가? 개인의 이익을 추구할 것인가, 공동체를 위해 희생할 것인가?

그렇다면 우리는 이 책을 어떻게 읽어야 할까요? 《사기》를 읽는 방법과 이 책의 구성을 살펴보겠습니다.

《사마천과 그가 남긴 역사》

사마천, 역사가의 운명

기원전 1세기 어느 날, 한 남자가 죽간에 붓을 들고 있었습니다. 그의 이름은 사마천(司馬遷). 그가 쓰고 있던 것은 한(漢)나라 무제까지의 중국 3천 년 역사를 담은 거대한 작품 《사기》였습니다.

사마천은 왜 이토록 방대한 역사서를 쓰기 시작했을까요? 그것은 아버지 사마담의 유언 때문이었습니다. 역사와 천문을 담당하는 태사령이었던 아버지는 임종 직전 아들의 손을 잡고 말했습니다.

"우리 집안은 대대로 주나라의 태사를 지냈다. 너는 반드시 선조들의 업을 이어 역사를 기록해야 한다."

하지만 사마천의 인생은 순탄하지 않았습니다. 한 무제 때 흉노에게 항복한 장수 이릉(李陵)을 변호했다가 황제의 분노를 샀습니다. 그는 사형을 면하는 대신 생식기를 자르는 궁형(宮刑)이라는 치욕적인 형벌을 받아야 했습니다.

죽고 싶은 마음이 굴뚝같았지만, 사마천은 살아남기로 결심했습니다. 그것은 아버지의 유언과 미완성된 《사기》 때문이었습니다.

"나는 죽을 수 없다. 이 책을 완성해야 한다."

개인적 시련이 오히려 《사기》를 더욱 깊이 있는 작품으로 만들었습니다. 권력의 정점에서 나락으로 떨어지고, 죽음보다 치욕스러운 형벌을 겪었기에 사마천은 역사 속 인물들의 고통과 좌절을 더욱 섬세하게 이해할 수 있었습니다.

격동의 시대, 한무제의 치세

사마천이 살았던 시대는 어떤 모습이었을까요?

한무제는 강력한 군사력으로 북방의 유목민족 흉노를 몰아내고, 장건을 서역에 보내 실크로드를 개척했습니다. 동쪽으로는 한반도까지, 남쪽으로는 베트남까지 영토를 확장했습니다. 하지만 끝없는 전쟁은 백성들에게 고통을 안겨주기도 했습니다.

이런 시대에 사마천은 궁중에서 황제를 가까이 지켜봤습니다. 권력의 정점에 선 사람의 모습, 그 주변에서 벌어지는 권력 다툼, 승자와 패자의 희로애락을 현장에서 목격했습니다. 이러한 경험들이 《사기》 곳곳에 생생하게 녹아 들어가 있습니다.

사마천은 단순히 황제의 업적만을 찬양하지 않았습니다. 그는 권력자의 잘못도, 서민들의 삶도, 심지어 도둑과 자객들의 이야기까지 기록했습니다.

왜 그랬을까요?

'역사는 진실이어야 한다'는 신념 때문이었습니다.

《사기》가 보여주는 인간의 모습

《사기》의 다섯 기둥

사마천은 《사기》를 다섯 부분으로 나누어 기전체 형식으로 구성했습니다. 각각은 서로 연결되어 있으며 다른 관점에서 역사를 보여줍니다.

본기(本紀)는 황제들의 이야기입니다. 12편으로 구성되어 있고, 중국 역사의 중심축을 이루는 제왕들의 기록입니다. 흥미롭게도 사마천은 황제가 아닌 항우(項羽)와 여태후(呂太后)도 본기에 포함했습니다. 이는 실질적으로 그들이 천하를 좌우한 인물이라고 여겼기 때문입니다.

세가(世家)는 제후들과 주요 공신의 이야기로 30편입니다. 왕과 황제 곁에서 역사를 움직인 사람들, 그리고 그들의 가문이 어떻게 흥망성쇠를 겪었는지를 다룹니다.

열전(列傳)은 70편으로 가장 많은 분량을 차지합니다. 재상부터 자객까지, 장군부터 상인까지, 다양한 계층의 사람들이 등장합니다. 사마천은 "출신이 무엇이든 자신의 분야에서 뛰어난 사람은 기록할 가치가 있다."라고 생각했습니다.

표(表)는 10편의 연표로, 복잡한 사건들을 시간순으로 정리하여 흐름을 한눈에 보여줍니다.

서(書)는 8편으로 정치, 경제, 예악, 천문 등 국가 제도에 관한 기록입니다.

이런 관점은 당시로서는 매우 파격적이었습니다. 기존 역사서들이

왕과 귀족 중심이었다면, 《사기》는 능력과 인격을 기준으로 인물을 평가했던 것입니다.

사마천이 주목한 인물들의 특징

첫째, 시대를 읽고 기회를 잡은 사람들입니다. 뛰어난 개혁가들이나 성공한 투자가들이 여기에 해당합니다.

둘째, 신의를 지킨 사람들입니다. 관포지교(管鮑之交)의 관중(管仲)과 포숙(鮑叔)이나 문경지교(刎頸之交)의 염파(廉頗)와 인상여(藺相如) 같은 인물들입니다.

셋째, 자신의 신념을 위해 목숨을 바친 사람들입니다. 용감한 자객들이나 충신들 같은 인물들이 대표적입니다.

흥미롭게도 사마천은 성공한 사람만 높이 평가하지 않았습니다. 실패했더라도 그 과정에서 보인 인품과 의지를 중시했습니다. 이것이 바로 《사기》가 단순한 성공학이 아닌 인간학인 이유입니다.

《이 책과 함께하는 여행》

1~2장의 구성 의도와 활용법

혹시 "중국사와 춘추전국시대 설명이 왜 이렇게 자세할까?"라고 생각하셨나요? 이제 그 이유를 말씀드리겠습니다.

첫째, 《사기》의 인물들은 모두 특정 시대와 상황 속에서 살았습니다. 뛰어난 재상이 왜 그런 개혁을 추진했는지, 개혁가가 왜 그토록 과감한 변화를 시도했는지는 그들이 살았던 시대적 배경을 알아야 이해할 수 있습니다. 단순히 '훌륭한 사람'이라고 기억하는 것보다, "그런 혼란한 시대에 어떻게 그런 선택을 할 수 있었을까?"라고 생각하며 읽는 것이 훨씬 깊이 있는 독서가 됩니다.

둘째, 전국칠웅의 왕들과 재위 기간을 정리한 이유는 실용적입니다. 《사기》를 읽다 보면 "이 사람이 활약할 때 다른 나라의 왕은 누구였을까?"라는 궁금증이 생깁니다. 예를 들어 상앙이 진(秦)나라 효공을 도와 개혁을 추진할 때, 위나라에서는 문후에서 무후로 이어지는 전성기가 막 지나가고 있었고, 제나라에서는 위왕이 뛰어난 군사 전략가를 등용해 위나라를 꺾고 있었습니다. 이런 동시대적 맥락을 파악하면 역사 읽기가 훨씬 입체적이고 재미있어집니다.

셋째, 한중 역사 대비표도 같은 맥락입니다. 진시황이 중국을 통일할 때 고대 우리나라에서는 무슨 일이 일어나고 있었는지 알면, 동아시아 전체의 역사 흐름을 이해할 수 있습니다.

따라서 1~2장은 단순한 배경 설명이 아니라, 앞으로 만날 인물들을 제대로 이해하기 위한 필수 도구라고 생각하시면 됩니다. 마치 여행을 떠나기 전에 지도를 보고 가는 것과 같습니다.

질문하며 읽기

이 책은 《사기》의 인물들을 통해 "나는 어떻게 살아야 할 것인가?"라는 질문에 대한 답을 찾아가는 여정입니다. 각 인물의 이야기를 읽으면서 이런 질문들을 생각해 보시기 바랍니다.

"만약 내가 이 상황이었다면 어떤 선택을 했을까?"

"이 인물을 통해 나는 무엇을 배울 수 있을까?"

"이 사건이 오늘날 일어난다면 어떤 의미가 있을까?"

이런 질문들은 2천 년이 지난 지금도 여전히 우리가 고민하는 문제들입니다. 특히 급변하는 현대 사회에서 선택의 기로에 선 젊은이들에게 이들의 이야기는 소중한 나침반이 될 수 있을 것입니다.

자신만의 답을 찾아가는 것이 이 책을 읽는 진정한 즐거움입니다. 완벽한 정답은 없지만, 깊이 생각하는 과정에서 스스로 삶의 가치관을 발견하게 될 것입니다.

현재의 눈으로 역사 읽기

고전을 읽는다는 것은 과거의 지혜를 빌려 현재의 문제를 해결하는 것입니다. 춘추전국시대의 혼란은 급변하는 오늘날과 닮아있습니다. 전통적인 질서가 무너지고 새로운 가치가 등장하는 시대, 개인의 능력과 선택이 운명을 좌우하는 시대 말입니다.

뛰어난 재상이 보여준 현실적 지혜, 개혁가의 과감한 의지, 투자가의 투자 정신, 자객의 신념에 대한 헌신…. 이들의 이야기는 2천 년이 지난 오늘날에도 여전히 우리에게 깊은 울림을 줍니다.

이 책에 등장하는 인물들은 모두 중요한 선택의 순간을 맞았습니다. 그리고 그들의 선택은 자신의 운명뿐만 아니라 역사의 흐름까지 바꾸었습니다.

이들의 선택이 옳았는지 그른지는 쉽게 판단할 수 없을 것입니다. 하지만 분명한 것은 그들이 자신의 신념에 따라 행동했고, 그 결과에 책임을 졌다는 점입니다.

시대를 뛰어넘는 보편적 가치

춘추전국시대는 지금으로부터 2천 년도 더 전의 이야기입니다. 하지만 그 시대 사람들이 고민했던 문제들은 놀랍도록 오늘날에도 유효합니다.

어떻게 살아야 의미 있는 삶일까? 성공을 위해서는 어떤 대가를 치러야 할까? 신념과 현실이 충돌할 때 어떤 선택을 해야 할까?

이런 질문들에 대한 답을 찾는 과정에서 우리는 시대를 뛰어넘는 보편적 가치를 발견하게 될 것입니다.

이제 시간과 공간을 뛰어넘어 2천 년 전 중국으로 여행을 떠나 보겠습니다. 먼저 춘추시대의 패자들을 만나 리더십의 진정한 의미를 살펴보고, 이어서 제국을 건설한 사람들의 야망과 한계를 들여다 보겠습니다. 그 뒤로는 조력자들을 만나 진정한 보좌의 의미를 배우고,

마지막으로 열전의 인물들을 통해 인간의 무한한 가능성을 느끼게 될 것입니다.

각 인물의 이야기는 독립적이면서도 서로 연결되어 있으며, 한 사람의 선택이 다른 사람의 운명을 바꾸고 개인의 야망이 역사의 흐름을 만들어갑니다.

이제 춘추전국시대라는 격동의 무대 위에서, 각국 패자들의 선택과 인간관계가 어떻게 펼쳐질지 살펴보겠습니다.

가장 먼저 만날 사람들은 춘추시대의 패자들입니다.

준비되셨습니까? 이제 2천 년 전 이야기 속으로 함께 떠나보겠습니다.

제2편

춘추전국시대의 패자들

제1장. 패권을 쥔 리더들

제 환공 : 원수까지 등용한 최초의 패자

진 문공 : 19년의 망명과 한 번의 승리

초 장왕 : 삼년불언으로 이룬 패업

제2장. 아쉬움을 남긴 패자(霸者)들

진 목공 : 다섯 장의 양가죽과 바꾼 인재

송 양공 : 예의에 가려진 패자의 꿈

오왕 부차 : 교만이 부른 몰락

월왕 구천 : 22년의 기다림과 복수

춘추전국시대, 중국에서는 놀라운 일이 벌어졌습니다. 자신을 죽이려던 원수를 재상으로 삼은 왕이 천하의 패자가 된 것입니다.

기원전 8세기부터 3세기까지, 주 왕조의 권위가 쇠퇴하자 수많은 제후국이 패권을 놓고 치열한 경쟁을 벌였고, 이 과정에서 탁월한 지도자들이 등장했습니다.

패자(覇者)란 단순히 무력으로 승리한 정복자가 아닙니다. 주 왕실을 받들고 제후들의 질서를 유지한 리더들이었습니다. 제나라 환공의 포용력, 진나라 문공의 인내, 초나라 장왕의 지혜. 이들은 어떻게 패자가 되었을까요?

하지만 모든 도전자가 완전한 성공을 거둔 것은 아니었습니다. 송나라 양공의 과도한 예의, 진나라 목공의 인재 사랑과 잔혹함의 모순, 오월 양국의 복수와 그 대가. 성공과 실패를 가른 것은 무엇이었을까요?

제1장

패권을 쥔 리더들

원수를 재상으로 삼는다는 것, 여러분은 상상할 수 있으세요? 춘추시대 최초의 패자들은 이처럼 저마다 독특한 방식으로 패권을 장악했습니다.

제나라 환공은 원수까지 등용하는 파격으로, 진나라 문공은 19년 망명에서 얻은 인내로, 초나라 장왕은 3년간의 침묵으로 세상을 놀라게 했습니다.

이들에게는 위기를 기회로 바꾸는 능력과 인재를 알아보는 혜안, 그리고 끊임없이 배우려는 겸손한 자세가 있었습니다.

이들은 어떻게 천하의 패자가 될 수 있었을까요? 그들의 선택과 결단을 지금부터 만나보겠습니다.

《제 환공 : 원수까지 등용한 최초의 패자》

기원전 7세기, 춘추시대 초기. 주 왕조의 권위가 쇠퇴하며 제후국들이 패권을 놓고 치열한 경쟁을 벌이던 격동의 시대였습니다.

형제의 비극과 왕위 쟁탈

기원전 697년, 제나라 희공(僖公)이 세상을 떠나고 그의 큰아들인 제아가 즉위했습니다. 이 사람이 바로 양공(襄公)입니다. 양공은 즉위하자 태자 시절 대립했던 사촌 무지(無知)의 녹봉과 의복을 박탈했습니다. 그러나 이 작은 행동이 훗날 큰 화를 부르게 될 줄은 아무도 몰랐습니다.

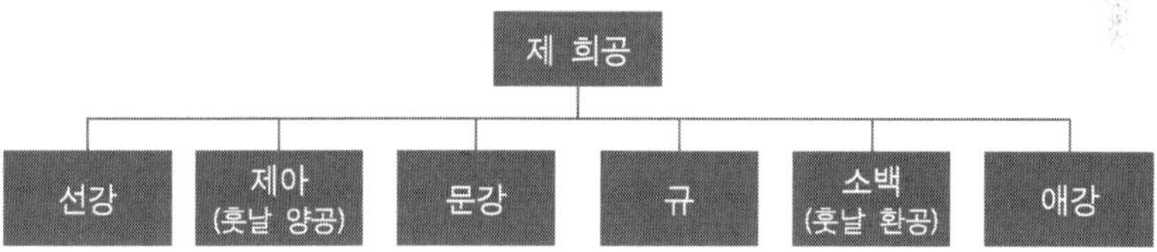

사실 양공의 치명적인 실수는 따로 있었습니다. 4년 후 기원전 693년, 노나라 환공(桓公)이 부인 문강(文姜)과 함께 제나라를 방문했습니다. 문강은 양공의 배다른 여동생으로, 과거 양공과 부적절한 관계가 있었지만, 노나라로 시집가 환공의 아내가 되었습니다. 그런데 양공은 여동생의 이번 친정 나들이에서 그녀와 다시 관계를 맺는 큰 실수를 저질렀습니다.

노나라 환공이 이를 알고 아내 문강을 꾸짖자, 분노한 양공은 환공을 술에 취하게 한 뒤 시종 팽생(彭生)에게 명령해 그를 수레에 태우고 갈비뼈를 부러뜨려 죽게 했습니다. 이에 노나라 사람들이 분노하자 양공은 팽생을 죽여 사과하는 척했지만, 이미 그의 도덕적 권위는 추락했습니다.

양공 12년(기원전 686년), 그는 또 다른 실정을 저질렀습니다. 대부(大夫) 연칭과 관지보에게 규구라는 변경에서 수자리를 살게 하면서, '오이가 익을 때쯤 교대해 주겠다'고 약속했지만, 오이가 익어도 그 약속을 지키지 않았습니다. 계속되는 교대 요청에도 양공이 허락하지 않자 화난 연칭과 관지보는 무지와 결탁해 반란을 일으켜 양공을 죽이고, 무지가 스스로 왕위에 올랐습니다.

권력자의 약속이 얼마나 중요한지 생각해 보게 됩니다.

작은 약속도 지키지 않는 지도자에게 과연 무엇을 기대할 수 있을까요?

극적인 귀환과 관중의 등용

그러나 무지의 통치는 오래가지 못했습니다. 기원전 685년 봄, 무지는 옹림에 휴양 갔다가 과거 원한을 품고 있던 사람에게 습격당해 살해되었습니다.

그럼, 이 시기 양공의 동생들은 어디에 있었을까요? 양공의 폭정을 피해 둘째 동생 규(糾)는 노나라로, 셋째 소백(小白)은 거나라로 도망쳐 있었습니다. 규는 관중(管仲)과 소홀(召忽)이 보좌했고, 소백은 포숙(鮑叔)이 따랐습니다. 대부 고혜와 국의중이 거나라에 있는 소백을 몰래 불렀고,

노나라는 공자 규를 군주로 세우기 위해 병력을 보내며 관중에게 소백의 길목을 막도록 했습니다.

그런데 여기서 극적인 장면이 펼쳐집니다. 관중은 소백에게 활을 쏘았고, 화살은 공교롭게 허리띠의 쇠 장식에 맞았습니다. 소백은 죽은 척하며 수레를 타고 곧장 달려 제나라로 향했고, 관중은 소백이 죽었다고 생각하고 공자 규에게 보고했습니다. 규의 행렬이 엿새 만에 수도에 도착했지만, 소백이 이미 제나라에 도착해 즉위했으니, 그가 바로 제 환공(桓公)입니다.

환공은 즉위 후 군대를 동원해 노나라를 공격했고, 제나라 군대는 노나라 군대를 물리친 뒤 그 퇴로를 끊었습니다. 제나라는 노나라에 편지를 보내 "규는 형제라 차마 죽이지 않겠으니, 노나라에서 스스로 처단하시오. 소홀과 관중은 원수이니 잡아다 젓갈로 담가 원한을 풀겠다."라고 했습니다.

이에 노나라 사람들은 공자 규를 죽였고, 소홀은 자결했으며 관중은 자신을 포박해 제나라로 넘겨달라고 했습니다.

환공도 처음에는 관중을 죽이려 했지만, 포숙이 말렸습니다. "주군께서 제나라의 임금이 되신 것은 제 덕이 아니고 하늘의 뜻이며, 제 덕이 있다면 신이 따랐기 때문입니다. 고혜와 저만으로도 제나라를 다스릴 수 있지만, 천하의 패자가 되시려면 관중 없이는 불가능합니다. 그가 머무는 나라는 반드시 부강해질 것입니다."

포숙의 이 조언은 중국 역사에서 가장 현명한 충고 중 하나로 꼽힙니다. 환공은 어떤 결정을 내렸을까요?

그는 관중을 초청하여 대부로 삼았고, 관중은 제나라의 정치를 맡아 습붕(隰朋), 포숙과 함께 개혁을 시작했습니다. 다섯 가구를 기준으로 군대를 조직하고, 화폐를 주조하고, 소금과 어업을 국가가 장악하여 빈민을 구제했습니다. 또한 유능한 인재를 등용하자 백성들이 크게 기뻐했습니다.

환공이 춘추시대의 첫 패자가 될 수 있었던 것은 원수까지도 등용할 수 있는 넓은 도량과 정치적 지혜가 아니었을까요?

신의로 쌓은 패권

재위 5년(기원전 681년), 흥미로운 사건이 있었습니다. 회맹 중 노나라의 장수 조말이 제단 위로 올라와 비수를 들고 환공을 위협하며 "노나라 땅을 돌려주시오!"라고 요구했습니다. 환공은 당황해서 돌려주기로 약속했고, 이에 조말은 비수를 버리고 신하의 자리에 돌아갔습니다.

환공은 위협에 굴복한 것이 창피해 약속을 지키지 않으려 했지만, 관중은 어떻게 조언했을까요?

"협박 때문에 허락했을지라도, 약속을 어기고 사람을 죽이면 신의를 잃고 천하를 잃는 일입니다."라는 관중의 조언에 환공은 약속을 지켰습니다. 이에 따라 제후들이 제나라를 더욱 신뢰하고 따르게 되었습니다.

재위 7년(기원전 679년), 환공은 제후들과 견에서 회맹해 춘추시대 첫 패자가 되었습니다. 이후 여러 차례 회맹을 주도하며 명성을 떨쳤습니다. 그의 인품을 보여주는 또 다른 일화도 있습니다.

재위 23년(기원전 663년), 북방 유목민족인 산융이 연나라를 공격하자 환공이 연나라를 구하러 나섰습니다. 돌아오는 길에 연나라 장공이 환공을 전송하다가 제나라 경내에 들어왔습니다.

환공은 어떻게 반응했을까요? "천자가 아닌 제후끼리는 국경을 벗어나 전송할 수 없소. 내가 연나라에 무례하게 할 수는 없지요." 라며 연나라 군주가 밟은 땅에 도랑을 파서 경계로 삼아 연나라에 떼어주었습니다.

이 소식을 들은 제후들은 더욱 환공을 칭송하며 그를 따랐습니다. 환공의 신의와 예의는 무력이 아닌 도덕적 권위로 패권을 확립하는 새로운 모델을 제시했습니다.

재위 27년(기원전 659년), 환공은 가족 문제에서도 결단을 보여 주었습니다. 환공의 여동생 애강은 노나라 민공에게 시집을 갔습니다. 그런데 애강은 남편의 동생인 경보와 부적절한 관계를 맺었습니다. 경보가 민공을 시해하자 애강은 경보를 군주로 세우려 했으나 노나라 사람들은 희공을 세웠습니다. 이에 환공은 자신의 여동생 애강을 제나라로 불러들여 죽였습니다.

외교의 승리와 교만의 시작

재위 30년(기원전 656년), 채나라를 정벌한 환공은 계속해 초나라를 향해 진군했습니다. 초 성왕이 "왜 내 땅을 침범하는가?" 라고 항의 했을 때, 관중은 뛰어난 외교적 대응을 했습니다.

"옛날 소강공께서 태공에게 '천하의 잘못을 바로잡고 왕실을 보좌하라' 고 했고, 지금 초나라가 공물을 바치지 않아 왕의 제사가 중단되었으니 이를 꾸짖으러 온 것이오."

초왕은 "공물은 못 바친 것이 내 잘못이니 바치겠소" 라고 받아쳤습니다.

결국 환공은 초나라와 싸우지 않고 화해(소릉회맹)하고 회군했습니다. 관중의 뛰어난 외교술은 무력 충돌 없이도 정치적 목적을 달성할 수 있음을 보여줍니다. 현대 외교에서도 이런 지혜가 필요하지 않을까요?

재위 35년(기원전 651년), 규구(오늘날 하남성 민권현 일대)에서 열린 회맹에서는 주 천자가 사자를 보내 환공에게 제사 고기와 천자의 수레를 하사했습니다. 환공이 절을 하지 않고 받으려고 하자, 관중이 만류해 환공은 결국 절을 올리고 받았습니다. 이는 환공이 아직 겸손함을 잃지 않았음을 보여주는 사례였습니다.

그러나 이후 회맹에서 환공의 교만함이 드러나자, 제후들이 반감을 갖기 시작했습니다. 환공의 자만심이 얼마나 컸는지 알 수 있는 일화가 있습니다. 그는 자신의 정벌 성과를 나열하며 "내가 아홉 차례 회맹을 열어 천하를 바로잡았다. 옛 왕조가 천명을 받은 것과 내게 무슨 차이가 있겠는가?"라며 봉선의식을 지내겠다고 선언했습니다.

다행히 관중이 만류하고, 희귀한 제물 없이는 제사를 지낼 수 없다고 하자 그제야 멈췄습니다. 하지만 이미 환공의 마음속에는 교만함의 씨앗이 깊이 뿌리내리고 있었습니다.

환공의 말년과 비극적 최후

재위 41년(기원전 645년), 관중과 습붕이 모두 세상을 떠났습니다. 관중의 병이 깊어지자, 환공이 병문안을 와서 "신하 중 누가 재상이 될 만하오?"라고 물었습니다.

관중이 대답을 사양하자 환공이 역아, 수초, 개방에 대해 차례로 물었을 때, 관중은 "이들은 모두 인정에 어긋나 함께하기 어렵습니다." 라고 경고했습니다. 역아는 자식을 죽여 군주의 비위를 맞췄고, 개방은 부모를 멀리하며 군주를 따랐으며, 수초는 스스로 거세해 왕의 환심을 샀기 때문이라고 했습니다.

그러나 관중이 죽자, 환공은 끝내 이 세 사람을 기용하는 실수를 저질렀고, 그들은 권력을 휘두르게 되었습니다. 환공에게는 세 명의 부인이 있었지만 모두 아들이 없었고, 총애한 여자들 사이에서 난 다섯 공자가 모두 자리에 오르려고 다투기 시작했습니다.

재위 43년(기원전 643년) 겨울, 제 환공이 세상을 떠났습니다. 그의 최후는 어떠했을까요?

역아는 궁중에 들어와 수초와 함께 신하들을 죽이고 공자 무궤를 군주로 세웠습니다. 태자였던 소는 이웃 송나라로 달아났습니다. 다섯 공자는 파벌을 만들어 왕위를 다투었고, 환공이 죽자, 서로를 공격하니 궁중이 비어 시신을 수습할 사람이 없었습니다.

환공의 시신은 침상에 67일 동안 방치되어 구더기가 문밖으로 기어 나오는 참담한 상황이 벌어졌습니다. 한때 천하의 패자로 추앙받던 환공이 이렇게 비참한 최후를 맞이한 이유는 무엇일까요?

환공의 치세는 중국 역사에 큰 획을 그었습니다. 그는 춘추시대 최초의 패자로서 중원에 질서를 가져왔지만, 말년의 교만함과 관중 사후의 잘못된 인사 결정으로 자신의 죽음 이후 제나라의 혼란을 초래했습니다.

첫 번째 패자인 환공을 보면서 어떤 생각이 드시나요? 원수도 등용할 수 있는 포용력과 작은 약속도 지키는 신의, 그리고 성공

후에도 겸손함을 잃지 않는 자세. 이 세 가지 중 어느 것이 가장 어려울까요? 그리고 여러분이라면 어떤 선택을 하시겠습니까?

《진 문공 : 19년의 망명과 한 번의 승리》

기원전 7세기, 춘추시대 중기. 제 환공 사후 패권이 공백 상태가 되면서 새로운 패자를 놓고 각국이 치열한 경쟁을 벌이던 시기였습니다.

여희의 난과 망명의 시작

진(晉) 문공의 이름은 중이(重耳)이며 헌공(獻公)의 아들입니다. 그의 이야기는 당시 왕실의 복잡한 결혼 문화와 관련이 있습니다. 고대의 결혼은 오늘날과 달리 전쟁을 통한 약탈과 화친의 명목으로 독특한 형태를 가지고 있었습니다. 결혼하는 신부의 몸종이나 친자매가 '잉첩(신부를 따라가는 시녀)'으로 따라가 신부를 보살폈습니다. 또한 왕실 간의 혼인에는 흔히 동성이나 이성 제후들이 동맹이나 우호를 다지기 위해 왕실의 딸을 같이 보내기도 했습니다.

불행하게도 중이의 아버지 헌공의 애첩인 융족 출신의 여희(驪姬)가 자기 아들 해제(奚齊)를 태자로 삼기 위해, 헌공과 태자 신생(申生)의 사이를 모략하고 이간질하기 시작합니다.

여희는 어떤 간계를 꾸몄을까요?

그녀는 제사음식에 독약을 넣어 신생이 헌공을 독살하려 한 것처럼 꾸몄고, 결국 효성스러운 태자 신생은 자살하게 됩니다. 아울러 여희는 독살계획을 중이와 동생 이오(夷吾)도 사전에 알았다고 모략했고, 이 소식을 들은 중이는 적(翟) 나라로, 이오는 양(梁)나라로 도주합니다.

이후 중이는 여러 충신과 함께 42세의 나이에 19년간 8개국에 걸친 기나긴 망명길에 오르게 됩니다. 이처럼 '늙은 왕, 젊은 첩, 늦둥이 아들'이라는 고대 왕조의 '멸망 공식'이 진나라에도 작동하기 시작한 것입니다. 이렇게 중이의 시련이 시작되었습니다.

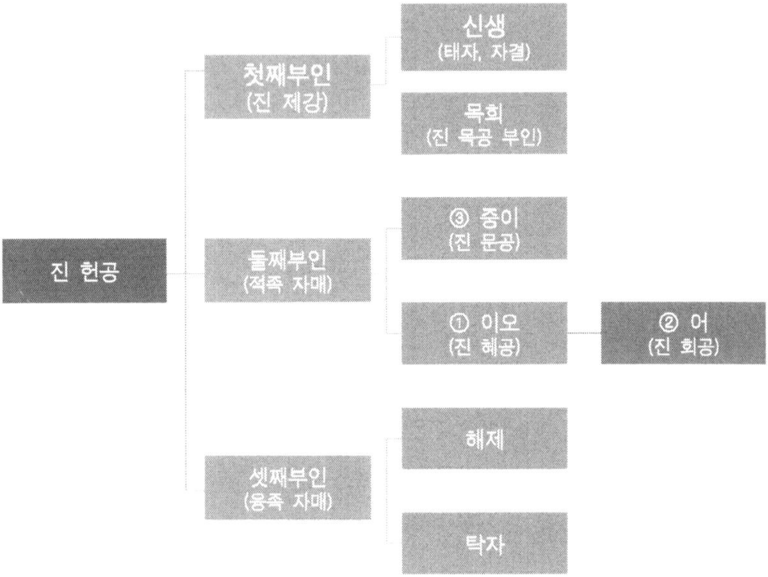

혼란에 빠진 진나라와 배신의 정치

한편, 진나라는 여희의 아들인 해제를 태자로 책봉하였으나 신하 이극(里克)에 의해 암살되었습니다. 중이는 신하들로부터 귀국하여 왕위에 오를 것을 요청받았으나, 자신을 해치려는 음모라고 생각했고, 아버지를 거역하고 도망했으며 자식으로 상례를 치르지 못함을 핑계로 거절하고 귀국하지 않았습니다.

결국 중이의 동생 이오가 누님의 남편인 진(秦) 목공의 지원을 받아 왕좌에 오르게 되니 그가 바로 혜공(惠公)입니다. 그런데 혜공은 왕위에 오르는 데 도움을 주면, 진(秦)나라에 다섯 개 성을 주겠다고 약속했고, 신하 이극에게도 분양 지역의 땅을 분봉해 주겠다고 약속했으나 이를 지키지 않았습니다.

이런 배은망덕함은 어떤 결과를 가져왔을까요?

몇 년 후 진(晉)나라에 흉년이 들어 진(秦)나라에 구호를 요청하자, 진(秦) 목공은 백리해의 조언을 받아들여 진(晉)나라를 도왔습니다. 그런데 공교롭게 이듬해에는 반대로 진(秦)나라에 흉년이 들어서 진(晉) 혜공에게 식량 원조를 요청했습니다. 그러나 혜공은 은혜를 잊고 오히려 이를 기회로 삼아 진(秦)나라의 영토를 침공했습니다.

그러나 결과는 참혹했습니다. 진나라는 대패했고, 혜공은 포로가 되었습니다. 진(秦) 목공은 은혜를 모르고 기회주의자인 혜공을 죽이려 했으나, 혜공의 누이인 부인의 간곡한 청을 받아들였습니다. 그는 당초 약속했던 다섯 개 성을 할양받고, 세자 어(圉)를 인질로 받는 조건으로 혜공을 풀어주었습니다.

그렇다면, 중이는 이 모든 상황을 어떤 눈으로 지켜보고 있었을까요?

유랑 중의 깨달음과 성장

중이는 동생인 진(晉) 혜공이 보낸 자객들을 피해 끝없는 방랑의 길에 올랐습니다. 그 여정에서 그는 수많은 일화들을 남겼습니다.

첫 번째 망명지인 적 나라에서는 따뜻한 환대를 받으며 계외(季隗)라는 여인과 결혼하고 자식까지 얻었습니다.

이후 제나라로 가던 길에 위(衛)나라를 지나던 중, 허기진 그는 농부에게 밥을 구걸했습니다. 그러나 농부는 멀쩡한 사람이 구걸한다며 밥그릇에 흙을 담아 건넸습니다. 중이가 분노하자, 신하 조최(趙衰)가 말했습니다.

"흙은 땅을 갖는다는 의미로서 하늘이 내리는 것이니 받으시라." 라고 조언했고, 중이도 모욕을 참으며 흙을 받았습니다.

이후 제나라에 도착한 그는 당시 패자였던 제 환공의 환대를 받고, 제나라 여인 제강(齊姜)과 혼인하며 한동안 안정을 찾았습니다. 그렇게 5년여의 세월이 흘러 편안한 삶에 큰 뜻을 잃을 것을 걱정한 신하들은 중이에게 다시 길을 떠날 것을 권했습니다. 그러나 중이는 이를 거절했습니다.

그러자 신하들은 꾀를 냈습니다. 그들의 계획을 우연히 엿들은 여자 종이 제강에게 알렸지만, 제강은 오히려 여자 종을 죽여 입막음하고 중이를 돕기로 했습니다.

그녀는 중이에게 술을 권해 만취시킨 뒤 수레에 태워 제나라 밖으로 나가게 했습니다. 사랑하는 이를 떠나보내야 했지만, 그녀는 남편의 앞날을 위해 결단을 내린 것이었습니다.

초 성왕과의 만남

제나라를 떠난 중이는 조(曹)나라로 갔습니다. 조나라 군주 공공(恭公)은 중이를 업신여겨 형식적인 대접만 했고, 심지어 중이가 목욕할 때 훔쳐보는 무례까지 저질렀습니다. 중이는 모욕을 참으며 다시 길을 떠나야 했습니다.

42살부터 시작된 망명길이 벌써 10년을 훌쩍 넘어가고 있었습니다. 중이 일행은 송나라와 정나라를 거쳐 남방의 강대국이었던 초나라에 도착했습니다.

초나라 성왕(成王)은 중이를 후하게 대접하며 물었습니다. "나중에 왕위에 오르면 어떻게 보답하시겠습니까?"

중이가 대답했습니다. "훗날 초나라와 우리 진나라가 전쟁터에서 맞붙는다면, 저희는 조건 없이 3사(三舍, 군대가 이동하는 사흘거리)를 물러나겠습니다."

이야기를 전해 들은 초나라의 대부 성득신(成得臣)은 초 성왕에게 당장 중이를 죽여 후환을 남기지 말 것을 권했지만, 성왕은 중이를 살려주고 그 일행을 진나라까지 호송했습니다.

중이는 초 성왕의 환송을 받으며 초나라를 떠났습니다. 과연 19년 망명의 끝에서 그를 기다리는 것은 무엇일까요?

귀국과 즉위

중이가 진나라에 도착했을 무렵, 진나라 내부는 또다시 혼란에 빠져 있었습니다. 진 혜공이 병들어 사망하고, 진(秦)나라에 볼모로 있던 세자 어가 돌아와 왕위를 이어 회공(懷公)으로 즉위했습니다. 한편, 진 목공은 어가 자신의 허락을 받지 않고 귀국한 것에 분노했고, 초나라에 사신을 보내 중이를 진나라로 불러들였던 것입니다.

진 목공은 중이를 적극적으로 지원했습니다. 자신의 딸을 중이에게 시집보내며 군사력까지 제공했습니다. 마침내 진 목공의 도움을 받아 중이의 조카였던 회공을 물리치고 왕위에 올랐으니, 그가 바로 진 문공입니다. 61세의 나이였습니다.

19년의 망명 기간 동안 중이를 따른 신하들은 누구였을까요? 조최(趙衰)는 중이가 가장 신뢰하는 모사였고, 호언(狐偃)은 중이의 외삼촌으로 군사적 결단을 도왔습니다. 위무자(魏武子)는 용맹한 장수였고, 개자추는 자신의 살을 베어 바친 충신이었습니다. 이들은 긴 유랑 속에서 중이와 생사를 함께하며 깊은 신뢰를 쌓았습니다.

문공은 즉위 후 어떤 리더십을 보여주었을까요? 그는 자기를 따르던 신하들에게 논공행상을 하였는데, 세 가지 기준이 있었습니다. 첫째 인의로 이끌고 덕과 은혜로 지킨 사람, 둘째 화살과 돌의 위험을 무릅쓰고 땀 흘린 공로가 있는 사람, 셋째 힘으로 섬겼으나 부족함을 보완하지 못한 사람이었습니다.

또한 문공은 대사면령을 내렸습니다. 혜공과 회공을 따르던 이들에게도 새 기회를 주어 등용했습니다. 19년에 걸친 유랑 속에서 쌓은 경륜을 바탕으로 국내 정치를 혁신하자, 진나라는 빠르게 안정을 되찾았습니다.

패자의 승리와 통치

진 문공은 즉위 후 국내를 안정시켰지만, 진정한 시험은 이제부터였습니다. 중원의 패권은 아직 공백 상태였고, 여러 제후국이 각자의 이해관계에 따라 움직이고 있었습니다.

기원전 632년, 초나라가 송나라를 침공하자 송나라가 진나라에 구원을 요청했습니다. 신하들은 "지금이 패자가 될 기회"라고 간언했고, 문공은 결단을 내렸습니다. 성복(城濮)에서 진나라와 초나라의 군대가 맞붙었습니다.

문공은 망명 시절 초 성왕에게 했던 약속을 기억했습니다. "만약 전쟁이 일어나면 3사를 물러나겠습니다." 진나라 군대는 약속대로 사흘 거리를 후퇴했습니다. 초나라 장수 성득신은 이를 비겁함으로 여기고 추격했지만, 이것은 함정이었습니다. 진나라는 유리한 지형에서 기다렸다가 초나라 군대를 격파했습니다.

성복대전의 승리 이후, 문공은 천토(踐土)에서 제후들을 소집했습니다. 주나라 천자도 참석한 이 회맹에서 문공은 공식적으로 패자의 지위에 올랐습니다. 제 환공 이후 공백이었던 중원의 맹주 자리가 채워진 것입니다.

이제 문공은 망명 시절의 은혜와 원한을 갚았습니다. 송나라는 위기에 처했을 때 자신을 도왔던 나라였기에 구원했고, 자신을 업신여긴 조나라는 멸망시켰습니다. 패자가 된 문공은 진나라를 강대국으로 만들며 중원의 질서를 유지했습니다.

개자추의 비극과 한식의 유래

한편, 논공행상 과정에서 진 문공은 망명 중 전심으로 자신을 보좌한 개자추(介子推)라는 신하를 빠뜨렸습니다. 개자추는 어떤 충신이었을까요? 중이가 망명 중 굶주리자, 고깃국 한 그릇을 만들어 올렸습니다. 진 문공은 맛있게 먹고 나서 "이런 상황에서 고기를 어디서 구했소?" 라고 물었습니다.

이에 개자추는 “신의 넓적다리 살입니다. ‘효자는 자기 몸을 죽여 어버이를 섬기고, 충신은 자기 몸을 죽여 임금을 섬긴다’고 들었습니다.”라고 대답했습니다. 이처럼 개자추는 자기 허벅지 살을 베어 바쳤다는 ‘할고봉군(割股奉君)’의 일화를 남긴 인물이었습니다.

하지만 개자추는 신하들이 ‘공의 크기를 따지는 것을, 하늘의 공을 탐하는 짓이라며 도적질보다 못하다’라고 하며 노모를 모시고 면산(綿山)으로 숨었습니다. 한참이 지나서야 문공은 개자추를 잊은 것을 알았고, 누군가 산에 불을 지르면 효자인 그가 산에서 나올 것이라 하여 불을 질렀습니다.

그러나 개자추는 지조를 지키며 끝내 나오지 않았고, 노모와 함께 나무를 끌어안고 산불에 타 죽었습니다. 진 문공은 산불을 낸 것을 후회했다고 합니다. 후세 사람들은 개자추를 기리며 그가 죽은 날에는 불을 피우지 않는 한식(寒食)이라는 풍습을 만들었습니다.

자기 살을 베어 바친 충신을 잊고, 그를 찾기 위해 산에 불을 질러 죽음에 이르게 한 이야기. 과연 문공은 진정한 성군이었을까요? 아니면 인간적인 한계를 가진 지도자였을까요?

19년의 유랑 끝에 패자의 자리에 오른 진 문공. 그는 약속을 지켰고, 승리를 거뒀으며, 중원의 패자가 되었습니다. 하지만 가장 충성스러운 신하 한 명은 산불 속에서 죽었습니다.

여러분이라면 문공의 삶에서 무엇을 보시겠습니까?

쉬어가는 이야기

이름과 자와 호

《사기》나 고전을 읽다 보면 이름 외에도 자(字)나 호(號)가 나와서 헷갈린 경험이 있으실 겁니다. 관중은 이오, 포숙은 숙아, 장량은 자방이라고도 불리죠. 이들은 무엇이고 언제 사용할까요?

이름(名)은 부모나 임금, 스승만이 부를 수 있었습니다. 아랫사람이 윗사람의 이름을 함부로 부르는 것은 큰 실례였거든요. 그래서 같은 또래나 비슷한 지위의 사람들끼리는 자(字)를 사용했습니다. 자는 성인이 되면서 받는 별명으로, 존중의 의미가 담겨 있었습니다.

호(號)는 누구나 편하게 부를 수 있도록 만든 별칭입니다. 자신이 짓기도 하고 다른 사람이 지어주기도 했죠. 사마천도 '태사공'이라는 호로 불렸습니다. 호는 그 사람의 성격이나 거주지, 취미 등을 반영하는 경우가 많았습니다.

시호(諡號)는 왕이나 높은 신하가 죽은 후 그의 공덕을 평가해 붙이는 이름이고, 묘호(廟號)는 종묘에서 제사를 지낼 때 사용하는 이름입니다. 한무제의 '무제'는 시호이고, 세종대왕의 '세종'은 묘호입니다.

한편, 재미있는 풍습이 하나 더 있습니다. '피휘(避諱)'라고 해서 임금이나 조상의 이름과 같거나 발음이 비슷한 글자를 쓰는 것을 피했습니다. 한나라 고조 유방의 '방(邦)'자를 피해서 나라를 뜻하는 '방(邦)' 대신 '국(國)' 자를 썼던 것이 대표적인 예입니다.

이제 《사기》 속 인물들의 다양한 이름이 덜 헷갈리시겠죠?

《초 장왕 : 삼년불언으로 이룬 패업》

기원전 7-6세기, 춘추시대 중기. 진 문공 사후 중원의 패권이 다시 공백 상태가 되면서, 남방 초나라가 본격적으로 중원 진출을 노리던 시대였습니다.

삼 년간 말하지 않고 꿈을 키우다

장강 이남에 위치해 오랑캐로 불리던 초(楚)나라는 중원의 제후국과는 다른 문화와 풍토를 가진 나라였습니다. 춘추시대가 시작된 후 기원전 6세기경, 장왕(莊王)이 춘추시대 패자의 한 명으로 군림하며 위세를 떨치기 시작했습니다.

장왕은 기원전 613년부터 23년간 재위하며 왕권을 강화했습니다. 과감한 내정 개혁을 통해 기득권 귀족 세력을 평정하고, 청백리의 대명사로 불리는 손숙오(孫叔敖)를 중용하며 세력을 확장했습니다.

그런데 장왕의 즉위 초기는 어땠을까요? 놀랍게도 그는 즉위한 후 무려 3년 동안 나랏일은 하지 않고 밤낮없이 향락에 빠진 생활을 했습니다. 심지어 신하들에게 "자신에게 충고하는 자는 죽음으로 다스리겠노라"고 엄포까지 해 놓았습니다.

모두 왕의 눈치를 살피고 있을 때, 한 신하가 나섰습니다. 바로 충신 오거(伍擧)였습니다. 그는 중국 역사상 복수의 화신으로 이름난 오자서(伍子胥)의 할아버지로 알려진 강직한 인물입니다. 모두 숨을 죽인 채 초조하게 두 사람의 만남이 어떻게 전개될지 지켜보았습니다.

그러나 장왕을 만난 오거는 뜻밖에도 직언이 아닌 수수께끼 하나를 꺼냈습니다.

"대왕의 침소 앞 큰 나무에 큰 새 한 마리가 날아와 둥지를 틀었습니다. 그런데 이 새가 어찌 된 일인지 3년 동안 날지도 울지도 않습니다. 대체 그 새는 어떤 새일까요?"

생사를 좌우할 수 있는 이 위험한 순간에, 오거는 왜 수수께끼로 말했을까요?

날지도 울지도 않는 새

장왕이 답했습니다. "3년을 날지 않았다면 장차 날았다 하면 하늘을 찌를 듯이 날 것이며, 3년을 울지 않았다면 한 번 울면 사람을 놀라게 할 것이오. 무슨 말인지 알았으니 그만 물러가시오."

이 대화에서 날지도 울지도 않는 새란 뜻의 '불비불명(不飛不鳴)'과 한번 울었다 하면 사람을 놀라게 하고, 한번 날았다 하면 하늘을 찌른다라는 뜻의 '일명경인(一鳴驚人), 일비충천(一飛沖天)'이란 고사성어가 여기서 나왔습니다.

그러면 장왕은 3년 동안 정말 향락에 빠져 있었던 것일까요? 아닙니다. 그는 은밀히 조정의 동태와 신하들의 면면을 꼼꼼히 살펴왔던 것입니다. 그렇게 누구와 함께 일할 것인지, 누구를 내칠 것인지를 결정하고 때를 기다렸던 것입니다.

3년 만에 입을 연 장왕은 오거와 소종(蘇從)을 재상으로 발탁했고, 이후 초나라의 국력은 하루가 다르게 강해졌습니다. 결국 장왕은 제 환공과 진 문공에 이어 춘추시대 세 번째로 패자에 올랐습니다.

'불비불명'은 날지도, 울지도 않으며 때를 기다린다는 뜻으로, 속내를 감추고 신중하게 큰일을 준비하는 중국인의 태도를 잘 보여 줍니다. 오늘날에는 '도광양회(韜光養晦)'라는 중국의 외교 전략과 비슷한 의미로 쓰이기도 합니다. 일상생활에서도 우리는 때때로 이런 선택을 합니다. 새 직장에 들어가 처음 몇 달간 조용히 분위기를 파악하거나, 중요한 프로젝트를 준비하며 성과를 조용히 쌓아가는 모습처럼 말입니다.

때로는 침묵이 가장 강력한 메시지가 될 수 있지 않을까요? 장왕의 3년간의 침묵은 어떤 준비의 시간이었을까요?

식견으로 정확히 판단하다

장왕이 수시로 배신을 일삼는 이웃한 약소국 진(陳)나라를 정벌하러 나섰을 때의 일입니다. 장왕은 공격에 앞서 몰래 사람을 보내 진나라 성의 상황을 엿보게 했습니다.

첩자들의 보고는 부정적이었습니다. '진나라의 성이 높고 견고하고, 해자(垓子)는 대단히 깊으며, 성 안의 식량도 넉넉하게 비축되어 있다'는 것이었습니다. 해자란 방어 목적으로 성 주변에 파놓은 깊은 도랑을 말합니다.

장수들도 이구동성으로 같은 의견이었습니다. 이 상황에서 장왕은 어떤 판단을 내렸을까요? 평소 주위의 충고나 직언을 허심탄회하게 받아들이는 장왕을 볼 때, 첩자와 장수들의 의견을 따르는 것이 당연해 보였습니다.

하지만 장왕은 뜻밖에 바로 진나라를 공격하겠다고 했습니다.

모두 그 이유가 궁금할 수밖에 없었습니다. 장왕은 그 첫 번째 이유로 작은 나라인 진나라의 성이 그렇게 높고 견고하며 해자까지 깊다는 것은 백성들이 지쳐있다는 점을 꼽았습니다. 둘째, 넉넉한 식량 비축 역시 세금이 과중하다는 증거이며, 따라서 현재 백성들의 원성이 높을 것이므로 충분히 공략할 수 있다고 보았습니다.

모두 겉으로 보이는 상황을 보고 공격할 수 없다고 말할 때, 장왕은 그런 상황을 만든 상대국 백성들의 민심을 읽었던 것입니다. 강한 성벽 뒤에 숨은 약한 민심을 꿰뚫어 보는 통찰력, 이것이 진정한 지도자의 자질이 아닐까요?

나라의 세 가지 보배

어느 날 장왕은 급한 일로 태자를 궁으로 불러들였습니다. 주룩주룩 내리는 비에 태자는 급하고 귀찮은 마음에 궁성의 출입문인 사마문(司馬門)에서 마차를 멈추지 않고 바로 들어갔습니다.

이때 성문의 출입을 관장하고 있는 관리가 태자의 마차를 가로막고 나섰습니다. 마차에서 내려 신분 확인 등의 절차를 거치지 않고 태자의 마차가 무단으로 지나간 것입니다. 이는 법으로 엄격하게 금지되어 있었고, 당시 이를 어기면 마차의 끌채를 자르고 마부의 목을 베게 되어 있었습니다.

태자는 왕이 급하게 부르기 때문에 하는 수 없이 마차를 몰고 궁문으로 들어올 수밖에 없었다고 항변했습니다. 하지만 담당 관리는 꿈쩍하지 않고 태자의 마부를 끌어내 목을 베고, 마차의 한쪽 끌채를

톱으로 잘라 버렸습니다.

입궁해 장왕을 만난 태자는 분한 마음에 담당 관리를 처벌해 달라고 애원했습니다. 이에 장왕은 태자에게 어떤 가르침을 주었을까요?

"법령을 지켜 국가와 백성을 지키는 사람은 충신이다. 그런 사람을 어찌 처벌할 수 있겠느냐? 개인의 이익을 앞에 두는 사람은 나라의 가장 큰 적이고 왕의 근심거리다."

태자의 표정을 보며 장왕은 덧붙였습니다. "그는 설령 내가 앞에 있었더라도 나 때문에 너를 봐주지 않았을 것이며, 네가 장차 내 뒤를 이을 후계자라서 네게 잘 보이려고 하지도 않았을 것이다. 이런 신하가 있다는 것이야말로 우리 초나라의 복이다!"라고 말했습니다.

그제서야 태자는 자신의 잘못을 깨닫고 사흘 동안 밖에서 잠을 자며 죄를 뉘우쳤다고 합니다.

장왕은 국가를 유지하는 법령과, 그 법령을 엄격하게 집행하는 관료, 그리고 그와 같은 인재를 중시하는 정책이야말로 진정한 보물이라고 강조했습니다. 후세 사람들은 이 세 가지를 '장왕의 삼보(國之三寶)'라 부르며 그의 탁월한 리더십을 칭송했습니다.

법 앞에 만인이 평등하다는 원칙을 고대 중국에서도 볼 수 있다니 놀랍지 않으세요?

말을 사랑한 남자

장왕은 말을 매우 좋아했습니다. 당시 말이 전쟁에 절대적으로 필요한 동물이었기 때문에 귀한 대접을 받았지만, 장왕은 말을 지나치게 아꼈습니다. 사람도 먹기 어려운 대추와 마른고기를 먹이로

주고, 비단옷을 입혀 말을 침대에서 자게 했다고 하니 말입니다.

이 때문에 장왕의 말은 운동 부족에 비만으로 일찍 죽고 말았습니다. 상심한 장왕은 나무로 관을 잘 짜서 대부(大夫)의 예로써 장사를 지내도록 명령했습니다. 대부란 당시 높은 관직을 가진 신하를 뜻합니다. 이에 신하들이 반기를 들고 일어났습니다.

하지만 장왕은 막무가내로 "내가 아끼던 말(馬)을 가지고, 감히 말(言)하는 자는 목을 베겠노라."라고 엄포를 놓았습니다.

어느 날 말재주가 좋고 풍자를 잘하던 악공 우맹(優孟)이 이 이야기를 듣고는 조정에 들어와서는 하늘을 우러러 통곡했습니다. 장왕이 그 까닭을 묻자, 우맹은 어떤 풍자를 했을까요?

"왕께서 그토록 아끼던 말인데, 대부의 예로 장사를 지내는 것은 너무 야박합니다. 임금의 예로 장사를 지내야만 합니다. 돌로 관을 만들어 조각도 하고 이웃 나라에도 조문단이 오도록 알려야 합니다. 제후들이 이런 모습을 보고 듣게 되면 모두가 대왕께서 사람보다 말을 더 귀하게 여긴다는 것을 확실하게 깨닫게 될 것입니다!"

이와 같은 통렬한 풍자에 장왕은 죽은 말은 평범하게 묻어주게 했답니다. 장왕은 우맹의 풍자를 통한 충고를 호쾌하게 수용한 것입니다.

지위가 높은 사람일수록 자신의 잘못을 지적받기 어렵습니다. 장왕처럼 직언을 들을 줄 아는 리더십이 왜 오늘날 더욱 필요하게 느껴질까요?

절영지연과 장자의 풍모

장왕이 두월초(斗越椒)의 반란을 평정한 후 장수들의 노고를 격려하기 위한 잔치가 궁중에서 열렸습니다. 장왕은 오랜만에 실컷 즐기자며 후궁과 무희들까지 동원하여 낮부터 날이 어두워질 때까지 마셨습니다.

날이 어두워지자 사방에 횃불이 켜졌습니다.. 그런데 갑자기 광풍이 몰아쳐 횃불이 모두 꺼져버리고 주위는 칠흑 같은 어둠에 빠졌습니다. 그 순간 장왕이 가장 아끼는 애첩의 날카로운 비명이 들려왔습니다.

“이 무슨 해괴한 짓이냐? 대왕, 얼른 불을 밝혀 주세요. 어둠 속에서 누가 첩의 몸을 훔쳤습니다. 지금 제가 그자의 갓끈을 끊어서 쥐고 있으니 불이 켜지면 누구인지 알 수 있습니다.”

순간 좌중은 찬물을 끼얹은 듯 조용해졌습니다. 왕이 가장 아끼는 애첩을 희롱했으니, 누군지는 몰라도 죽음을 면하기 어려워 보였고, 사방에서 웅성거리는 소리가 들렸습니다. 이윽고 장왕의 우렁찬 목소리가 들려왔습니다.

“잠깐! 불을 켜지 마라! 그리고 장수들은 모두 갓끈을 끊어라. 갓끈을 끊지 않은 장수가 있으면 흥을 깬 벌로 당장 이 자리에서 내쫓을 것이다!”

이렇게 해서 애첩에게 장난친 자는 영원히 찾을 수 없게 되었습니다. 이 이야기를 우리는 ‘절영지연(絶纓之宴)’, 즉 갓끈을 끊은 잔치라 부릅니다.

그런데 이 일화는 뒷이야기가 더 남아 있습니다. 그 뒤 장왕이 다른 전투에서 악전고투하는 곤경에 빠졌습니다. 그때 한 장수가 나서 자신의 목숨을 돌보지 않고 용감하게 적진을 향해 돌진하여 마침내 승리를 거두었습니다. 장왕이 그 장수를 불러 공을 치하하자, 장수는 그때 갓끈을 끊고 술자리를 계속하게 하여 자신의 실수를 감추어준 왕의 은혜에 이제야 보답하게 되어 기쁘다며 장왕에게 공을 돌렸습니다. 그렇습니다. 그는 일전에 애첩을 희롱한 그 장수였던 것입니다.

장왕은 인간적인 면모를 지닌 리더였습니다.

스스로의 실수를 인정할 줄 알았고, 하찮게 여길 수도 있는 악사의 충고도 기꺼이 받아들였습니다. 또한 부하 장수가 곤경에 빠지지 않도록, 모든 장수에게 갓끈을 끊게 하는 결단을 내렸습니다. 그 모습에서 진정한 '상남자'의 기개가 느껴집니다.

때로는 잘못을 덮어주는 너그러움이 오히려 더 큰 충성심을 이끌어 냅니다. 여러분은 장왕의 이런 선택을 어떻게 보시나요?

자신보다 뛰어난 신하를 원하다

장왕에 관한 일화는 수백 년이 지난 후 전국시대 전략가 중 한 사람이었던 오기(吳起)가 자신을 발탁한 위(魏)나라 무후(武侯)와 나눈 대화에 등장합니다.

무후가 신하들과 국사를 논의하는데 누구도 그의 생각을 넘어서지 못했습니다. 이에 조회가 끝난 뒤 무후의 얼굴에 미소가 떠나질 않았습니다. 그 많은 신하 중 누구도 자기를 뛰어넘지 못한 것에 무한한 자부심과 자신감을 느꼈기 때문입니다.

이를 지켜본 오기는 한숨을 쉬며 장왕의 일화를 꺼냈습니다. 일찍이 초나라 장왕은 신하들과 나랏일을 상의한 뒤, 자신의 식견을 뛰어넘는 신하가 없으면 물러 나와 울적해 했답니다.

"지금 내 능력도 보잘것없는데 신하들조차 나를 뛰어넘지 못하니 초나라가 위기에 처할 조짐이 아닌가 두려울 뿐이오!"

오기는 무후에게 말했습니다.

"장왕은 이 때문에 근심하고 우울해했는데 왕께서는 오히려 의기양양해하시니 신은 심히 두려울 따름입니다."

무후는 부끄러워 어쩔 줄 몰라 했습니다.

뛰어난 지도자는 자신보다 더 뛰어난 인재를 발굴하고 키우는 것을 두려워하지 않습니다. 오히려 그런 인재가 없음을 걱정합니다. 여러분은 장왕과 무후 중 누구의 태도가 더 현명하다고 생각하시나요?

3년의 침묵 끝에 초 장왕은 마침내 패자의 자리에 올랐습니다.

그는 자신의 실수를 인정하고, 쓴소리를 들으며, 부하의 허물을 감쌌습니다. 겉으로는 강했지만, 속으로는 누구보다 따뜻한 리더였습니다. 당신은 장왕의 어떤 모습에서 마음이 움직이셨나요?

세 패자가 남긴 질문들

세 명의 패자 이야기를 따라오면서 어떤 생각이 드셨나요?

제 환공, 진 문공, 초 장왕은 모두 춘추시대의 패자가 되었지만, 그들이 보여준 모습은 참으로 달랐습니다.

환공은 어떤 사람이었을까요? 자신에게 활을 쏜 관중을 재상으로 등용했습니다. 노나라 장수 조말이 비수를 들고 위협했을 때도 약속을 지켰고, 연나라 군주가 자기도 모르게 밟은 제나라 땅을 돌려주기까지 했습니다. 그 넓은 마음이 어떻게 가능했을까요?

문공은 어땠습니까? 19년이라는 긴 망명 생활을 견뎌냈습니다. 여덟 나라를 떠돌며 모욕도 당하고 굶주림도 겪었지만 끝내 포기하지 않았습니다. 초나라 성왕과 맺은 약속을 성복 전투에서 지켰고, 그것이 오히려 승리로 이어졌습니다. 저 긴 시간을 버틸 수 있었던 힘은 무엇이었을까요?

장왕의 3년 침묵은 또 어떠셨습니까? 즉위 후 3년간 향락에 빠진 척하며 조정을 관찰했습니다. 진나라 성벽이 높고 식량이 넉넉하다는 보고를 듣고도 "그것은 백성이 지쳐있다는 뜻"이라며 공격을 감행했습니다. 자신을 능가하는 신하가 없으면 오히려 근심했습니다. 그 통찰력과 겸손함은 어디서 나온 것일까요?

흥미로운 공통점이 있습니다. 세 사람 모두 극심한 시련을 겪었습니다. 환공은 형의 폭정을 피해 망명했고, 문공은 19년간 떠돌았으며, 장왕은 즉위 초 온갖 비난을 감수하며 침묵했습니다. 고난이 그들을 더 훌륭한 지도자로 만든 것일까요?

또 다른 공통점도 있습니다. 모두 뛰어난 조언자가 있었습니다. 환공에게는 관중이, 문공에게는 조최와 호언이, 장왕에게는 오거와 소종이 있었습니다. 혼자만의 힘으로 패자가 될 수 있었을까요?

하지만 리더십 스타일은 달랐습니다. 환공은 관중의 조언을 거의 그대로 받아들였습니다. 문공은 여러 조언자의 의견을 종합해 판단했습니다. 장왕은 때로 모든 이의 반대를 무릅쓰고 자신의 직감을 믿었습니다. 세 가지 방식 중 어느 것이 더 나을까요? 아니면 상황에 따라 달라지는 것일까요?

세 패자의 이야기를 들으며 여러분은 누구에게 가장 마음이 끌렸습니까? 원수까지 포용한 환공의 넓은 마음일까요, 19년을 견디며 약속을 지킨 문공의 끈기일까요, 아니면 침묵 속에서 지혜를 기른 장왕의 통찰력일까요?

그리고 만약 여러분이 이들과 같은 상황에 부닥친다면, 과연 어떤 선택을 하시겠습니까?

제2장

아쉬움을 남긴 패자(霸者)들

앞에서 성공한 패자들을 보았고, 이제는 아쉬움을 남긴 도전자들을 만나보겠습니다. 뛰어난 능력과 큰 꿈을 가졌지만, 마지막 한 걸음에서 아쉬움을 남긴 이들, 때로는 장점이 단점이 되고 성공이 새로운 비극의 씨앗이 된 이들의 이야기입니다.

무엇이 이들을 막았을까요? 한 걸음 차이는 어디서 왔을까요?

《진 목공 : 다섯 장의 양가죽과 인재》

기원전 7세기, 춘추시대 중기. 중원의 패권 경쟁이 치열해지면서 서방의 진(秦)나라가 본격적으로 동진을 시도하며 강국으로 부상하던 시대였습니다.

다섯 장의 양가죽으로 만난 운명

기원전 659년, 진나라 목공(穆公)은 어떻게 자신의 야망을 현실로 만들어 나갔을까요? 그는 직접 군대를 이끌고 모진(황하의 나루터)을 정벌하여 승리를 거두며 자신의 군사적 능력을 천하에 과시했습니다.

4년 후 목공은 진(晉)나라 태자 신생의 누이를 아내로 맞이했습니다. 이는 혼인을 통한 정치적 동맹 강화로, 춘추시대 외교의 전형적인 모습이었습니다. 당시는 제나라 환공이 초나라를 정벌하기 위해 소릉까지 진군했던 때로, 춘추시대의 패권 다툼이 본격화되던 격동기였습니다.

그런데 이때 진나라 목공에게 예상치 못한 행운이 찾아왔습니다. 재위 5년째, 진나라 헌공(獻公)이 우(虞)나라와 괵(虢)나라를 멸망시키는 사건이 벌어진 것입니다. 헌공은 우나라 군주에게 백옥과 명마를 뇌물로 주어 자국 영토를 통과할 수 있게 해달라고 요청했습니다.

우나라 대부 공자 지(綦)는 "괵나라가 망하면 다음은 우리 차례가 될 것입니다."라고 간절히 경고했지만, 우나라 군주는 눈앞의 화려한 선물에 현혹되어 통행을 허락했습니다. 결과는 어땠을까요? 진나라는 괵나라를 정복한 후 곧바로 우나라까지 공격하여 두 나라 모두 멸망시켰습니다.

이처럼 다른 사람의 도움을 빌려 제3자를 공격하는 상황을 '가도벌괵(假道伐虢)'이라고 부릅니다. 오늘날에도 겉으로는 협력하는 척하면서 실제로는 다른 목적을 달성하려 할 때 이 말을 씁니다.

이 사건에서 우나라의 현명한 대부였던 백리해(百里奚)가 포로로 잡혀 오게 되었고, 이는 진 목공에게 평생 최고의 행운이 되었습니다. 백리해가 초나라 변경에서 붙잡혔을 때, 목공은 그의 인품을 높이 평가해 검은 숫양 가죽 다섯 장이라는 몸값을 치르고 그를 데려왔습니다.

당시 백리해는 70세가 넘은 고령이었습니다. 다른 군주들이라면 그의 나이를 핑계로 포기했을 텐데, 목공의 안목은 달랐습니다. 목공은 백리해에게 국사를 함께 논의하자고 제안했으나, 백리해는 겸손하게 거절했습니다.

"저는 망한 나라의 신하입니다. 이런 제게 무엇을 물으신단 말입니까."

이에 목공은 명쾌하게 답했습니다.

"우나라 군주가 그대를 쓰지 않아서 망한 것이오. 그대 잘못이 아니지 않소."

배신과 용서, 그리고 예상치 못한 보답

진(晉)나라와 진 목공의 관계는 어떻게 변화했을까요?

진(晉) 헌공 말년에 여희가 난을 일으켜 태자 신생은 자결하고,

중이와 이오는 각기 도망쳤습니다. 나라를 안정시키려는 이오가 귀환을 요청했고, 목공은 군사를 보내 그를 호송했습니다.

그러나 왕위에 오른 혜공 이오는 약속을 저버리고 하서(황하 서쪽)의 성들을 주지 않았습니다. 더구나 진나라가 가뭄에 시달려 식량을 요청했을 때, 목공은 백리해와 공손지의 조언을 따라 백성에게는 죄가 없다며 식량을 지원했습니다. 그러나 이후 진나라가 선의를 배신하고 공격하자 목공은 직접 군대를 이끌고 싸우다 상처를 입고 포위되었습니다.

이때 어떤 기적 같은 일이 일어났습니다. 과거 기산 아래에서 목공의 말을 훔쳐 잡아먹었던 300명의 백성이 위험을 무릅쓰고 진나라 군대로 돌진하여 포위를 풀었던 것입니다. 과거 목공이 베푼 자비가 위기의 순간 그의 목숨을 구한 셈입니다.

왜 그들은 목숨을 걸고 목공을 구했을까요?

예전에 목공이 좋은 말을 잃었을 때, 기산 아랫마을 사람들이 그 말을 잡아먹었습니다. 관리가 이들을 체포하여 처벌하려 하자 목공은 "군자는 짐승 때문에 사람을 상하게 해서는 안 된다. 내가 듣기에 좋은 말고기를 먹으면서 술을 마시지 않으면 사람이 상한다고 했다" 라고 말하며 모두에게 술을 내려 용서해 주었습니다. 여러분은 이런 선행의 힘을 믿으시나요?

목공은 진(晉)나라 군주 혜공을 포로로 잡고 제물로 바치려 했으나, 주 천자의 용서 요청과 부인의 눈물 어린 간청을 듣고 그를 풀어 주었습니다. 그 후 진(晉)나라는 태자 어(圉)를 인질로 보냈고, 진(秦)은 동쪽으로 황하까지 세력을 확장했습니다.

서융 정복과 전략적 지혜

그러나 목공의 관용 정치가 항상 성공적이었던 것은 아닙니다. 후에 다시 진나라를 공격했을 때 효산(崤山) 전투에서 패배를 당했습니다. 이때 목공은 전사자들의 장례를 치르고 군사들 앞에서 깊이 반성하며 맹세했습니다. "옛사람들은 일을 꾀할 때 백발노인과 의논했기에 실수가 없었소."

이는 건숙과 백리해의 조언을 따르지 않았던 지난 일을 되새기는 말이었습니다. 여러분은 실패했을 때 이렇게 솔직하게 자기 잘못을 인정할 수 있나요?

목공은 유여라는 융의 왕이 진나라를 살피기 위해 보낸 사신을 통해 융 지역을 정복하는 데 성공했습니다. 목공은 유여와의 대화를 통해 그의 지혜를 알아보았고, 내사 왕료의 계책에 따라 융왕에게 가무에 능한 16명의 기녀를 보냈습니다.

융왕은 기녀들을 받고 한 해가 다 가도록 쾌락에 빠져 정사를 돌보지 않았습니다. 목공은 유여를 이간시켜 결국 진나라로 투항하게 했습니다. 이후 진은 유여의 계책을 받아들여 융왕을 토벌하고 12개의 나라를 병합하여 천 리에 이르는 땅을 넓혔습니다. 마침내 서융(西戎) 지역의 패자가 된 것입니다.

적을 알고 나를 알면 백 번 싸워도 위태롭지 않다는 '지피지기 백전불태(知彼知己 百戰不殆)', 목공이 바로 이것을 실천한 것 아닐까요?

위대함과 한계의 공존

재위 39년, 목공이 사망하자 옹(오늘날 섬서성 봉상현)에 묻히고 무려 177명의 인물이 순장되었습니다. 이 중에는 엄식, 중항, 침호 세 명의 훌륭한 신하도 포함되어 있었습니다. 사람들은 그들을 기려 '황조'라는 시를 지어 노래했고, 군자들은 이렇게 평가했습니다.

"목공은 나라를 넓히고 업적을 세웠지만, 선왕들처럼 사람을 남기지 못하고 좋은 신하들을 산 채로 묻었으니, 어찌 제후의 우두머리가 될 수 있었겠는가!"

다섯 장의 양가죽으로 백리해를 구해낸 혜안을 가진 목공. 그러나 그는 죽을 때 177명의 인재를 함께 묻었습니다. 인재를 아끼는 현명함과 순장이라는 잔혹함, 두 모습이 한 사람 안에 공존했던 것입니다.

목공은 다섯 장의 양가죽이라는 작은 대가로 백리해라는 위대한 인재를 얻었고, 그를 통해 진나라를 서방의 강국으로 발전시켰습니다. 하지만 동시에 순장이라는 잔혹한 풍습을 실행한 인물이기도 했습니다.

이 모순적인 모습 속에서 역사 속 지도자의 복잡한 면모를 엿볼 수 있습니다. 진 목공을 보면서 어떤 생각이 드시나요?

역사는 언제나 완전한 영웅이 아닌, 빛과 그림자를 모두 가진 인간의 이야기를 들려줍니다.

《송 양공 : 예의에 가려진 패자의 꿈》

기원전 7세기 중엽, 제 환공 사후 중원에 패권 공백이 생기면서 여러 제후국이 패자 자리를 놓고 경쟁하던 시대였습니다.

약소국의 야망, 그 시작

송(宋)나라는 어떤 나라였을까요? 춘추시대 중원의 심장부에 있었던 송나라는 진, 제, 초 같은 거대한 강국들 사이에 끼어있던 작은 나라였습니다. 현재의 하남성 동부와 안휘성 회수 북부 지역에 있었던 이 나라는 지리적으로는 불리했지만, 그만큼 독특한 매력을 지니고 있었습니다.

송나라는 상나라의 후예로서 특별한 지위를 가지고 있었습니다. 주나라가 천하를 통일한 후에도 상나라 왕족의 혈통을 이어받아, 송나라는 남다른 존재감을 부여받았습니다. 이런 역사적 배경이 양공에게 자신도 패자가 될 수 있다는 자신감을 주었던 것일까요?

중원의 교통 요지라는 위치는 양날의 칼과 같았습니다. 사통팔달의 지리적 조건 덕분에 상인들이 전국에서 모여 상업에 뛰어난 재능을 발휘했지만, 동시에 주변 강대국들의 군사적 충돌 가능성을 높이는 위험이 되기도 했습니다.

양공은 제나라 환공 사후, 그의 아들 공자 소(昭)를 제나라 효공으로 세우는 데 적극적으로 개입했습니다. 이는 단순한 외교적 호의가 아니었습니다. 양공은 환공의 뒤를 이어 다음 패자가 되려는 야심찬 꿈을 키우기 시작했습니다.

하지만 양공의 야망 앞에는 강력한 경쟁자가 나타났습니다. 중원 진출을 호시탐탐 노리던 초나라 성왕이었습니다. 두 야심가가 이웃한 정나라 영토에서 마주치며, 역사상 가장 유명한 전투 중 하나인 홍수전투(泓水之戰)의 막이 오르게 되었습니다.

작은 나라의 큰 꿈, 과연 이루어질 수 있었을까요?

패자를 향한 야심과 운명적 대결

양공의 패자 도전은 어떻게 시작되었을까요? 기원전 643년 제환공이 죽자, 제나라 내부에서 왕위 계승 분쟁이 벌어졌습니다. 양공은 공자 소를 지지하며 적극적으로 개입했고, 결국 효공이 즉위하는 데 결정적인 도움을 주었습니다.

기원전 639년, 양공은 제나라 효공과 함께 회맹을 주도하며 본격적인 패자 도전에 나섰습니다. "제나라 환공께서 천하를 바로 잡았는데, 이제 그 뜻을 이어받아야 하지 않겠는가?"라고 선언한 것입니다. 중소국의 군주가 천하의 패자를 꿈꾼다는 것은 당시로서는 매우 파격적인 일이었습니다.

하지만 초나라 성왕이 정나라를 공격하여 항복시키자 양공은 큰 위기감을 느꼈습니다. 정나라까지 초나라 세력권에 들어간다면 송나라는 완전히 고립될 위험이 있었기 때문입니다.

양공은 직접 군대를 이끌고 정나라를 구원하러 나섰습니다. 재상인 목이(目夷)가 "초나라는 우리보다 훨씬 강합니다"라고 만류했지만, 양공은 "패자가 되려면 의로운 일을 해야 한다"라며 흔들리지 않았습니다.

작은 송나라가 거대한 초나라에 맞선다는 것, 무모한 일이었을까요? 아니면 용기 있는 도전이었을까요?

치명적인 예의, 두 번의 기회를 놓치다

기원전 638년 가을, 홍수(泓水) 강변에서 벌어진 전투는 중국 역사상 가장 논란이 많은 전투 중 하나가 되었습니다.

양공은 이 전투에서 어떤 선택을 했을까요? 바로 유리한 상황에서도 '예의'를 내세워 두 번의 결정적인 공격 기회를 스스로 포기한 것입니다.

양공은 초나라 군대보다 먼저 도착하여 강 남쪽 유리한 고지를 확보했습니다. 첫 번째 기회는 초나라 군대가 강을 건너는 바로 그 순간이었습니다. 송나라 군대가 먼저 도착하여 유리한 지형을 확보한 상태에서, 물을 건너느라 대열이 흐트러진 초나라 군대를 공격할 절호의 기회였습니다. 그의 배다른 형이자 재상인 목이는 "지금이 바로 기회입니다!"라고 간절히 조언했습니다.

하지만 그는 고개를 저으며 "군자는 남이 곤란에 처했을 때 공격하지 않는다"라고 말했습니다.

두 번째 기회는 초나라 군대가 강을 모두 건넌 직후였습니다. 적군이 아직 완전한 전열을 갖추지 못한 혼란스러운 상황에서, 목이는 다시 한번 절박하게 조언했습니다. "적은 많고 아군은 적습니다. 적이 전열을 완전히 갖추기 전에 지금 당장 공격해야 합니다!"

이번에 양공은 어떤 대답을 했을까요? 그의 답변은 역사에 길이 남을 명언이 되었습니다.

"군자는 어떤 경우든 남의 약점을 노리는 비겁한 행동은 할 수 없소."

결국 양공은 초나라 군사가 완전히 전열을 정비하고 만반의 준비가 된 후에야 공격을 명령했습니다. 수적으로 열세에 있던 송나라 군대가 완벽하게 준비된 초나라 대군과 정면승부를 벌인 결과는 뻔했습니다. 송나라는 참패했고, 양공 자신도 넓적다리에 화살을 맞는 중상을 입었습니다. 이 부상은 결국 악화하여 재위 14년 만에 그의 목숨을 앗아갔습니다.

과연 이것을 진정한 군자다운 행동으로 볼 수 있을까요? 아니면 현실을 모르는 고집이었을까요?

진정한 인(仁)과 의(義)란 무엇일까요?

어리석은 자비가 남긴 이름

당시 제후들 사이에는 '인의(仁義)'를 정치 덕목으로 삼는 풍조가 있었습니다. 양공 역시 이를 실천하고자 했지만, 현실 전쟁에서는 치명적인 약점으로 작용했습니다.

'송양지인(宋襄之仁)'이라는 고사성어가 오늘날까지 전해지는 이유는 무엇일까요? 이 말은 '쓸데없이 예의를 차리다가 실질을 망쳐 낭패를 본다'는 뜻으로 사용됩니다. 또한 잘못된 방향으로 흐른 자비심이나 현실을 외면한 채 고집스럽게 원칙만을 고수하는 어리석은 인(仁)을 비판할 때도 쓰입니다.

홍수전투 이후 중원의 판도는 완전히 바뀌었습니다 이 전투를 통해 초나라는 중원 진출의 확실한 발판을 마련했고, 이후 중원의 패권을 둘러싼 새로운 경쟁 구도가 형성되었습니다.

이는 기존의 중원 중심적 질서에 도전하는 남방 세력의 부상을 의미했습니다. 초나라는 이후 진나라와 필전투(기원전 597년)와 언릉전투(기원전 575년)를 통해 패자의 자리를 놓고 치열한 경쟁을 벌이게 되었습니다. 만약 양공이 홍수전투에서 승리했다면, 송나라가 패자가 되어 중원의 질서가 완전히 달라졌을 수도 있지 않았을까요?

양공의 패배로 송나라는 다시는 패자의 지위를 노릴 수 없는 약소국으로 전락했습니다. 이후 송나라는 주변 강국들 사이에서 생존을 위한 줄타기 외교를 해야 했고, 수백 년 동안 강대국들의 각축장이 되었습니다.

그의 패자가 되려는 꿈은 홍수 강변에서 끝났지만, 그의 이름은 '송양지인(宋襄之仁)'이라는 말로 영원히 남게 되었습니다. 여러분은 양공을 어떻게 보시나요? 현실을 모르는 어리석은 지도자였을까요, 아니면 원칙을 지킨 의로운 군자였을까요?

《오왕 부차 : 교만이 부른 몰락》

기원전 6-5세기, 춘추시대 후기. 오나라가 강대국으로 성장하여 중원 진출을 꿈꾸던 시기였습니다.

아버지의 유산과 운명적 유언

오나라 왕 합려(闔閭)는 야심에 찬 인물이었습니다. 그는 사촌 오왕 요(僚)를 제거하고 왕위에 올랐는데, 그 방법이 매우 극적이었습니다. 기원전 514년, 합려는 용사 전제에게 구운 생선 속에 비수를 숨겨 오도록 했고, 전제가 생선을 올리는 척하며 오왕 요를 찔러 죽였습니다. 이것이 바로 '어복장검(魚腹藏劍)'의 고사가 되었습니다. 물고기 배 속에 칼을 숨겨 적을 공격한다는 의미로, 오늘날에도 교묘한 계략을 뜻할 때 쓰입니다.

왕위에 오른 합려는 오자서와 손무(孫武) 같은 뛰어난 인재들을 등용하여 오나라를 강국으로 만들었습니다. 연이어 초나라를 공격해 큰 성과를 거두었고, 기원전 506년에는 초나라 수도 영(郢)까지 점령하는 쾌거를 이뤘습니다. 오나라의 군사력은 이미 중원에서 무시할 수 없는 존재가 되어 있었습니다.

하지만 합려에게는 해결하지 못한 숙제가 하나 있었습니다. 바로 이웃한 월나라와의 갈등이었습니다. 기원전 496년, 합려가 월나라를 공격했을 때 월왕 구천(勾踐)은 기이한 전술을 펼쳤습니다. 월나라 결사대가 오나라 군대 앞에서 자결하는 장면을 연출하고, 오나라 병사들이 넋을 잃고 구경하는 사이 기습 공격을 감행한 것입니다.

이 전투에서 합려는 발에 화살을 맞았습니다. 처음에는 가벼운 상처로 여겨졌지만, 상처가 악화하여 결국 목숨을 잃게 되었습니다. 임종을 앞둔 합려는 태자 부차를 불러 마지막 유언을 남겼습니다.

"너는 네 아비를 죽인 구천을 잊을 수 있느냐?"

부차는 눈물을 흘리며 대답했습니다. "감히 그럴 수 없습니다."

이 한마디는 부차의 평생을 지배하는 숙명이 되었습니다. 아버지의 유언을 받은 그 순간, 부차의 마음속에는 복수라는 불꽃이 타오르기 시작했습니다.

과연 아버지의 복수는 부차에게 축복이었을까요, 아니면 저주였을까요?

복수에 불타는 새로운 왕

즉위 후 부차는 아버지의 복수를 위해 모든 것을 쏟아부었습니다. 백비(伯嚭)를 국정을 총괄하는 태재로 임명하고, 군사 훈련을 강화하며, 월나라 정벌을 위한 철저한 준비에 들어갔습니다. 백비는 과거 초나라에서 망명해 온 인물로, 합려 시절부터 중용되어 온 신하였습니다.

부차는 매일 아침 일어나면 스스로에게 물었습니다. "부차야, 네 아버지를 죽인 원수를 잊었느냐?" 복수에 대한 의지를 잊지 않기 위해서였습니다. 신하들에게도 "과인이 아버지의 원수를 잊었다면 반드시 깨우쳐 달라"고 당부했다고 합니다.

2년 후인 기원전 494년, 드디어 부차가 기다리던 기회가 왔습니다. 그는 대군을 이끌고 월나라를 공격해 부초에서 대승을 거두었습니다. 궁지에 몰린 월왕 구천은 굴욕적인 항복을 요청했습니다.

"신하가 되고, 처는 첩이 되겠습니다."

이때 오자서는 긴급히 간언했습니다. "지금 구천을 제거하지 않으면 반드시 후회하게 될 것입니다! 월나라는 산악이 험하고 백성이 강인하여 쉽게 굴복하지 않을 것입니다!" 하지만 부차는 백비의 조언에 따라 화의를 수락했습니다. 백비는 "관대함을 보이면 천하가 대왕의 덕을 칭송할 것"이라고 말했던 것입니다.

복수를 완수한 부차, 이제 그의 눈은 더 큰 목표를 향했습니다. 아버지의 원수를 갚았으니, 이제는 자신만의 업적을 세울 차례라고 생각한 것입니다.

승리가 부른 교만의 함정

월나라를 굴복시킨 후 부차의 야망은 더욱 커졌습니다. 이제 그의 눈은 중원을 향했습니다.

부차는 북방 정벌에 나서 제나라와 노나라를 연달아 공략했습니다. 기원전 484년에는 제나라의 수도 임치(臨淄)까지 점령하는 대승을 거두었고, 제나라는 항복하며 조공을 바쳤습니다. 승리에 승리를 거듭하며 오나라의 위세는 하늘을 찌를 듯했습니다.

기원전 483년, 부차는 노나라와 위나라의 군대를 소집해 탁고(濁澤)에서 회맹을 열었습니다. 이듬해에는 더 큰 야망을 품고 황지(黃池)에서 회맹하여 중원의 패자가 되려 했습니다.

승리의 달콤함에 취한 부차는 점점 교만해지기 시작했습니다. "내가 아버지의 원수를 갚았을 뿐만 아니라, 이제는 중원의 주인이 되었다!" 아마도 그의 마음속에는 이런 생각이 들끓고 있었을 것입니다.

바로 이때, 놀라운 소식이 전해졌습니다. 월왕 구천이 오나라를 기습 공격한 것입니다! 월나라의 5천 병력이 오나라 군대와 교전하여 오나라의 태자를 포로로 잡았고, 월나라군은 오나라 수도에까지 진입했습니다.

부차는 이 패배 소식이 제후들에게 알려지는 것을 극도로 꺼렸습니다. 황지 회맹에서 체면을 잃을 수 없었기 때문입니다. 소식이 누설되자 분노한 부차는 군막 안에서 일곱 명을 처형했습니다. 이미 그의 마음속에서는 냉정한 판단력이 사라지고 있었습니다.

승리에 취해 현실을 보지 못하는 지도자의 모습, 어떻게 보시나요?

충신을 버린 어리석은 선택

회맹을 마친 후 부차는 송나라 정벌까지 계획했으나, 태재 백비의 "국내가 불안하니 급히 돌아가야 합니다."라는 충고에 따라 귀국했습니다. 이때 오나라는 이미 태자를 잃고 국내가 허약해진 상태였으며, 월나라와의 화친을 위해 풍부한 예물을 보내야 했습니다.

한편, 오자서는 계속 해서 월나라의 위험을 경고했습니다. "월나라가 조공을 바치고 있지만 이는 모두 거짓입니다. 구천은 여전히 복수의 칼을 갈고 있으며, 범려 같은 지모 깊은 신하들이 은밀히 준비하고 있습니다!" 하지만 부차는 오자서의 말을 점점 귀찮아했습니다.

승리에 취해 현실을 보지 못했던 것일까요? 백비는 "오자서는 지나치게 의심이 많아 화친을 방해하려 한다."라며 부차를 부추겼습니다. 결국 부차는 오자서를 제나라에 사신으로 보낸 후, 그가 제나라와 내통한다는 거짓 혐의를 씌워 자결을 명했습니다. 오자서는 죽기 전에 이런 말을 남겼습니다.

"내 눈을 빼어 성문에 걸어두어라. 월나라가 오나라를 멸망시키는 것을 보겠다!"

과거 자신을 도와 아버지의 복수를 이룬 충신을 의심하고 죽인 부차. 과연 이런 선택이 옳았을까요?

복수의 완성과 쓸쓸한 최후

오자서의 예언은 현실이 되었습니다. 월나라는 더욱 강성해졌고, 이후 수년에 걸쳐 오나라와 월나라는 잦은 충돌을 벌였습니다. 기원전 475년에는 월나라가 오나라 수도를 포위했고, 2년 후인 기원전 473년 마침내 오나라를 완전히 무너뜨렸습니다.

부차는 고소산(姑蘇山)에 고립되어 며칠간 버텼지만 결국 항복할 수밖에 없었습니다. 이때 부차의 심정은 어땠을까요? 한때 발밑에 꿇어앉아 목숨을 구걸했던 구천이 이제는 자신을 내려다보고 있었습니다.

월왕 구천은 오왕 부차에게 다른 곳으로 이주시켜 100호의 민가를 하사하려 했습니다. 과거 자신이 부차에게 받았던 관대함을 돌려주려 한 것일까요? 하지만 부차는 이를 거절했습니다.

"나이가 많아 군왕을 섬길 수 없으며, 오자서의 조언을 듣지 않은 것을 후회한다."

부차는 스스로 목숨을 끊었습니다. 죽을 때 그는 얼굴을 가리며 말했다고 합니다. "내가 저승에서 오자서를 볼 면목이 없다!" 이로써 한때 강성했던 오나라는 역사 속으로 사라지게 되었습니다. 월왕 구천은 승리 후 배신자였던 태재 백비를 "불충하다"는 이유로 처형했습니다.

아버지의 복수를 완수했지만 결국 자신도 복수의 희생양이 된 부차. 복수는 과연 또 다른 복수를 부르는 것일까요?

여러분은 부차를 어떻게 보시나요? 효성스러운 아들이었을까요, 아니면 교만에 빠진 어리석은 왕이었을까요?

《월왕 구천 : 22년의 기다림과 복수》

기원전 6-5세기, 춘추시대 후기. 오나라와 월나라가 장강 하류에서 패권을 놓고 치열한 경쟁을 벌이던 시기였습니다.

첫 승리와 운명의 시작

월왕 구천(勾踐)은 중국 전설의 치수 왕 우(禹)나라의 후예로서 회계(會稽, 현재의 절강성 소흥)에 봉해져 조상의 제사를 받들었습니다. 월나라 사람들은 문신을 하고 머리카락을 자르는 독특한 풍습을 가지고 있었으며, 황무지를 개척하여 생활하는 강인한 민족이었습니다.

구천의 아버지 윤상(允常) 시기부터 오나라와의 갈등이 본격화되기 시작했습니다. 두 나라는 장강 하류 지역에서 세력을 확장하려는 야심을 품고 있었고, 충돌은 피할 수 없는 운명이었습니다.

기원전 496년, 오왕 합려가 윤상의 사망 소식을 듣고 이를 기회로 여겨 월나라를 정벌하러 왔습니다. 어린 나이에 왕위에 오른 구천에게는 큰 시험대였습니다.

구천은 결사대를 조직하여 취리(檇李) 전투에서 기습 공격을 감행했습니다. 월나라 결사대가 오나라 군대 앞에서 자결하는 장면을 연출하고, 오나라 병사들이 넋을 잃고 구경하는 사이 기습 공격을 통해 오나라 군대를 크게 패배시켰습니다.

전투 중 구천이 직접 쏜 화살이 오왕 합려에게 명중하여 치명상을 입혔습니다. 임종을 앞둔 합려는 아들 부차에게 간절한 유언을 남겼습니다. "월나라를 절대 잊지 말아라!" 이 한마디는 훗날 두 나라의 운명을 바꾸는 결정적인 말이 되었습니다.

첫 번째 전투에서 승리한 젊은 왕 구천. 하지만 이 승리가 그에게 어떤 의미가 될지 그는 아직 몰랐습니다.

회계산의 치욕

재위 3년째인 기원전 494년, 구천은 오왕 부차가 복수를 위해 대군을 준비하고 있다는 소식을 듣고 선제공격을 결심했습니다. 신하 범려가 간곡히 만류했지만, 젊은 왕의 혈기를 막을 수는 없었습니다.

부초(夫椒) 전투에서 오나라의 정예병은 월나라 군대를 완전히 격퇴했습니다. 구천은 남은 병사 5천 명과 함께 회계산으로 후퇴했지만, 오왕의 군대는 이미 산을 포위하고 있었습니다. 절체절명의 위기였습니다.

이때 지도자가 내릴 수 있는 가장 힘든 결정은 무엇일까요? 명예로운 죽음을 택할 것인가, 아니면 굴욕적인 생존을 택할 것인가? 구천은 문종(文種)을 오나라에 보내 굴욕적인 제안을 전달했습니다. "구천은 신하가 되고, 처는 첩이 되길 청합니다." 왕이 신하가 되고, 왕후가 첩이 되겠다는 것은 한 나라의 완전한 항복을 의미하는 것이었습니다.

월나라는 미녀와 보물을 오나라 태재 백비에게 뇌물로 바쳐 그의 지지를 얻었고, 결국 오왕은 월나라를 용서하고 군대를 철수시켰습니다.

회계산에서 굴욕적인 항복을 한 구천의 마음은 어땠을까요? 과연 이때 그는 무엇을 생각하고 있었을까요?

와신상담의 의지

월나라로 돌아온 구천은 굴욕의 기억을 잊지 않기 위해 쓸개를 자신의 처소에 두고 앉거나 누울 때마다 그것을 올려다보았으며, 음식을 먹을 때도 쓴 쓸개를 맛보았습니다. 그러면서 끊임없이 자신에게 물었습니다. "네가 회계의 치욕을 잊었는가?"

이것이 바로 와신상담(臥薪嘗膽)의 유래입니다. '섶나무 위에 누워 자며 쓸개를 맛본다'는 의미로, 고난과 치욕을 잊지 않고 끊임없이 복수를 다짐하는 불굴의 의지를 상징하게 되었습니다. 오늘날에도 어떤 목표를 이루기 위해 온갖 고난을 참고 견디는 사람을 보면 "와신상담하고 있다"고 말합니다.

구천은 직접 농사를 짓고, 그의 부인은 베를 짜는 등 검소한 생활을 실천했습니다. 왕의 체면과 허식을 버리고 유능한 인재를 적극 등용했으며, 백성들의 상중에 조문하는 등 백성들과 고통을 함께 나누었습니다.

구천은 범려와 문종이라는 두 명의 탁월한 인재를 적재적소에 배치했습니다. 국내 정치는 문종에게 맡기고, 범려를 오나라에 보내 외교 협상을 담당하게 했습니다.

매일 쓸개를 맛보며 치욕을 되새기는 일, 과연 인간이 감당할 수 있는 일일까요?

완벽한 타이밍의 역전

오자서가 죽고 3년이 지난 후, 드디어 구천이 기다리던 기회가 찾아왔습니다. 오왕 부차가 북쪽 황지에서 제후들과 회맹하기 위해 정예병을 대동하고 출정한 것입니다. 오나라에는 노약자와 태자만이 남아 있는 상황이었습니다.

구천이 범려에게 "이제 공격해도 되겠소?"라고 물었을 때, 범려는 "이제 가능하겠습니다."라고 답했습니다. 22년을 기다린 끝에 드디어 완벽한 타이밍이 온 것입니다.

월왕은 즉시 수상전에 능한 병사 2천 명, 훈련된 정예병 4만 명을 선발하여 오나라를 공격했습니다. 월나라는 오나라 군대를 완전히 격파하고 오나라의 태자를 사살하는 대승을 거두었습니다.

황지에서 회맹 중이던 오왕 부차는 이 소식을 들었지만, 체면상 이를 공개할 수 없었습니다. 회맹을 마친 후 급히 사신을 보내 후한 예물과 함께 월나라에 강화를 요청해야 했습니다.

22년을 기다린 끝에 찾아온 기회. 복수가 현실이 되는 순간이었습니다.

22년 복수의 완성

4년이 더 흘렀습니다. 월나라는 다시 오나라 정벌에 나섰고, 3년 동안 포위 공격을 계속했습니다. 마침내 월나라는 오왕 부차를 고소산으로 몰아넣었습니다.

절망적인 상황에 부닥친 오왕의 사신이 과거 구천이 그랬던 것처럼 굴욕적인 용서를 구했습니다. 하지만 이번에는 상황이 달랐습니다. 범려가 단호하게 거부했습니다.

"회계의 사건은 하늘이 월나라를 오나라에 주었는데 오나라가 취하지 않았습니다. 지금은 하늘이 오나라를 월나라에 주려는 것인데 월나라가 어찌 하늘의 뜻을 거스를 수 있겠습니까?"

결국 오왕 부차는 자결을 선택했습니다. 임종 시에 그는 얼굴을 가리며 탄식했습니다. "내가 오자서를 볼 면목이 없다!"

월왕 구천은 원수였던 오왕을 정중히 장사 지내고, 배신자였던 태재 백비를 처형했습니다. 22년간의 복수가 마침내 완성된 순간이었습니다.

회계산에서 굴욕을 당한 지 정확히 22년 만에 완성된 복수. 구천의 마음은 어땠을까요? 후련했을까요, 아니면 허무했을까요?

승리의 그림자

구천은 군대를 이끌고 북쪽으로 회하를 건너 제나라, 진나라와 회맹했으며 주나라에 조공을 바쳤습니다. 주나라 원왕은 구천에게 백(伯, 제후들의 우두머리)의 작위를 수여했습니다. 한때 회계산에서 굴욕을 당했던 그가 이제는 중원의 패자가 된 것입니다.

그런데 바로 이 승리의 순간에 현명한 범려는 월나라를 떠나 제나라로 이주했고, 문종에게 편지를 보냈습니다.

"날던 새가 다 잡히면 좋은 활은 감추고, 토끼가 죽으면 사냥개는 삶는 법입니다. 월왕은 목이 길고 입이 뾰족하여 근심과 어려움은 함께할 수 있어도 즐거움은 함께할 수 없는 사람입니다."

그러나 문종은 범려의 경고를 무시했고, 결국 구천에게 검을 하사받으며 자살을 강요받았습니다. 22년 동안 함께 고생하며 월나라 부흥을 이룬 충신의 최후였습니다. 범려의 선택과 문종의 선택, 어느 쪽이 더 현명했을까요?

와신상담의 정신으로 22년간 준비한 복수는 성공했습니다. 하지만 그 과정에서 구천은 충신을 잃고 고독한 권력자가 되었습니다.

복수의 성공이 과연 진정한 승리였을까요?

아쉬움이 들려주는 이야기들

진 목공, 송 양공, 오왕 부차, 월왕 구천. 네 사람의 이야기는 참으로 다채로웠습니다. 이들은 모두 뛰어난 능력과 야심을 가졌지만, 서로 다른 이유로 완전한 성공을 거두지 못하거나 비극적 결말을 맞았습니다.

목공은 다섯 장의 양가죽으로 백리해를 얻어 서방의 패자가 되었지만, 죽을 때는 177명을 순장했습니다. 양공은 높은 이상을 품고 패자가 되려 했지만, 홍수 강변에서 두 번의 기회를 스스로 포기했습니다. 부차는 강력한 군사력으로 한때 중원을 호령했지만, 충신 오자서의 경고를 무시하다 월나라에 멸망당했습니다. 그리고 구천은 22년간 와신상담 끝에 패자가 되었지만, 승리 후 공신들을 제거하며 고독한 권력자가 되었습니다.

네 사람의 공통점도 눈에 띕니다. 모두 강한 의지와 명확한 목표를 가졌다는 것입니다. 목공은 서방의 강국을 만들겠다는 꿈을, 양공은 패자가 되겠다는 이상을, 부차는 아버지의 복수를, 구천은 회계의 치욕을 씻겠다는 목표를 품었습니다. 그들은 모두 자신의 목표를 향해 온 힘을 쏟았습니다.

그러나 차이점도 분명했습니다. 목공과 구천은 목표를 달성했지만 그 과정이나 결과에서 아쉬움을 남겼고, 양공과 부차는 목표 자체를 이루지 못했습니다. 목공과 양공은 원칙을 중시했지만, 목공은 실리를 함께 챙겼고 양공은 원칙만 고집했습니다. 부차와 구천은 서로 복수의 상대였지만, 부차는 승리 후 방심했고 구천은 끝까지 경계를 늦추지 않았습니다.

흥미로운 점이 있습니다. 때로는 그들의 장점이 단점이 되기도 했다는 것입니다. 목공의 인재 사랑이 마지막엔 순장으로 바뀌었고, 양공의 도덕성이 융통성 없는 고집이 되었으며, 부차의 군사적 성취가 교만으로 이어졌고, 구천의 끈기가 냉혹함으로 변했습니다.

성공이 실패의 씨앗이 되고, 승리가 새로운 비극의 시작이 되는 모습. 역사는 이렇게 복잡한 인간의 이야기를 들려줍니다.

원칙과 현실 사이에서 여러분이라면 어떤 선택을 하시겠습니까?

춘추전국시대가 던지는 영원한 질문

긴 이야기를 따라오시느라 수고 많으셨습니다. 제 환공은 원수였던 관중을 재상으로 삼아 천하의 패자가 되었지만, 말년에는 간신들에게 휘둘려 67일 동안 시신이 방치되는 비참한 최후를 맞았습니다. 진 문공은 19년을 떠돌며 인내한 끝에 왕좌에 올랐지만, 자신을 위해 다리 살을 베어준 개자추는 잊어버렸습니다. 초 장왕은 3년간 침묵으로 지혜를 기른 후 패자가 되었지만, 말 한 마리에 지나치게 집착하는 모습도 보였습니다.

그리고 아쉬움을 남긴 도전자들도 있었습니다. 진 목공은 다섯 장의 양가죽으로 백리해를 얻는 혜안을 보였지만 죽을 때는 177명을 순장했습니다. 송 양공은 "적이 강을 다 건너지 않았는데 어떻게 공격하겠는가?"며 원칙을 지켰지만 결국 패배했습니다. 오왕 부차는 아버지의 복수를 완수했지만 승리에 취해 충신을 의심하다 멸망했습니다. 월왕 구천은 22년을 기다려 복수를 완성했지만, 그 과정에서 충신들을 하나둘 제거하는 냉혹한 권력자가 되었습니다.

흥미로운 점이 있습니다. 인간의 장단점은 종이 한 장 차이라는 것입니다. 포용력과 우유부단함, 신념과 고집, 의지력과 냉혹함 사이에는 눈에 보이지 않는 선이 그어져 있을 뿐이었습니다. 그 선을 넘나드는 것은 상황이고, 시간이고, 때로는 아주 작은 순간의 선택이었습니다.

성공한 패자들도 실패했고, 아쉬움을 남긴 이들에게도 빛나는 순간이 있었습니다. 환공의 포용력, 문공의 인내, 장왕의 지혜, 목공의 인재 사랑, 양공의 원칙, 부차의 효심, 구천의 의지력이 때로는 빛이 되고 때로는 그림자가 되었습니다.

2500년 전 춘추시대나 지금이나 사람들이 마주하는 근본적인 질문은 크게 다르지 않습니다. 언제까지 기다릴 것인가, 누구를 믿을 것인가, 성공 후에는 어떻게 처신할 것인가. 시대는 바뀌었지만, 인간의 고민은 여전합니다.

당신의 포용력은 진짜인가요, 아니면 우유부단함인가요? 당신의 신념은 지혜로운 원칙인가요, 아니면 융통성 없는 고집인가요? 춘추시대 이들의 이야기는 정답을 주지 않습니다. 다만 질문을 건넬 뿐입니다.

패자들의 경쟁과 갈등이 끝을 향해 가면서, 이제 새로운 시대가 열립니다. 다음 편에서는 이러한 혼란 속에서 통일 제국이 어떻게 태동했는지를 살펴보겠습니다.

쉬어가는 이야기

중국 4대 미녀 - 허풍과 과장의 미학

《사기》를 읽다 보면 중국인들의 독특한 표현법을 자주 만나게 됩니다. 특히 미인을 묘사할 때는 상상을 초월하는 과장 또는 허풍이 등장하죠. 중국 4대 미녀의 별명을 들어보시면 그 스케일에 놀라실 겁니다.

서시(西施) - 춘추시대 월나라의 미녀로, 우리가 앞서 만난 월왕 구천이 오왕 부차를 유혹하기 위해 보낸 미인계의 핵심 인물입니다. 그녀가 물가에서 발을 씻을 때 어떤 일이 일어났을까요? 물고기들이 그 아름다움에 넋을 잃고 헤엄치는 것을 잊어버려 그대로 가라앉았다고 합니다. 그래서 '**침어**(沈魚)'라는 별명이 붙었습니다.

왕소군(王昭君) - 한 원제 때의 궁녀로, 흉노와의 화친을 위해 선우에게 시집을 가야 했습니다. 여기에는 흥미로운 뒷이야기가 있습니다. 궁중 화가가 뇌물을 받지 않아 일부러 초상화를 못생기게 그렸다가, 실제 왕소군을 본 황제가 크게 후회했다는 것입니다. 그녀가 국경을 넘을 때는 하늘의 기러기마저 그 미모에 정신을 잃고 떨어졌다고 하여 '**낙안**(落雁)'이라 불렸습니다.

쉬어가는 이야기

초선(貂蟬) - 삼국지에 나오는 가상의 인물이지만 중국인들에게는 실존 인물처럼 여겨집니다. 왕윤의 양녀로서 연환계를 통해 동탁과 여포를 이간질했죠. 그녀가 밤하늘을 바라보자, 달조차 부끄러워서 구름 뒤로 숨었다고 하여 **'폐월**(閉月)' 이라는 별명을 얻었습니다.

양귀비(楊貴妃) - 당 현종의 총애를 받은 귀비로, 안사의 난으로 비극적 최후를 맞았습니다. 그녀가 정원을 거닐 때는 꽃들이 자신의 초라함을 깨닫고 부끄러워 시들어버렸다고 해서 **'수화**(羞花)'라 불렸습니다.

4대 미인을 간단히 정리해 보면 **'침어낙안 폐월수화**(沈魚落雁 閉月羞花)' 입니다. 물고기가 가라앉고, 기러기가 떨어지고, 달이 숨고, 꽃이 시든다니요!

정말 이런 일이 일어났을까요? 중국인들도 이것이 과장임을 알고 있었을 것이지만, 이런 표현을 통해 형언할 수 없는 아름다움을 전달하려 했던 것이겠죠?

오늘날에도 중국인들의 이런 '큰 그림 그리기'는 계속됩니다. 만리장성이 "달에서도 보인다"라고 하거나, 요리를 설명할 때 "천 년의 비법"이라고 하는 식으로 말입니다.

제3편

제국의 시대

제1장. 제국을 만든 두 길

진시황 : 최초의 황제

유방 : 평민에서 황제로

제2장. 제국을 흔든 두 얼굴

항우 : 천하를 놓친 비운의 장수

여태후 : 복수와 야심의 15년 통치

기원전 3세기, 중국에 거센 변화의 바람이 불었습니다. 오랫동안 나뉘어 있던 천하가 통일되었고, 그 뒤를 잇는 새로운 왕조가 등장했습니다.

혼란과 격동 속에서 새로운 질서가 만들어진 시대였습니다. 그 중심에는 제국을 세우고 다스린 인물들이 있었습니다.

진시황은 중국 최초의 황제로, 법과 제도를 통일하며 강력한 제국을 만들었지만, 그 제국은 15년 만에 무너졌습니다. 항우와 유방은 천하의 패권을 두고 맞섰고, 결국 유방이 승리해 한나라를 세웠습니다.

유방 사후에는 그의 부인 여태후가 15년간 실질적인 통치를 이어갔습니다.

이들의 이야기는 단순한 성공과 실패를 넘어, 권력 앞에서 어떤 선택을 하느냐에 따라 운명이 달라짐을 보여줍니다. 누군가는 모든 것을 가졌지만 스스로 무너졌고, 또 어떤 이는 잔혹한 복수 속에서 권력을 지켰습니다.

제국을 세우는 것과 유지하는 것은 전혀 다른 문제였고, 그 과정에서 누구와 함께하느냐가 결정적이었습니다.

이 편에서는 제국의 흥망을 이끈 네 인물을 통해, 권력과 선택, 인간의 본성에 대해 함께 생각해 봅니다.

그들의 이야기는 우리에게 묻습니다. 권력은 인간을 어떻게 변화시키는가?

제1장

제국을 만든 두 길

제국을 만든 사람들은 같은 목표를 가졌지만, 그 방식은 전혀 달랐습니다.

진시황은 강력한 법과 통제를 앞세워 하나의 질서로 천하를 묶으려 했습니다. 반면 유방은 인재를 얻고 민심을 따르며 현실적인 방식으로 제국을 세웠습니다.

두 사람은 모두 제국의 기초를 닦았지만, 그 결과는 달랐습니다. 통일과 확장은 혼자의 힘으로 이루어지지 않았고, 권력의 성패는 무엇을 선택했는가에서 갈렸습니다.

이 장에서는 그들의 선택과 차이를 따라가며, 제국 건설의 이면에 담긴 인간의 본성과 한계를 들여다보겠습니다.

《진시황 : 중국 최초의 황제》

기원전 3세기 중엽, 전국 7웅이 마지막 통일 전쟁을 벌이던 시대. 진나라가 강력한 군사력과 법가 사상을 바탕으로 동방 6국을 차례로 정복해 나가던 때였습니다.

이웃 나라에서 태어난 영웅의 운명

진시황(秦始皇)은 진 소양왕 48년(기원전 259년), 조나라의 수도 한단(邯鄲)에서 태어났습니다. 흥미롭게도 중국을 최초로 통일할 황제가 이웃한 경쟁국의 나라에서 출생한 것입니다. 그의 아버지 자초(子楚, 훗날 장양왕)는 진나라의 인질로 조나라에 머물던 중 특별한 만남을 갖게 되었습니다.

부유한 상인이자 장차 진나라 재상이 될 여불위(呂不韋)는 미모의 여인을 거느리고 있었습니다. 그 여인을 본 장양왕은 한눈에 마음을 빼앗겨 자신의 여인으로 맞이했고, 그녀에게서 훗날 천하를 통일할 진시황, 이름 정(政)이 태어났습니다.

운명이란 참으로 기묘합니다.

아직 어린 정이 13세가 되던 해인 기원전 246년, 아버지 장양왕이 세상을 떠나면서 그는 진왕의 자리에 올랐습니다. 어린 나이에 즉위한 진왕, 그의 운명은 어떻게 흘러갔을까요?

국정은 대부분 대신들의 손에 맡겨졌고, 특히 여불위는 재상으로서 10만 호에 이르는 봉지를 받고, 문신후라고 불리며 막강한 권력을 행사했습니다.

이 시기에 후일 진시황의 중요한 조력자가 될 이사(李斯)가 여불위 밑에서 일하고 있었으며, 몽오, 왕기 등은 장군으로 진나라의 군대를 이끌었습니다. 어린 진왕 주변에는 이미 훗날 제국 건설의 핵심 인물들이 모여들고 있었습니다. 하지만 권력의 중심에서 소외된 어린 왕에게는 시련의 시간이 기다리고 있었습니다.

일찍이 진시황은 한비자의 글을 보고 "내가 이 글을 쓴 사람을 만날 수 있다면 오늘 죽어도 여한이 없다."라고 했습니다. 어린 시절 여불위 덕분에 당시 귀하고 비싼 죽간에 쓴 책을 많이 읽었을 것으로 추정되며, 이로써 모든 일을 본인이 직접 챙기고 확인하는 몰입과 '만기친람(萬機親覽)' 형의 성격이 형성되었을 것입니다.

궁중의 배신과 권력 장악

진왕의 통치 초기는 반란과 음모로 얼룩진 격동의 시기였습니다. 진왕 8년(기원전 239년)에는 진왕의 동생 장안군 성교(成蟜)가 반란을 일으켜 죽었고, 그곳 백성들에 대한 대규모 이주가 이루어졌습니다. 하지만 더욱 충격적인 사건은 진왕 9년(기원전 238년)에 일어났습니다.

진왕의 어머니 조태후와 내연 관계에 있던 노애가 대담한 반란을 시도했습니다. 그는 왕의 옥새와 태후의 인장을 도용해 거사를 일으키려다 발각되었습니다. 궁중에서 벌어진 이 사건은 어린 진왕에게 큰 충격이었을 것입니다. 자신의 어머니와 그녀의 정부가 자신을 배신하려 했다는 사실을 알았을 때, 그의 마음은 얼마나 혼란스러웠을까요?

진왕은 즉시 군대를 보내 노애를 공격하도록 했고, 함양에서 벌어진 전투에서 반란군은 패배했습니다. 노애는 도주했으나 진왕이 거액의 현상금을 걸어 곧 체포되어 사지를 찢는 거열형에 처했습니다. 그의 일족은 모두 죽임을 당했고, 연루된 20명도 효수형에 처했으며, 가신과 죄가 가벼운 자들을 형벌에 처했습니다. 작위를 박탈당하고 촉으로 유배된 집이 4천을 넘었는데, 이들은 모두 촉 땅으로 강제 이주하게 되었습니다.

이 사건은 진왕에게 권력 유지를 위해서는 가장 가까운 사람들도 냉혹하게 처단해야 한다는 현실을 각인시켰고, 이는 훗날 그의 통치 방식에 결정적인 영향을 미쳤습니다. 이 시기부터 진왕은 노애나 여불위처럼 왕의 권위에 도전하는 자는 일족을 모두 노비로 삼는 강력한 처벌 관례를 확립했습니다.

천하 통일의 대업

진왕 10년(기원전 237년), 막강권력을 과시하던 상국(최고 행정관직) 여불위가 노애의 반란에 연루되어 면직되었습니다. 진왕은 진나라에 와 있는 다른 나라 유세객들을 대대적으로 조사하여 쫓아내라는 축객령(逐客令)을 내렸다가, 이사의 설득으로 이를 취소했습니다. 이사는 이 기회를 통해 진왕에게 먼저 한나라(韓)를 빼앗아 다른 나라를 견제하자고 건의했고, 진왕은 이를 승인했습니다.

그럼 진왕의 권력 강화 과정에서 어떤 전략들이 사용되었을까요? 위나라 사람 위료는 "재물을 아끼지 말고 힘 있는 대신들에게 뇌물을 주어 그들의 계획을 어지럽게 만들면, 많지 않은 돈으로 제후들을 모조리 없앨 수 있다."고 조언했습니다. 또한 진왕은 범저의 '가까운 나라는 공격하고, 먼 나라와는 화친한다'는 '원교근공(遠交近攻)' 책략에 따라 체계적인 정복 전쟁을 시작했습니다.

진나라에는 장평대전으로 유명한 백기 장군도 있지만, 직위를 세습하던 시절에는 왕씨와 몽씨의 두 장군 집안이 유명합니다. '왕전-왕분-왕리'로 이어지는 왕씨 집안과, '몽오-몽무-몽염'으로 이어지는 몽씨 집안이 그들입니다.

기원전 230년부터 기원전 221년까지 10년간, 진나라는 한(韓), 조(趙), 위(魏), 초(楚), 연(燕), 제(齊) 순으로 6국을 차례대로 멸망시켰습니다. 이 과정에서 기원전 227년 연나라 태자 단(丹)이 형가(荊軻)에게 진왕 암살을 지시했지만 실패했고, 이는 오히려 진나라의 정복 의지를 더욱 강화했습니다.

진시황이 10여 년 만에 천하를 통일할 수 있었던 비결은 무엇이었을까요? 그의 냉철한 전략과 뛰어난 장군들의 활약, 그리고 무엇보다 통일에 대한 확고한 의지가 이 위대한 업적을 가능하게 하지 않았을까요?

황제 칭호의 탄생과 영원한 제국의 꿈

천하를 완전히 통일한 후, 진왕은 모든 정복 전쟁이 다른 나라들의 약속 위반과 배신에 대한 정당한 응징이었음을 강조했습니다. 그리고 이 위대한 업적을 기념하기 위해 새로운 칭호가 필요하다고 말했습니다.

승상(丞相, 최고 행정관) 왕관, 어사대부(御史大夫, 법률 및 감찰 총괄) 풍겁, 정위(廷尉, 최고 사법관) 이사 등은 진왕의 업적을 찬양하며 '태황(泰皇)'

이라는 칭호를 제안했고 진왕은 '황제(皇帝)'라는 칭호를 채택했습니다. 이것이 중국 역사상 최초의 '황제' 칭호의 시작이었습니다.

시황제는 또한 시호 제도를 폐지하고, 자신을 '시황제'라 부르며 후대 황제들은 2세, 3세 등으로 수를 헤아려 "만 세에 이르기까지 무궁하게 전하라"고 명했습니다. 이는 영원한 제국의 시작을 선언한 것이었습니다.

시황제는 새로운 제국의 문화적 정체성을 확립하기 위해 다양한 조치를 취했습니다. 그는 오덕 사상에 따라 수덕을 채택하여 의복과 깃발을 검은색으로 통일했습니다. 신하들이 황자들을 제후로 세울 것을 제안했을 때, 이사는 이를 반대하고 군현제(郡縣制)를 통한 중앙 집권적 통치를 주장했습니다. 이에 천하를 36개 군으로 나누고 군현제를 확립했습니다.

시황제는 제국의 기초를 공고히 하기 위해 법과 도량형, 수레 바퀴의 폭을 통일하고 문자도 통일했습니다. 또한 전국의 병기를 함양에 모아 녹여 종거금(鍾巨金, 사람 형상의 동상) 12개를 만들어 궁정에 배치함으로써 무장 해제와 중앙 권력 강화를 상징적으로 보여주었습니다.

이렇게 진시황은 중국을 통일했을 뿐만 아니라, 정치·경제·문화적으로도 통일된 제국의 기틀을 마련했습니다. 군현제를 통한 중앙 집권적 통치 체제, 도량형과 문자의 통일, 화폐 제도의 표준화 등은 이후 2천 년이 넘는 중국 역사의 기본 골격이 되었습니다. 이러한 제도적 통일이 단순한 편리함을 넘어 제국의 일체감과 효율성을 높이는데 크게 이바지했음을 생각해 볼 수 있습니다.

봉선의식과 불로장생의 추구

시황제는 서북쪽을 순시하고 위수(渭水) 남쪽에 신궁(信宮)을 건설했습니다. 이후 이 궁전의 이름을 극묘로 변경했습니다. 특히 용도(甬道, 궁궐을 연결하는 지하통로)를 수축하여 함양까지 연결함으로써 궁궐 간의 소통을 원활히 했습니다. 또한 치도(馳道, 황제 전용도로)를 건설하여 교통망을 정비했습니다.

이듬해, 시황제는 동쪽으로 군현을 순시하면서 자신의 업적을 기념하고 제국의 위엄을 과시하는 여정을 시작했습니다. 시황제는 마침내 태산(泰山)에 올라 비석을 세우고 제단을 쌓아 하늘에 제사를 올렸습니다. 양보산(梁父山)에서는 땅에 제사를 지내고 비석을 세워 자신의 공덕을 찬양했습니다.

봉선의식(封禪儀式)이라고 들어보셨죠?

'봉(封)'은 태산에서 하늘에 제사를 올리는 의식이고, '선(禪)'은 양보산에서 땅에 제사를 지내는 의식입니다. 이 두 의식이 합쳐져 '봉선'이라는 이름으로 불렸습니다. 이는 황제가 하늘의 명을 받아 천하를 다스린다는 정통성을 확보하는 중요한 의식이었습니다.

한편, 제나라 사람 서불 등이 신선을 찾아볼 것을 제안했습니다. 시황제는 이를 승낙하고 서불을 보내 어린 남녀 아이 수천 명을 이끌고 바다로 나가 신선을 찾게 했습니다. 여러분은 서불이 어디를 향해 떠났는지 아시나요? 흥미롭게도 서불이 말한 장소는 제주도로 추정되며, 서귀포의 지명 유래도 '서불이 돌아간 포구'라는 설이 있습니다.

분서갱유와 사상 통제의 광풍

시황제가 함양궁에서 연 연회에서 중요한 사상적 논쟁이 일어났습니다. 제나라 출신 박사 순우월은 "은과 주 왕조가 천 년 넘게 지속된 비결은 왕족과 공신들을 제후로 봉하여 왕실을 보좌하게 했기 때문"이라며 전통적 통치 방식을 주장했습니다.

이에 승상 이사는 강력하게 반박했습니다. 그는 시대에 따른 변화의 필요성을 강조하며 유학자들이 "현재는 배우지 않고 옛것만 배워 그것으로 현재를 비난하며 백성들을 혼란스럽게 한다"라고 비판했습니다.

이사는 더 나아가 강력한 사상 통제를 제안했습니다. 그는 "사관(史官)에게 진의 책이 아닌 것은 모두 태우고, 천하에 감히 보관하고 있는 『시』, 『서』, 제자백가의 글들은 지방관에게 보내 모두 태우게 하십시오"라고 건의했습니다. 또한 "두 사람 이상이 모여 『시』, 『서』를 논하는 자는 공개 처형하고, 옛날을 들어 현재를 비판하는 자는 멸족시킬 것"을 주장했습니다. 다만 의학, 점술, 농업에 관한 실용적인 서적은 보존하도록 했습니다.

이것이 바로 역사적으로 유명한 '분서갱유(焚書坑儒)'의 시작이었습니다. 이 정책은 유가를 중심으로 한 전통 사상을 억압하고 법가 사상에 기반한 중앙집권적 통치를 강화하려는 시도였습니다.

분서갱유에 대해 잘못 알려진 사실이 있다면 무엇일까요?

우리는 분서갱유를 한 세트로 이해하고 있지만 사실은 약간의 시차가 있습니다. 분서는 백성의 입을 막는 '우민화' 의미가 강하고,

갱유는 불로장생의 약을 구하러 간 방사들에게 자신이 속은 것에 대한 '분풀이'의 성격이었습니다.

후에 방사 후생과 노생이 시황제를 비판하며 도주하자, 시황제는 대노하여 함양의 방사들을 조사하게 했고, 법을 어긴 460여 명을 함양에 생매장하는 극형에 처했습니다. 이것이 갱유로서 유생이나 유생의 복장을 한 사람들을 묻어 죽인 것입니다.

절대 권력과 불안의 그림자

시황제 29년, 박랑사(博浪沙)에서 강도를 만나는 일이 발생했습니다. 이는 진시황에 대한 통산 세 번째 살해 시도로서, 한나라 장량(張良)이 그의 전 재산을 털어 진시황을 죽이려 했던 사건입니다. 강도를 체포하지 못하자 시황제는 열흘 동안 전국에 대대적인 수색령을 내릴 정도로 강력한 대응을 보였습니다.

시황제는 부정한 관리들에게 장성 건설에 동원되거나 남월로 유배되는 중벌을 내렸습니다. 이 시기에 건설된 장성은 흉노의 침입을 막기 위한 거대한 방어선이었습니다. 또한 위수 남쪽에 거대한 아방궁 건설을 시작했는데, 이 공사에는 궁형과 유배형을 받은 죄수 70여만 명이 동원되었습니다.

시황제 36년, 하늘에서 유성이 떨어져 돌이 되었는데, 누군가 그 운석에 "시황제가 죽고 땅이 나뉜다"는 반역적인 글귀를 새겼습니다. 시황제는 즉시 어사를 파견하여 범인을 색출하도록 했으나, 자백하는 자가 없자 돌을 발견한 주변 사람들을 모두 처형하고 그 돌은 불태우는 극단적인 조처했습니다.

불안에 사로잡힌 시황제는 점을 치게 했습니다.

이동이 길하다는 점괘가 내려지자, 그는 3만 가구를 옮기라는 대규모 명령을 내렸습니다.

그러나 이 사건이 시황제에게 남긴 것은 안도감이 아니라 두려움이었습니다.

천하를 통일한 군주조차 죽음과 제국의 붕괴 앞에서는 불안한 인간일 뿐임을 보여줍니다.

한편, 방사들은 시황제에게 "영지, 선약, 신선을 구하려면 황제의 간 곳을 비밀로 해야 한다"라고 조언했습니다. 양산궁에서 승상의 마차가 많은 것을 보고 불쾌감을 표했는데, 이 말이 새어나가 승상이 마차를 줄이자 크게 노하여 당시 주변에 있던 사람들을 모두 처형했습니다.

시황제의 큰아들 부소가 유생을 옹호하자 시황제는 이에 노하여 부소를 북방 상군으로 몽염을 감시하도록 보내버렸습니다.

황제의 마지막과 거대한 무덤

시황제 37년 10월, 시황제는 마지막이 될 천하 순시를 시작했습니다. 좌승상 이사가 수행하고 막내아들 호해(胡亥)도 함께했습니다. 11월에는 운몽의 구의산과 절강의 회계산에 올라 제사를 올리고 비석을 세워 자신의 공덕을 칭송했습니다.

이후 시황제는 바다를 따라 서쪽으로 이동하다 평원진(平原津)에 이르렀을 때 심각한 병에 걸렸습니다. 시황제는 죽음이란 말을 극도로 싫어해서 신하들도 감히 이를 언급하지 못했습니다. 병세가 악화하자 시황제는 장자 부소에게 편지를 써서 "돌아와서 장례를 치르고 함양에 안장하라"고 했습니다. 편지는 봉인되어 중거부령(中車府令, 황제의 측근 환관) 조고(趙高)에게 맡겨졌지만, 실제로 사신에게 전달되지는 않았습니다.

무더운 7월에 시황제는 사구(沙丘, 오늘날 하북성 정주시)에서 세상을 떠났습니다. 승상 이사는 외지에서 황제의 죽음이 변란으로 이어질 것을 우려하여 이를 비밀에 부쳤습니다.

그런데 어떻게 진시황의 죽음은 비밀로 유지되었을까요? 황제의 시신은 온량거(轀涼車, 온도조절이 가능한 특수마차)에 실렸고, 총애받던 환관이 함께 타서 마치 황제가 여전히 살아있는 것처럼 가는 곳마다 식사를 올리게 했습니다. 관료들의 보고도 평소처럼 계속되었고, 환관이 온량거 안에서 그 일들을 처리했습니다.

오직 막내아들 호해와 조고, 그리고 소수의 환관만이 황제의 죽음을 알고 있었습니다. 조고는 이전에 호해에게 글과 법률을 가르친 인연이 있어 호해가 개인적으로 그를 신임했습니다.

조고는 호해, 승상 이사와 함께 음모를 꾸며 시황제가 부소에게 보낸 편지를 뜯고 가짜 유언을 만들어 호해를 태자로 세웠습니다. 또한 부소와 몽염에게도 가짜 조서를 보내 자결을 명령했습니다.

일행이 구원(九原)에 이르렀을 때는 한여름이라 온량거에서 시신이 부패하는 냄새가 나기 시작했습니다. 이에 수행원들은 말린 고기를 가득 채워 그 냄새를 숨겼습니다. 일행이 함양에 도착한 후에야 시황제의 죽음을 공식적으로 발표했고, 호해는 제위를 계승하여 이세 황제가 되었습니다.

진시황의 무덤은 그가 즉위한 직후부터 건설이 시작되어 70여만 명의 인력이 동원되어 거대한 지하 묘실을 축조했습니다. 무덤에는 자동 석궁 장치가 설치되었고, 수은으로 하천과 바다를 재현했으며, 천장에는 천문도를, 바닥에는 지도를 갖추었습니다. 장례가 끝난 후 무덤의 비밀을 알고 있는 장인들과 운반 인부들을 모두 무덤 안에 가두어 살아서 나오지 못하게 했습니다. 무덤 위에는 풀과 나무를 심어 자연스러운 모습으로 위장했습니다.

영원을 꿈꾼 황제의 유산

진시황은 중국 최초의 통일 제국을 세웠습니다. 그는 불로장생을 열망했지만, 50세의 나이로 세상을 떠났고, 그가 "만 세에 이르기까지 무궁하게 전하라"고 선언했던 제국은 그의 사후 십여 년 만에 무너졌습니다. 제국의 영속은 결국 이루어지지 않았지만, 그가 남긴 흔적은 오늘까지 이어지고 있습니다.

그가 남긴 제도와 정책들은 이후 중국 역사에 큰 영향을 미쳤습니다. 중앙집권적 통치 체제, 군현제, 도량형과 문자, 화폐 제도의 통일 등은 광대한 영토를 통치하고 사람들 사이의 소통과 경제 활동을 원활하게 만드는 기반이 되었습니다.

한편, 그의 통치 방식은 강력한 중앙집권과 법가적 원칙에 기반해 있었습니다. 분서갱유로 대표되는 사상 통제, 거대한 토목 공사, 엄벌주의는 효율성을 높였지만, 동시에 백성들에게 큰 부담이 되기도

했습니다.

시황제의 삶은 극단의 연속이었습니다. 이웃 나라에서 태어나 13세에 왕위에 올랐고, 어머니의 배신을 겪으며 권력을 장악했습니다. 천하를 통일하고 황제의 칭호를 만들었지만, 죽음의 공포에 시달렸고, 신선을 찾아 헤맸습니다. 영원한 제국을 꿈꾸었지만 그의 사후 제국은 급속히 무너졌고, 거대한 무덤만이 그의 야망을 증언하고 있습니다.

진시황의 생애와 제국은 많은 질문을 남깁니다. 한 사람의 욕망과 선택이 역사에 어떤 흔적을 남기는지, 통치의 방식과 결과는 어떻게 맞물리는지, 우리는 그를 바라보며 다양한 시선을 떠올릴 수 있습니다.

《유방 : 평민에서 황제로》

기원전 3-2세기, 진나라 멸망 후 항우와 유방이 5년간 치열한 패권 다툼을 벌이던 시대. 출신과 배경이 전혀 다른 두 영웅이 천하를 놓고 최후의 결전을 벌이던 때였습니다.

전설 속에서 태어난 한량의 꿈

패현(沛縣, 오늘날 강소성 서주시) 풍읍의 작은 마을에서 태어난 유방의 탄생에는 신비로운 이야기가 전해집니다. 어머니 유온이 큰 연못가에서 꿈에 신을 만났고, 천둥번개가 치는 가운데 아버지 태공이 교룡이 그녀 위에 있는 모습을 보았다는 것입니다.

유방은 용의 얼굴을 닮은 독특한 생김새를 지녔습니다. 콧날이 오뚝하고 이마가 튀어나왔으며, 왼쪽 허벅지에는 검은 점이 72개나 있었습니다. 하지만 그의 진짜 매력은 외모가 아니라 성품에 있었습니다. 어질고 사람을 좋아했으며, 베풀기를 즐겨하고 마음이 트여 있었던 것입니다.

그렇다면 젊은 시절의 유방은 어떤 사람이었을까요?

그는 전형적인 한량이었습니다. 집안일에는 관심이 없었고, 술과 여자를 즐기며 나날을 보냈습니다. 왕온과 무부의 술집에서 외상으로 술을 마시곤 했지만, 그와 관련된 기이한 일들이 자주 벌어졌습니다.

그가 술에 취해 드러누우면, 그의 몸 위로 용이 서리는 것이 보였고, 그가 술을 마시는 날에는 술이 평소보다 몇 배나 더 팔렸다고 합니다.

그래서 해마다 연말이 되면 술집 주인들은 그의 외상 장부를 스스로 찢어버렸습니다.

유방의 젊은 시절을 보면서 우리는 한 가지 흥미로운 점을 발견할 수 있습니다. 비록 한량이었지만 사람들이 그를 미워하지 않았다는 것입니다. 베풀기를 좋아하고 마음이 트인 성품 덕분에 사람들이 자연스럽게 그 주변에 모여들었습니다.

운명을 바꾼 세 번의 만남

유방의 인생을 바꾼 첫 번째 만남은 진시황의 행차였습니다. 함양에서 요역하던 중 진시황의 위풍당당한 모습을 본 그는 한숨을 내쉬며 "오호! 대장부가 저래야지"라고 감탄했습니다.

이 순간, 그의 마음속에는 어떤 야망이 싹텄을까요? 단순한 감탄이었을까요, 아니면 자신도 언젠가는 저런 모습이 되고 싶다는 꿈이었을까요?

두 번째는 여공(呂公)과의 운명적 만남이었습니다. 여공이 패현으로 이사 온 축하연에서 유방은 거짓으로 '축하금 1만 전'이라고 써놓고는 한 푼도 갖고 오지 않았습니다. 이런 뻔뻔한 행동을 할 수 있었던 것은 어디에서 나오는 것일까요?

그런데 관상을 잘 보는 여공은 유방의 모습을 보고는 매우 놀라며 상석에 앉혔습니다. 또한 자기 딸을 유방에게 시집보내겠다고 했으며, 이 딸이 바로 훗날 여후(呂后)가 되는 여치(呂雉)입니다. 여공의 눈에는 유방에게서 범상치 않은 무언가가 보였던 것입니다.

세 번째 만남은 한 노인과의 만남이었습니다. 유방이 밭에서 쉬고 있을 때 물을 달라는 노인에게 여후가 음식까지 대접했습니다. 노인은 여후와 두 아이의 관상을 보고는 모두 크게 귀하다고 했고, 유방의 상을 보고는 "말할 수 없이 귀합니다"라고 했습니다. 그러나 유방이 귀한 몸이 되었을 때 그 노인을 찾으려 했지만 간 곳을 알 수 없었습니다.

이 세 번의 만남은 모두 우연일까요?

여공과 노인은 모두 유방에게서 범상치 않은 기운을 느꼈습니다. 유방에게는 사람들을 끌어당기는 무언가가 있었던 것 같습니다.

백사를 베며 운명에 맞서다

유방이 정장(亭長, 치안 담당의 하급 관리)으로 죄수들을 여산으로 호송하던 중, 도중에 도망가는 자들이 많아 도착할 즈음이면 다 없어질 것 같았습니다. 풍읍 서쪽 늪에서 그는 결단을 내립니다.

"당신들 모두 가시오. 나도 여기서 사라질 것이오."

밤중에 늪지의 좁은 길을 지날 때, 앞장선 자가 돌아와 "큰 뱀이 길을 막고 있습니다"라고 보고했습니다. 술에 취한 유방은 "장사 가는 길에 무엇이 두려우랴"라며 검을 뽑아 뱀을 베었습니다.

그런데 뒤따라오던 사람이 뱀이 있던 곳에서 한 노파가 우는 것을 보았습니다. 이유를 묻자, 노파는 "내 아들은 백제(白帝)의 아들로, 뱀으로 변신하여 길을 막고 있었는데 지금 적제(赤帝)의 아들에게 베임을 당했기 때문"이라고 했습니다.

이 백사를 베는 사건은 단순한 우연의 일치일까요?

유방은 이 이야기를 듣고 속으로 기뻐하며 자신을 자랑스럽게 생각했습니다. 그는 자신이 천명을 받은 자라는 확신을 가지게 되었고, 이는 후일 천하를 호령할 수 있는 정신적 토대가 되었습니다.

이런 자신감이 그의 성공에 얼마나 중요한 역할을 했을지 상상해 보십시오.

패공에서 한왕까지의 험난한 여정

진 이세 황제 원년(기원전 209년), 진승이 기현에서 봉기하여 '장초'라는 나라를 세웠습니다. 천하가 들썩이는 가운데 패현의 현령도 진승에게 호응하려 했지만, 유방의 무리가 이미 수백 명에 이르자 두려움을 느끼게 됩니다.

소하(蕭何)와 조참(曹參)이 현령에게 "밖에 도망가 있는 자들을 불러 무리를 겁주면 따르지 않을 수 없을 것"이라고 건의하자, 현령은 번쾌를 보내 유방을 불렀습니다. 그러나 현령은 이내 후회하며 성문을 닫고 소하와 조참까지 죽이려 했습니다.

이때 유방이 보여준 정치적 감각을 살펴볼까요? 그는 비단에 글을 써서 화살을 성안으로 쏘아 패현 사람들을 설득했습니다.

"천하가 진나라 때문에 고통받은 지 오래되었다. 패현이 함께 현령을 죽이고 유능한 자를 우두머리로 삼아 제후에 호응한다면 집이 온전할 것이다."

마침내 패현 사람들이 현령을 죽이고 성문을 열어 유방을 맞아 들였습니다. 그들이 유방을 패현의 현령으로 삼고자 했지만, 유방은 겸손하게 사양했습니다. "내가 목숨이 아까워서가 아니라 능력이 부족하여 부모와 형제들을 지키지 못할까 두려워서입니다."

하지만 모든 사람이 "평소 유계에게는 기이한 일들이 있었고, 점을 쳐보니 유계가 가장 길하다"라며 그를 패공으로 세웠습니다. 이때가 유방의 나이 48세였습니다.

유방이 패공이 된 후 가장 먼저 한 일은 인재들을 모으는 것이었습니다. 소하와 조참은 물론이고, 번쾌, 하후영, 주발 등 평소 친분이 있던 이들이 그의 휘하로 모여들었습니다. 또한 진 왕조의 가혹한 통치에 불만을 품은 각지의 유능한 인사들도 차차 그에게 몰려들기 시작했습니다.

함양 입성과 민심 획득의 지혜

항우와 함께 진나라를 멸망시킨 후, 초 회왕과 맺은 약속에 따라 관중에 먼저 들어간 자가 왕이 되기로 했습니다. 유방이 먼저 함양에 입성하여 진왕 자영을 항복 받았을 때, 그가 보여준 정치적 지혜는 실로 놀라운 것이었습니다.

유방은 즉시 '약법삼장(約法三章)'을 선포했습니다.

"사람을 죽인 자는 사형에 처하고, 상처를 입히거나 훔친 자는 그에 따라 처벌할 것입니다. 나머지 진의 법은 모두 없애겠습니다."

이 약법삼장은 왜 그토록 큰 반향을 불러일으켰을까요?

진나라의 가혹한 통치에 시달리던 백성들에게는 단비 같은 소식이었습니다. 진나라는 법가 사상에 따라 극도로 엄격한 법률을 시행했는데, 작은 실수에도 가혹한 형벌이 따랐습니다. 유방의 약법삼장은 이런 복잡하고 가혹한 법률을 단순하고 인도적인 세 가지 원칙으로 바꾼 것이었습니다.

진나라 백성들은 크게 기뻐하며 앞다투어 음식을 가져와 군사들에게 바치려 했습니다. 이에 유방은 "창고에 양식이 많아 모자라지 않으니, 백성들에게 폐를 끼치지 않겠습니다"라며 사양했습니다. 이런 유방의 처신은 항우와 어떤 차이를 보여주는 것일까요?

항우는 함양에 입성한 후 아방궁을 불태우고 진 왕실을 학살했습니다. 반면 유방은 백성들의 마음을 얻는 데 집중했습니다. 정복자로서의 복수와 증오보다는 새로운 질서를 건설하려는 미래 지향적 사고가 유방에게는 있었던 것입니다.

그러나 항우는 약속을 어기고 자신을 서초패왕이라 칭하며 유방을 한왕으로 봉하여 험준한 한중 땅으로 내쫓았습니다. 이것이 5년간 계속될 초한쟁패의 시작이었습니다.

생사의 갈림길, 홍문연의 아슬아슬한 순간들

기원전 206년, 40만 대군의 항우와 10만 군의 유방. 압도적인 열세 상황에서 유방에게 밀고가 들어왔습니다. 좌사마 조무상이 항우에게 "유방이 관중의 왕이 되려 합니다"라고 거짓 정보를 흘린 것입니다. 이 순간 유방의 심정은 어떠했을까요? 죽음이 코앞에 다가온 절체절명의 위기였습니다.

하지만 유방은 망설이지 않고 즉시 결단을 내렸습니다. 100여

기병만 데리고 직접 항우를 만나러 홍문으로 달려간 것입니다. 많은 사람들이라면 도망치거나 숨어버렸을 상황에서, 유방은 오히려 정면 돌파를 선택했습니다.

연회장의 긴장감은 극도에 달했습니다. 검무가 시작되고 살기가 감돌았지만, 유방은 침착함을 잃지 않았습니다. 순간순간 죽음의 위험을 느끼면서도 적절한 때를 기다렸습니다. 마침내 기회가 오자 화장실에 간다는 핑계로 자리를 떴습니다.

유방은 "방금 나오면서 간다는 인사도 하지 않았으니 어떻게 하면 좋겠소?"라고 말했습니다.

이때 번쾌의 조언이 유방의 현실적 사고를 잘 보여줍니다.

"큰일을 할 때는 작은 언행은 돌아보지 않는 것입니다. 지금 저 사람들은 칼과 도마가 되고, 우리는 물고기가 된 것이나 마찬가지인데 무슨 인사말을 하시렵니까?"

유방은 이 말에 깊이 공감했습니다. 번쾌의 이 말은 상황의 심각성을 정확히 파악한 것이었습니다. 장량의 기지와 번쾌의 현실감각으로 유방은 가까스로 탈출에 성공했습니다.

이 홍문연에서 유방이 보여준 것은 무엇이었을까요? 자존심을 버리고 목숨을 구하는 현실적 판단력이었습니다. 많은 영웅이 자존심 때문에 목숨을 잃지만, 유방은 굽힐 줄 아는 지혜를 가지고 있었습니다. 돌아오자마자 유방은 조무상을 죽였습니다. 배신자에 대한 단호한 처리 역시 리더의 중요한 자질 중 하나였던 것입니다.

홍문연 사건은 유방과 항우의 성격적 차이를 극명하게 보여줍니다. 항우는 개인적 감정과 의협심에 휘둘려 결정적 순간을 놓쳤고, 유방은 냉정한 현실 판단으로 위기를 모면했습니다.

초한쟁패와 천하를 건 5년의 대결

한중에 도착한 유방은 병사들이 도망치는 절망적 상황에 직면했습니다. 하지만 잔도를 불태워 동쪽으로 진출할 의사가 없음을 보이며, 8월 한신의 계책으로 옛길을 통해 옹왕 장한을 기습해 관중을 되찾는 '암도진창(暗渡陳倉)' 전략을 성공시켰습니다.

암도진창이란 겉으로는 다른 곳으로 가는 척하면서 몰래 본래 목적지로 향하는 계략을 말합니다. 오늘날에도 겉으로는 한 가지를 내세우면서 실제로는 다른 목적을 추진할 때 이 말을 사용합니다. 유방의 탁월한 전략적 사고를 보여주는 사례였습니다.

이때 항우가 결정적 실수를 범했습니다. 의제를 강남에서 살해한 것입니다. 유방은 즉시 3일간 상을 치르며 "항우가 의제를 죽이니 대역무도하다"라고 선언했습니다. 이제 충신이 역적을 토벌하는 정의로운 전쟁이 되었고, 유방에게는 천하를 움직일 명분이 생겼습니다.

명분을 얻은 유방은 5개 제후 군대로 항우의 근거지 팽성에 입성했으나, 항우가 3만 정예병으로 급습해 한나라 군대를 대파하고 유방의 가족까지 포로로 잡았습니다. 참패한 유방은 형양에서 1년 넘게 대치하며 진평의 이간계로 항우와 범증을 이간시켰습니다. 범증이 떠나며 항우는 최고 모사를 잃었습니다.

마침내 기원전 202년, 해하에서 최후 결전이 벌어졌습니다. 한신

30만이 정면 공격하고 치밀한 전략으로 초군을 대파했습니다.

항우가 패하여 달아나자, 관영이 추격하여 동성에서 죽였습니다. 기원전 202년 정월, 5년간의 초한쟁패가 끝났습니다. 이때가 그의 나이 55세였습니다.

미천한 패현 정장이 천하의 주인이 되었지만, 그 과정에서 수많은 희생이 있었고 승리 후에도 새로운 갈등의 씨앗이 뿌려졌습니다. 과연 권력이란 무엇일까요? 권력을 얻기 위해 치러야 하는 대가는 과연 그만한 가치가 있는 것일까요?

승리 후의 그림자 - 토사구팽의 비극

천하를 평정한 후 유방이 직면한 가장 큰 과제는 무엇이었을까요? 바로 함께 천하를 얻은 공신들을 어떻게 처리할 것인가 하는 문제였습니다. 특히 한신, 팽월, 영포 같은 군사력을 가진 유씨가 아닌 제후왕들은 황권에 위협이 될 수 있었습니다.

결국 유방은 이 세 개국공신을 모반의 명목으로, 차례로 죽였습니다. 한신은 죽으면서 "토끼가 죽으면 사냥개를 삶아 먹고, 새가 다하면 활을 창고에 넣는다"는 토사구팽(兎死狗烹)의 한탄을 남겼습니다.

유방은 왜 이런 가혹한 선택을 했을까요? 그는 "내가 죽은 후 이들이 어린 태자를 제대로 섬길까?"라는 걱정을 했습니다. 황권의 안정을 위해서는 불가피한 선택이었지만, 함께 천하를 얻은 동지들을 제거하는 것은 그에게도 고통스러운 일이었을 것입니다.

기원전 200년, 유방은 흉노의 침입에 직접 나섰다가 백등산(白登山)에서 7일간 포위되는 굴욕을 당했습니다. 추위에 떨며 포위된 군사들은 손가락이 얼어 떨어질 정도였습니다. 진평의 계략으로 겨우 탈출했지만, 이 사건은 유방에게 큰 충격을 주었습니다.

이후 유방은 흉노와 화친 정책을 택했습니다. 백등산 사건은 유방에게 한 가지 깨달음을 주었습니다. 천하를 얻는 것과 지키는 것은 전혀 다른 차원의 문제라는 것이었습니다. 이후 그는 대외정책에서 신중함을 보이며 내치에 더욱 집중하게 됩니다.

승리의 비결과 유방의 성찰

어느 날 고조는 낙양 남궁에서 제후들과 장수들에게 물었습니다. "내가 천하를 얻은 까닭이 무엇인가? 또 항우가 천하를 잃은 까닭은 무엇인가?"

고기(高起)와 왕릉(王陵)이 "폐하는 사람을 부려 성과 땅을 얻으면 나누어주어 천하와 이익을 함께 하지만, 항우는 공을 세우면 해치고 어진 자를 의심합니다."라고 답했습니다.

이에 유방은 더 깊은 통찰력을 보여주었습니다. 이것이 그 유명한 삼불여(三不如)이며, 질문에서 시작해 질문으로 끝나는 소위 '어떠한가(如何) 리더십'입니다.

"군막 안에서 계책을 짜서 천 리 밖에서 승부를 결정짓는 것은 내가 장량만 못하다. 국가를 안정시키고 백성을 다독거리는 것은 내가 소하만 못하다. 백만 대군을 몰아 싸워 승리하는 것은 내가 한신만 못하다. 다만 이 세 사람을 기용할 수 있었던 것이 내가 천하를 얻은 까닭이다. 반면 항우는 범증 한 사람뿐이었는데 그조차 제대로 활용하지 못했다. 이것이 그가 패배한 까닭이다."

유방의 '삼불여'는 단순한 겸손을 넘어 자신의 한계를 정확히 인식하고 보완할 줄 아는 지혜를 보여줍니다. 자신보다 뛰어난 인재들을 알아보고 적재적소에 배치하여 각자의 능력을 최대한 발휘하게 하는 것, 이것이 바로 고조의 성공 비결이 아니었을까요?

일찍이 한비자는 "자신의 능력으로 일하는 사람은 하수이고, 남의 힘을 쓸 줄 아는 사람은 중수이며, 남의 지혜를 빌릴 줄 아는 사람이 상수이다."라고 했습니다.

현대 사회에서도 이런 리더십의 원칙은 그대로 적용됩니다. 혼자서 모든 것을 다 잘할 수 있는 사람은 없습니다. 중요한 것은 자신의 부족함을 인정하고 뛰어난 사람들과 함께 일할 수 있는 겸손함과 포용력이 아닐까요?

특히 주목할 점은 유방이 자신의 능력 한계를 솔직히 인정했다는 것입니다. 많은 지도자가 자신의 무능함을 감추려 하지만, 유방은 오히려 그것을 공개적으로 인정함으로써 더 큰 신뢰를 얻었습니다.

고향을 그리워한 황제 그리고 영원한 이별

기원전 195년, 회남왕 영포(英布)의 반란을 평정하고 돌아오는 길에 고조는 고향 패현을 지나게 되었습니다. 패궁에서 옛 친구들과 지역 유지, 자제들을 모두 불러 연회를 베풀었습니다. 술이 얼큰하게 취하자, 고조는 축(대나무 피리)을 연주하며 직접 노래를 지어 불렀습니다.

"큰 바람 몰아치니 구름이 날아오르고,

천하에 위엄을 떨치고 고향에 돌아왔도다.

어찌하면 용사를 얻어 천하를 지킬까?"

이 대풍가(大風歌)를 부르며 고조는 춤을 추었는데, 감정이 북받치고 회한에 젖어 눈물을 흘렸습니다. 천하의 황제도 여전히 고향을 그리워하는 인간적인 모습이었습니다.

이 장면에서 당신은 어떤 감정을 느끼시나요? 권력의 정점에 서 있는 황제가 고향에서 눈물을 흘리는 모습은 권력이 결코 인간의 모든 것을 채워줄 수 없다는 것을 보여주는 것 아닐까요?

대풍가에 담긴 의미를 돌이켜보면, 첫 구절은 자신의 위업을 과시하는 듯하지만, 마지막 구절에서는 불안감을 드러냅니다. 황제가 된 후에도 그는 끊임없이 새로운 위협과 싸워야 했고, 믿었던 부하들의 배신과 반란에 시달려야 했습니다.

마침내 기원전 195년 4월, 고조는 장락궁에서 62세의 나이로 세상을 떠났습니다. 임종 직전 그는 좋은 의사를 부르려는 여후에게 이렇게 말했습니다.

"내가 보잘것없는 신분으로 세 자의 검을 차고 천하를 얻었으니, 이것이 천명 아니겠는가? 명은 하늘에 달렸거늘 편작인들 무슨 도움이 되겠느냐?"

고조에게는 여덟 명의 아들이 있었는데, 그중 둘째인 효혜제가 여후의 아들로 황위를 계승했습니다. 그러나 효혜제는 즉위 7년 만인 기원전 188년에 사망하였고, 이후 여후가 어린 태자를 앞세워 8년간 실권을 장악하는 '여후 섭정기'가 시작되었습니다.

제국은 어떻게 세워지는가?

역사책을 펼치면 진시황과 유방은 언제나 '제국을 세운 인물'로 함께 등장합니다. 그러나 그들이 만든 제국은 닮은 듯하면서도 전혀 달랐습니다. 걸어온 길도, 권력을 다루는 방식도 판이했기 때문입니다.

진시황은 중국을 처음으로 통일한 인물입니다. 그는 '하나로 묶는 것'에 집착했습니다. 법, 문자, 도량형, 도로, 심지어 마차 바퀴까지 모두 통일했으며, 중앙에서 내려온 명령은 의심 없이 집행되어야 했습니다. 거기에 따르지 않으면 제거되었고, 그렇게 전국의 질서는 하나로 통일되었습니다. 하지만 그 질서는 두려움 위에 세워진 것이었습니다. 백성은 따랐지만 존경하지 않았고, 진시황이 사라지자 곧바로 무너지기 시작했습니다.

반면 유방은 달랐습니다. 그는 전장에서 병사들과 어울리며 욕설도 나누었고, 제후와 거래하고 포로를 포용했습니다. 전통적인 군주의 모습과는 거리가 멀었지만, 그런 모습이 오히려 민심을 끌어당겼습니다. 그렇게 유방은 항우를 꺾고 새로운 제국, 한나라를 열 수 있었습니다.

그러나 유방의 방식도 완벽하지는 않았습니다. 많은 제후에게 권력을 나눠주었고, 그 권력은 훗날 황실의 골칫거리가 되었습니다. 유방이 죽은 뒤에도 한나라가 지속된 것은, 그가 만든 제도보다는 후계자들의 고군분투 덕분이었습니다.

결국 하나는 너무 단단해서 부서졌고, 다른 하나는 느슨해서 흔들렸습니다.

누가 옳았다고 말할 수는 없습니다. 다만 이들의 선택을 지켜보다 보면 자연스럽게 묻게 됩니다. 질서를 만드는 데 필요한 것은 힘일까요, 마음일까요? 통일은 얼마나 강하게 밀어붙여야 하고, 또 얼마나 유연하게 나누어야 유지될까요?

이 두 사람은 우리에게 정답보다 질문을 남겨두었습니다. 국가를 세운다는 것은 결국, 사람을 어떻게 다룰 것인지의 문제가 아닐까요? 여러분은 어떻게 생각하시나요?

쉬어가는 이야기

중국인의 언어유희 — 해음

중국어에는 발음은 같지만, 뜻이 다른 말. 즉 해음(谐音, Xiéyīn)이 많습니다. 중국인들은 이를 단순한 말장난이 아니라, 복을 불러오고 불길을 피하는 중요한 언어 문화로 여겨 왔습니다.

1) 세시풍속 속의 해음

중국의 대표적인 명절인 춘제에는 해음을 활용한 다양한 풍습이 있습니다. 먼저, 집 대문에 복(福, fú) 자를 거꾸로 붙이는 것이 있습니다. '거꾸로'라는 뜻의 倒(dào)와 '도착하다'라는 뜻의 到(dào)가 같은 발음이어서, '복을 거꾸로 붙이면 복이 왔다(福到, fúdào)'는 길한 의미가 됩니다.

또 하나는 명절 음식인 떡입니다. 이를 '년년고(年年糕, Niánnián gāo)'라고 부르는데, '해마다 높아진다'라는 뜻의 年年高(Niánnián gāo)와 발음이 같아, 생활과 지위가 해마다 향상되길 바라는 마음을 담습니다.

마지막으로 잉어 요리(鲤鱼, Lǐyú)가 있습니다. '물고기'의 鱼(yú)는 '여유롭다'의 余(yú)와 발음이 같아, 새해에는 재물과 여유가 함께하길 기원하는 의미로 먹습니다.

2) 숫자와 짝수 선호

중국인들은 "좋은 일은 쌍으로 온다"는 믿음이 있어 경사에는 짝수를, 상사에는 홀수를 씁니다. 특히 길하다고 여기는 숫자가 있습니다. 8(八, bā)은 '발전하다, 부자가 되다'라는 뜻의 发(fā)와 발음이

쉬어가는 이야기

같아, 2008년 베이징 올림픽 개막일이 8월 8일 저녁 8시 8분이었던 것도 이 때문입니다.

6(六, liù)은 '막힘없이 흐른다'는 뜻의 流(liú)와 발음이 같아, 일이 순조롭게 풀리길 바라는 의미를 지닙니다.

9(九, jiǔ)는 '오래 지속된다'의 久(jiǔ)와 같은 발음이라 장수와 영원함을 상징하며, 결혼식·기념일 같은 날에 자주 쓰입니다.

3) 선물의 길흉

중국인의 선물 문화에도 해음은 중요한 기준이 됩니다. 사과(苹果, Píngguǒ)는 '평안'을 뜻하는 平安(Píng'ān)과 발음이 같아, 병문안이나 방문 시 '늘 평안해지시길' 바라는 마음으로 건넵니다.

귤(橘子, Júzi)는 '길하다'는 뜻의 吉利(Jílì)와 비슷한 소리라, 새해나 경사 때 행운을 전하는 선물로 적합합니다.

또한 술(酒, Jiǔ)은 '오래 지속되다'의 久(Jiǔ)와 같은 발음이라, '좋은 관계가 오래가길 바란다'는 뜻을 담습니다. 그래서 사업 미팅을 마무리할 때 술을 선물하는 것은 관계를 이어가려는 세련된 표현이 됩니다.

이렇게 보면, 해음은 단순한 말장난이 아니라 중국인의 사고방식과 생활 문화에 깊숙이 스며든 상징 언어입니다. 명절의 음식, 숫자의 의미, 그리고 선물 선택까지 해음이 스며 있기에, 이를 이해하면 중국 문화를 훨씬 깊이 있게 볼 수 있습니다.

제2장

제국을 흔든 두 얼굴

권력은 때로는 무너뜨리는 힘으로, 때로는 지배하려는 의지로 나타납니다.

항우는 누구보다 강했지만, 뜻을 이루지 못한 채 스스로 생을 마감했습니다. 여태후는 황제가 아니었지만, 오랫동안 제국을 실질적으로 통치했습니다.

둘은 전혀 다른 방식으로 제국에 영향을 주었고, 그 끝도 달랐습니다. 강함이 오래가지 않고, 약해 보여도 오래 가는 것, 그것이 권력의 역설일지 모릅니다.

이 장에서는 무너진 힘과 남겨진 권력을 통해, 제국이 흔들릴 때 드러나는 인간의 민낯을 들여다보겠습니다.

《항우 : 천하를 놓친 비운의 장수》

기원전 3세기 말, 진나라가 멸망하면서 천하가 다시 분열된 시대. 각지에서 영웅들이 일어나 패권을 두고 치열한 경쟁을 벌이던 때였습니다.

만인의 적을 꿈꾼 소년

항적은 하상(下相, 오늘날 강소성 蘇州) 출신으로 자를 우(羽)라 했습니다. 기원전 209년, 만 24세에 봉기했을 때부터 이미 범상치 않은 면모를 보였습니다. 그의 가문은 대대로 초나라 장군을 배출한 명문가였으며, 항 지역에 봉해져 그 땅 이름을 따서 성으로 삼았습니다.

어린 시절 항적의 모습에서 이미 그의 운명이 암시되었습니다. 그는 학문과 검술을 배웠지만 어느 것도 끝까지 완성하지 않았습니다. 작은아버지 항량이 이를 나무라자, 항적은 특유의 대담함으로 이렇게 대답했습니다:

"글은 이름만 쓸 줄 알면 되고, 검은 한 사람만 상대하는 것이니 배울 것이 못 됩니다. 저는 만인을 대적할 수 있는 것을 배우고 싶습니다."

이런 성향을 어떻게 봐야 할까요? 큰 뜻을 품은 것일까요, 아니면 끈기가 부족한 것일까요? 훗날 해하에서 재기를 포기하고 자결하는 모습을 보면, 무엇이든 끝까지 완성하지 않는 '중도이폐(中道而廢)'의 성향이 어릴 때부터 있었던 것 같습니다.

항우의 체격은 8척이 넘는 거구였고, 솥을 들어 올릴 정도로 완력이 뛰어났습니다. 진시황이 회계를 순행할 때 항량과 함께 구경하던 항우는 놀라운 말을 했습니다.

"저 자리를 제가 대신 차지하겠습니다!"

항량은 놀라 그의 입을 막았지만, 이 일로 항우의 비범함을 인정하게 되었습니다.

반진의 깃발을 들다

기원전 209년 7월, 진승·오광의 난이 일어나자, 각지에서 반진 세력이 봉기했습니다. 9월에 회계 군수 은통이 항량에게 함께 거병할 것을 제안했습니다. 논의 자리에서 항량이 항우에게 눈짓을 보내자, 항우는 주저 없이 칼을 뽑아 은통의 목을 베었습니다. 이로써 반란은 공식화되었습니다.

이때부터 항우의 무력에 대한 의존과 결단력이 드러나기 시작했습니다. 복잡한 정치적 상황에서도 그는 언제나 칼로 문제를 해결하려 했습니다. 이런 단순함이 그의 장점이자 한계가 되었습니다.

70세의 거소 출신 범증은 당대 최고의 전략가 중 한 명으로, 항량에게 초나라의 역사적 원한을 활용하여 민심을 얻는 전략을 제안했습니다.

"초나라 사람들은 지금도 회왕을 그리워합니다. 초나라에 세 집만 남아도 진나라를 멸망시킬 것은 틀림없이 초나라일 것입니다."

이 말에 따라 항량은 민간에서 양을 치던 회왕의 손자를 찾아 초나라 왕으로 추대했고 우이에 도읍을 정했습니다. 이는 역사적 정통성을 활용한 탁월한 전략이었습니다. 백성들은 회왕의 후손이 돌아왔다는 소식에 크게 기뻐했습니다.

몇 달 후, 항량은 진나라 군대를 여러 차례 격파하며 승승장구했지만, 연이은 승리에 교만해져 충고를 무시했고 결국 장한에게 패배하여 전사했습니다. 이제 초나라의 희망은 온전히 항우에게 달려 있었습니다. 24세의 청년에게 천하의 운명이 맡겨진 것입니다.

거록대전과 파부침주의 결단

항량이 죽은 후, 송의가 상장군(上將軍, 최고 군사령관)으로 임명되어 거록으로 진군하게 되었습니다. 하지만 송의는 46일 동안 안양에 머물며 진군하지 않았습니다. 추운 날씨에 병사들은 굶주리고 떨었지만, 송의는 자기 아들을 제나라에 보내며 성대한 송별연을 벌였습니다.

항우는 더 이상 참을 수 없었습니다.

"적이 조나라를 포위한 지 오래되었는데 우리는 여기서 앉아만 있습니다. 어찌 이를 구원이라 하겠습니까?"

결국 항우는 송의를 처단하고 군대를 장악했습니다. 이 사건은 항우의 냉혹함과 결단력을 보여주는 동시에, 그의 권력 장악을 알리는 중요한 전환점이 되었습니다.

거록성을 구원하기 위해 강을 건넌 항우는 역사에 길이 남을 결단을 내렸습니다. 배를 모두 가라앉히고 밥솥을 깨뜨린 후 사흘 치 양식만 남겼습니다. 병사들에게 후퇴할 길이 없음을 보여준 것입니다.

이것이 바로 유명한 '파부침주(破釜沉舟)'입니다. 밥솥을 깨뜨리고 배를 가라앉힌다는 뜻으로, 결사적인 각오로 일에 임한다는 의미입니다.

오늘날에도 모든 것을 걸고 도전할 때 이 말을 사용합니다.

항우의 군대는 아홉 번의 전투에서 모두 승리하며 20만 진나라 군대를 격파했습니다. 이 승리로 항우는 제후들의 맹주가 되었고, 진나라의 운명은 사실상 결정되었습니다. 하지만 승리의 순간에도 항우는 치명적인 실수를 저질렀습니다.

신안의 비극과 잃어버린 민심

장한이 항복하자 항우는 옛 진나라를 셋으로 나누고 그를 옹왕으로 봉했습니다. 하지만 신안(新安)에서 항우는 역사상 가장 잔혹한 결정을 내렸습니다. 진나라 병사 20여만 명을 밤중에 생매장한 것입니다.

"진나라 장졸들이 아직 마음으로 복종하지 않고 있다. 관중에 들어갈 때 반란을 일으키면 위험하니 차라리 제거하는 것이 낫다."

이 잔혹한 결정에 따라, 초나라 군대는 밤에 진나라 병사들을 신안성 남쪽에 생매장했습니다. 이는 군사적으로는 효과적이었을지 모르나, 정치적으로는 치명적인 실수였습니다.

이 대학살은 항우에게 '무도한 자'라는 오명을 씌웠습니다. 20만 명의 죽음은 단순한 숫자가 아니었습니다. 그들 각자에게도 가족이 있었고, 고향이 있었습니다. 이 사건으로 항우는 천하 백성들의 마음을 잃기 시작했습니다.

항우는 군사적 사고가 정치적 감각보다 우선했습니다. 적을 완전히 제거해야 안전하다는 단순한 논리였습니다. 하지만 천하를 다스리는 데는 무력만으로는 부족했습니다.

홍문연의 운명적 망설임

항우가 진나라 땅을 평정했으나, 패공(沛公, 유방)이 이미 함양을 점령했다는 소식을 듣자, 항우는 크게 분노했습니다. 패공의 좌사마(左司馬, 부사령관) 조무상이 "패공이 관중의 왕이 되고 자영을 재상으로 삼아 진귀한 보물을 모두 차지하려 합니다"는 거짓 정보를 전하자, 상황은 더 악화되었습니다.

항백(項伯, 항우의 숙부)의 중재로 항우와의 만남이 마련되었고, 유방은 기병 백여 명을 데리고 항우를 만나러 홍문에 도착했습니다. 이곳에서 벌어진 홍문연(鴻門宴)은 중국 역사상 가장 유명하고 극적인 사건 중 하나입니다.

범증은 항우에게 유방을 제거하라고 제안했고, 항장(項莊, 항우의 사촌 동생)이 검무를 추던 중에 기회를 노렸습니다. 그러나 항백이 검을 뽑아 유방을 몸으로 보호했고, 번쾌(樊噲, 유방의 부하 장수이자 동서)는 급히 무장하고 연회장으로 들어와 항우를 노려보았습니다.

번쾌의 기개 있는 태도와 충성심은 역사에 길이 남는 명장면이 되었습니다. 그는 주인을 위해 자신의 목숨을 내걸고 위험을 무릅쓴 충신의 본보기가 되었습니다. 결국 항우의 우유부단함과 항백의 중재로 유방은 목숨을 건질 수 있었고, 이것이 결국 항우의 운명을 결정짓게 됩니다.

홍문연에서 항우가 유방을 제거했다면 역사는 어떻게 달라졌을까요?

관중 거부와 천하 분배의 실책

항우는 자신을 서초패왕으로 선포하며 천하를 18개 제후국으로 나누었습니다. 유방은 한왕으로 봉해져 험준한 한중으로 내쫓겼습니다. 항우는 유방을 고립시켜 더 이상 위협이 되지 않게 하려는 의도였을 것입니다.

하지만 항우의 땅 분배는 공정하지 못했습니다. 자기 부하들에게는 기름진 관중과 제나라의 좋은 땅을 주었지만, 옛 왕들에게는 변방이나 척박한 지역을 배정했습니다. 이는 공로보다는 개인적 친분에 따른 자의적 분배였습니다.

더욱 심각한 것은 의제를 강남에서 살해하고 한왕 성을 처형하는 등 무도한 행위를 저질렀다는 점입니다. 의제는 항우가 세운 명목상의 왕이었음에도, 권력에 방해가 된다는 이유로 제거했습니다. 이는 신의를 저버린 행위로 여겨졌습니다.

또한 항우는 "부귀를 이루고 고향으로 돌아가지 않는 것은 비단옷을 입고 밤길을 가는 것과 같다"라며 관중 거주를 거부했습니다. 신하들이 "관중은 천연 요새이자 기름진 땅으로, 도읍으로 삼기에 적합하다"라고 조언했지만, 그는 고향에 대한 향수를 택했습니다. 전략적 이익보다 개인적 감정을 우선시한 것이었습니다.

유방은 즉시 의제의 죽음을 빌미로 "항우가 의제를 죽이니 대역무도하다"라고 선언했습니다. 이제 충신이 역적을 토벌하는 정의로운 전쟁이 되었고, 유방에게는 천하를 움직일 명분이 생겼습니다. 항우는 자신의 손으로 적에게 명분을 주었던 것입니다.

팽성의 기적과 영웅의 한계

한 2년(기원전 205년) 겨울, 항우가 제나라 정벌에 나선 사이 한왕은 다섯 제후의 병사 56만 명을 이끌고 항우의 수도 팽성을 점령했습니다. 재물과 보화, 미녀들을 차지하고 매일 성대한 연회를 열며 방심하고 있던 한나라 군대를 본 항우는 즉각 대응했습니다.

항우는 정예병 3만 명만을 이끌고 전광석화 같은 기습 공격을 감행했습니다. 새벽을 틈타 팽성까지 진격한 항우는 정오 무렵 한나라 군대를 대파하여 20만 명 이상을 몰살시키는 대승을 거두었습니다. 56만 대 3만의 절대 열세를 뒤집은 이 승리는 항우의 뛰어난 기동력과 군사적 천재성을 보여주는 역사적 쾌거였습니다.

그러나 압도적 승리 이후에도 항우는 유방을 완전히 제압하지 못했습니다. 삼중으로 포위되는 절체절명의 위기에서 기적적으로 불어온 모래폭풍을 틈타 유방이 탈출할 수 있었던 것입니다. 이는 항우의 군사적 천재성과 동시에 그의 한계를 보여주는 사건이었습니다.

한편 유방은 가족들마저 버려가며 냉혹하게 탈출했고, 결국 태공과 여후는 항우에게 잡히고 말았습니다. 그러나 형양에서 패잔병들이 모이면서 한왕은 다시 세력을 회복할 수 있었습니다. 항우의 완벽한 승리가 완전한 승리로 이어지지 못한 이유가 여기에 있었습니다.

충신과 간신 사이에서 흔들리는 패왕

한 3년(기원전 204년), 항우는 한나라 군대의 보급로를 지속적으로 공격하여 한왕을 궁지로 몰아넣었습니다. 범증의 조언에 따라 형양을 완전히 포위한 항우는 승리를 눈앞에 두고 있었습니다. 그러나 유방의 교묘한 이간계가 그를 기다리고 있었습니다.

한왕은 항우의 사신에게 최고 예우의 식단을 준비했다가 가짜로 놀라며 "아보(亞父, 범증의 존칭)의 사신인 줄 알았는데 항왕의 사신이었군" 이라고 연출했습니다. 이 교묘한 심리전에 항우는 속아 넘어가 범증이 한왕과 내통한다고 의심하기 시작했습니다. 결국 범증의 권력을 박탈했고, 모욕감을 느낀 범증은 자리를 내놓고 떠나다 병사했습니다.

이 사건은 항우의 치명적인 약점을 드러냈습니다. 뛰어난 무용과 카리스마를 가졌지만, 정치적 감각과 인간에 대한 통찰력이 부족했던 것입니다.

한편, 형양에서 기신이 한왕으로 변장하여 항복하는 척하며 한왕의 탈출을 도왔습니다. 속임수를 발견한 항우는 기신을 불태워 죽였지만, 정작 중요한 한왕은 또다시 놓치고 말았습니다.

이후 항우는 한왕의 아버지 태공을 죽이겠다고 위협했지만, 한왕은 침착하게 대응했습니다.

"내가 항우 너와 회왕의 명을 받을 때 '형제가 되길 약속한다'라고 했으니, 내 아버지가 곧 네 아버지다. 꼭 네 아버지를 삶아 죽이려거든 나한테도 국 한 그릇 나눠달라"

한왕의 냉정한 대응에 항우는 당황하며 결국 실행하지 못했습니다.

마지막 협정과 운명의 갈림길

오랜 대치로 양측이 지치자, 항우는 개인적 성향답게 한왕에게 일대일 결투를 제안했습니다. 그러나 한왕은 "나는 지혜를 다투지, 힘으로 싸우지 않는다"라며 교묘하게 피했습니다. 이는 두 영웅의 근본적인 차이를 보여주는 상징적 장면이었습니다.

결국 항우는 한왕의 제안을 받아들여 홍구를 경계로 천하를 둘로 나누는 평화 협정을 체결했습니다. 항우는 약속을 지켜 한왕의 가족들을 돌려보냈습니다. 이는 항우의 신의와 관대함을 보여주는 결정이었지만, 동시에 정치적으로는 순진한 판단이었습니다.

그러나 한왕은 이 협정을 단지 임시방편으로 여겼습니다. 장량과 진평이 "초는 지쳤고 식량도 부족합니다. 이는 하늘이 초를 멸망시키려는 것입니다."라는 조언에 따라 협정을 깨고 항우를 추격하기 시작했습니다.

한 5년(기원전 202년), 한왕은 주저하는 한신과 팽월에게 영토 분할을 약속하여 그들의 협력을 끌어냈습니다. 마침내 모든 군대가 해하에서 만나 항우에게 향했습니다.

신의를 지키려 했던 항우와 냉철한 정치적 계산을 우선시한 한왕. 이 마지막 대결을 앞두고 항우는 자신의 신의와 관대함이 결국 자신을 궁지로 몰아넣는 결과를 가져온다는 것을 깨달았을 것입니다.

사면초가와 영웅의 마지막 노래

해하에서 방어 진지를 구축한 항우의 군대는 병사는 적고 식량은 고갈된 상태로 한나라 군대에 완전히 포위되었습니다. 밤이 되자 사방에서 초나라 노래가 울려 퍼졌고, 항우는 큰 충격을 받았습니다.

"한나라 군대가 이미 초나라를 손에 넣었던 말인가? 어찌 이리도 초나라 사람들이 많단 말인가."

'사면초가(四面楚歌)'라는 고사성어가 여기서 나왔습니다.

그날 밤, 항우는 군막에서 술을 마시며 비통한 심정으로 노래를 불렀습니다. 그의 곁에는 항상 함께했던 우(虞)라는 미인과 애마 추(騅)가 있었습니다. 이 노래 '해하가(垓下歌)'는 중국 문학사에 길이 남는 비극적 명작이 되었습니다.

"힘은 산을 뽑고 기개는 세상을 덮건만,
때가 불리하니 추가 달리려 하지 않는구나.
추가 달리려 하지 않으니 이를 어찌해야 하는가?
우여, 우여! 그대를 어찌해야 하는가?"

항우가 눈물을 흘리자, 주변의 모든 사람도 눈물을 흘렸고, 서로를 차마 쳐다보지 못했습니다. 해하가에 담긴 항우의 비통함은 단순히 패배에 대한 슬픔을 넘어 자신의 운명에 대한 깊은 성찰을 보여줍니다. 영웅이 운명 앞에서 느끼는 무력감과 애절함이 오히려 그를 더욱 인간적이고 매력적인 인물로 만들지 않았을까요?

결국 항우는 장사 800여 명과 함께 말을 타고 포위망을 뚫고 남쪽으로 달아났습니다. 동성(東城)에 도달했을 때 병력은 고작 28명만 남았고, 한나라 군대 수천 명이 추격해 왔습니다. 절망적인 상황에서 항우는 자신의 운명을 담담히 수용하는 말을 했습니다.

"내가 군사를 일으키고 8년 동안 70여 차례의 전투에서 패배를 모르고 천하의 패권을 차지했다. 그런데 지금 이렇게 곤궁한 처지에 몰렸으니 이는 하늘이 나를 망하게 하려는 것이지 싸움을 못 한 죄가 아니다."

오강에서의 장엄한 최후

쫓기던 항우가 동쪽으로 오강(烏江)을 건너려 하자, 정장(亭長, 지방 관리)이 배를 준비하고 탈출을 간곡히 권유했습니다.

"강동이 비록 작지만, 사방 천 리에 수십만 군사가 있어 왕이 되기에 충분합니다. 서둘러 건너십시오."

그러나 항우는 이를 단호히 거절했습니다. 그의 마지막 말은 자신의 명예와 지도자로서 책임감을 보여주는 감동적인 장면이었습니다.

"하늘이 나를 망하게 하려는데 내가 어찌 건너겠는가? 강동 자제 8천과 함께 서쪽으로 왔는데 지금 한 사람도 돌아오지 못했으니, 내가 무슨 면목으로 그들을 보겠는가?"

항우는 자신을 따라온 장병들에 대한 책임감과 죄책감으로 재기의 기회를 스스로 포기했습니다.

항우는 정장에게 자신의 명마 추를 주고, 최후의 결전을 벌였습니다. 그는 혼자서 한나라 병사 수백 명을 죽였지만, 몸에 십여 군데 상처를 입었습니다. 마침내 옛 부하 여마동(呂馬童)을 마주했을 때, 항우는 "한나라가 내 머리에 천금과 만 호의 읍을 걸었다 하니 내가 너를 위해 은혜를 베풀어주마"라고 말하고 스스로 목을 찔러 자결했습니다.

항우는 다른 사람의 손에 죽기를 거부했고, 자신의 운명을 스스로 결정했습니다. 패배를 받아들이고 재기를 포기한 이 결정이 영웅적이라고 볼 수 있을까요? 아니면 '중도이폐'의 성향이 또다시 드러난 것일까요?

이렇게 항우는 31세의 나이로 파란만장한 생을 마감했습니다. 그의 죽음은 무력과 지혜, 강직함과 유연함이 어떻게 다른 결과를 만들어 내는지 보여주는 역사적 순간이었습니다. 여러분은 항우의 마지막 선택을 어떻게 생각하시나요?

《여태후 : 복수와 야심의 15년 통치》

기원전 2세기 초, 한 고조 사후 어린 황제들이 연이어 즉위하면서 외척의 힘이 강해진 시대. 여태후가 15년간 실질적으로 한나라를 통치하며 중국 역사상 최초의 여성 최고 권력자가 된 때였습니다.

권력의 씨앗을 뿌리다

여태후는 유방이 아직 천하를 호령하지 못했던 시절부터 그의 곁을 지킨 여인이었습니다. 그녀는 훗날 효혜제가 될 아들과 노원 공주를 낳으며 유방의 정실부인으로서 지위를 확고히 했습니다. 하지만 운명은 그녀에게 시련을 준비하고 있었습니다.

유방이 한왕이 된 후 정도(定陶, 현재 산둥성 지역)에서 만난 척부인의 아름다움에 완전히 빠져버렸습니다. 척부인은 조나라 은왕 여의를 낳았고, 유방의 총애를 독차지했습니다.

유방은 자신의 적자인 효혜제를 못마땅해했습니다. 효혜제는 성품이 어질고 연약했기 때문에, 강인한 성격의 유방은 자신을 닮지 않은 아들을 못마땅하게 여겼습니다. 그래서 유방은 줄곧 태자를 폐위시키고 척부인의 아들 여의를 태자로 세우려 했습니다.

나이가 들어가며 주로 궁에 머물던 여후와 유방의 관계는 갈수록 소원해졌습니다. 하지만 여후는 이 위기를 지혜롭게 헤쳐 나갔습니다. 여의가 조왕이 된 후 정말로 태자 자리를 빼앗길 위기에 처했을 때, 장량 등 대신들과 함께 효혜제의 태자 지위를 지켜냈습니다.

그렇다면 여태후는 어떻게 이토록 강한 영향력을 갖게 되었을까요?

여태후는 단순한 황후가 아니었습니다. 강한 성품의 소유자로서 유방이 천하를 평정하는 데 실질적인 도움을 주었고, 대신들을 다루는 데도 뛰어난 정치적 감각을 보였습니다. 특히 그녀는 가족의 힘을 적극적으로 활용했습니다. 큰오빠 주여후의 아들 여태는 역후로, 여산을 교후에 봉했고, 작은오빠 여석지는 건성후가 되었습니다.

이는 그녀의 뛰어난 정치적 감각과 철저한 가족주의가 결합한 결과였습니다. 여태후는 자신의 가족과 친족을 요직에 배치하며 권력의 기반을 차근차근 다져나갔습니다. 이러한 준비는 훗날 15년간의 통치를 가능하게 한 토대가 되었습니다.

잔혹한 복수극의 시작

고조 12년(기원전 195년), 한나라의 창업자 유방이 장락궁(長樂宮)에서 세상을 떠나자, 태자가 효혜제로 즉위했습니다. 유방의 아들들은 각각 제왕(齊王), 조왕(趙王), 대왕(代王) 등으로 봉해졌습니다. 고조의 동생과 형의 아들들, 심지어 공신의 자손까지 왕위를 받았습니다.

그럼, 한나라의 왕위는 오직 유씨 가문만을 위한 것이었을까요? 꼭 그렇지는 않았습니다. 파군(巴郡, 오늘날 사천성 일대) 출신 오예의 아들 오신도 장사왕(長沙王)에 봉해졌습니다. 이러한 분봉 체제는 한나라의 통치 기반을 확고히 하는 전략이었습니다. 하지만 여후의 마음속에는 다른 계획이 꿈틀거리고 있었습니다.

여후는 척부인과 조왕 여의에게 극도로 미움과 원한을 품고 있었습니다. 유방이 죽은 후, 그녀는 즉시 복수에 나섰습니다. 척부인을 영항(永巷, 궁녀를 유폐하는 곳)에 감금하고 조왕을 소환했습니다. 하지만 당시 조나라의 승상(국정을 총괄 최고 관직) 주창은 이를 거부했습니다.

주창은 "태후께서 척부인에게 원한이 있어 조왕을 소환하여 죽이려 한다."는 소문을 들었기 때문입니다. 그는 병을 핑계로 세 번이나 조왕의 출발을 지연시켰습니다.

한편 효혜제는 어머니의 분노를 알고 있어 조왕을 패상(霸上, 장안 근처)에서 직접 맞이하여 보호했습니다. 하지만 효혜제가 활을 쏘러 나간 사이, 여태후는 조왕에게 독주를 마시게 하여 죽였습니다.

이후 여태후가 척부인에게 가한 복수는 역사상 잔혹한 것 중 하나였습니다. 그녀는 척부인의 손발을 자르고, 눈을 파내고, 귀를 태우고, 벙어리가 되는 약을 먹인 뒤 돼지우리에 가두고 '사람돼지'라 불렀습니다.

이는 자신의 위치를 위협했던 모든 이에 대한 극단적 공포와 증오가 표출된 것이었습니다. 수십 년간 쌓인 원한이 통제할 수 없는 광기로 변한 순간이었습니다.

효혜제는 이를 보고 "이는 사람이 할 행동이 아닙니다"라며 충격을 받아 병이 들었습니다. 그는 이후 술과 쾌락에 빠져 정사를 돌보지 않게 되었습니다. 어머니의 잔혹함이 아들의 마음을 완전히 망가뜨린 것입니다.

여씨 천하의 구축

효혜제 7년 가을, 효혜제가 세상을 떠났습니다. 상중에도 태후는 형식적으로 곡만 하고 눈물은 한 방울도 흘리지 않았습니다. 그녀의 눈에는 슬픔보다 계산이 더 깊게 자리했습니다. 이때 유후 장량의 아들 장벽강이 시중(황제 측근에서 보좌)으로 있었는데, 그는 겨우 열다섯 살이었습니다.

그는 승상에게 "태후께는 오직 효혜제뿐이셨는데, 지금 곡만 하고 슬퍼하지 않으시는 이유가 무엇일까요?" 그의 분석은 정확했습니다.

"황제께 장성한 아들이 없으니, 태후께서는 대신들을 두려워하십니다. 여씨들을 장군으로 삼아 군대를 맡기면 태후의 마음도 편안해질 것입니다."

이 조언이 실행되면서 여씨 가문의 권력이 본격적으로 강화되었습니다. 태후는 황제의 권한을 대행하면서 여씨들을 왕으로 세우려 했습니다.

조정의 반응은 극명하게 갈렸습니다. 우승상 왕릉은 단호하게 반대했습니다.

"고제께서 '유씨가 아닌 자가 왕이 되면 천하가 함께 공격할 것'이라 하셨습니다. 여씨를 왕으로 삼는 것은 맹약을 어기는 것입니다."

그러나 좌승상 진평과 강후 주발은 태후의 뜻에 따랐습니다. 그들은 "사직을 보전하고 유씨 후손들을 안정시키는 일"이라 주장했지만, 실제로는 당장의 권력과 안위를 선택한 것이었습니다.

결국 태후는 왕릉을 태부(太傅, 황제의 스승 역할을 하는 명예직)로 임명해 우승상에서 물러나게 했고, 여씨들을 제후로 삼기 시작했습니다.

태후는 노원 공주가 죽자 그 아들을 노왕에 봉하고, 여씨 일족을 다양한 작위에 봉했습니다. 또한 효혜제의 후궁 소생들도 제후로 삼아 권력을 분산시켰습니다. 역후 여이가 여왕이 되고, 작은 오빠 여석지가 죽자, 아들 여록을 호릉후로 세우며 여씨 가문의 세력을 확장했습니다.

이렇게 체계적인 권력 강화는 한나라의 정치 구조를 완전히 바꿔 놓았습니다. 유방이 세운 '비유씨불왕(非劉氏不王)'의 원칙이 무너지기 시작했고, 여씨 가문은 사실상 제2의 왕조를 형성해가고 있었습니다.

허수아비 황제들과 진짜 권력

여태후가 정략적으로 효혜제와 결혼시킨 선평후(宣平侯, 노원 공주의 남편)의 딸 효혜황후는, 아들이 없어 궁녀의 아들을 자기 아들로 속이고 그 어머니를 죽이고 태자로 세웠습니다.

효혜제가 죽자, 이 태자가 황제가 되었으나, 성장하면서 자신의 출생 비밀을 알게 되고 태후에게 원망을 품었습니다. "태후가 어떻게 내 어머니를 죽이고 나를 아들로 삼을 수 있단 말인가?"

태후는 이를 알고 그를 영항에 가두었다가 폐위시키고 죽였습니다. 그리고 상산왕 유의를 황제로 세워 이름을 유홍으로 바꾸었습니다. 이런 극단적인 조치는 어떻게 정당화될 수 있었을까요?

태후는 "황제가 병이 오래되어 낫지 않고 정신마저 혼란스러워 종묘의 제사를 받들 수 없다"라고 주장했습니다. 황제조차 마음대로 바꿀 수 있는 여태후의 권력은 절대적이었습니다.

태위(太尉, 군사를 총괄) 관직을 새로 만들어 강후 주발을 임명하고, 계속해서 여씨 가문의 세력을 키워나갔습니다. 권력의 균형이 완전히 여씨 쪽으로 기울어지고 있었습니다.

여태후의 통치 동안 한나라는 겉으로는 안정되어 보였지만, 내부적으로는 긴장이 고조되고 있었습니다. 유씨 왕족들은 여씨 가문의 급격한 부상을 우려하고 있었고, 공신들 역시 권력 구조의 변화에 불안해하고 있었습니다.

여씨 가문 가계도

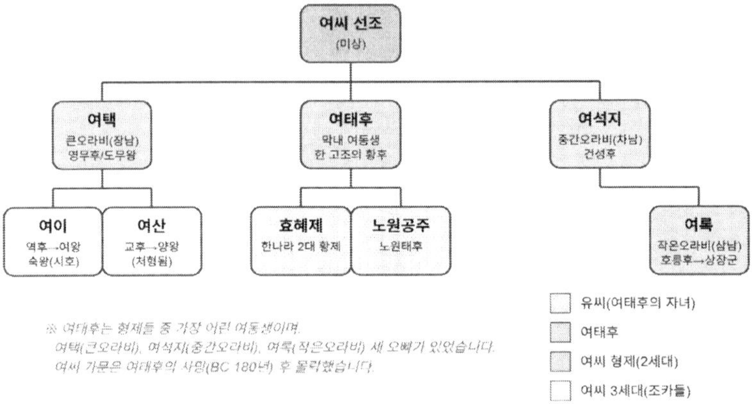

공포 정치의 극한

여태후 7년 정월, 태후는 조왕 유우를 소환했습니다. 그가 여씨 출신 부인을 사랑하지 않자, 왕후가 태후에게 "여씨가 어찌 왕이 될 수 있단 말인가? 태후 사후에는 내가 틀림없이 쳐버릴 것이다"라고 조왕이 말했다고 모함했기 때문입니다.

조왕은 장안에 도착하자 관저에 감금되어 음식을 받지 못하고 굶어 죽었습니다. 그는 죽기 전 여씨의 전횡을 비판하는 마지막 노래를 남겼습니다.

"여씨들이 제멋대로 하니 유씨가 위태롭다…여씨가 천하의 이치를 끊으니, 하늘이 대신 복수해 주리!"

이 비극적인 최후는 어떤 의미를 가질까요? 이는 여씨 가문의 무자비한 권력 행사와 유씨 왕조의 위기를 상징하는 사건이었습니다.

조왕의 죽음은 단순한 개인의 비극이 아니었습니다. 이는 여태후의 통치 방식이 얼마나 가혹하고 독단적이었는지를 보여주는 상징적 사건이었습니다. 유방의 아들이자 정당한 왕족인 조왕조차 여태후의 의심을 받으면 목숨을 잃을 수밖에 없었던 것입니다.

이후 태후의 건강이 악화하기 시작했습니다. 일식이 발생하자 이를 불길한 징조로 여겼고, 푸른 개 형상의 괴물이 나타나 그녀를 공격했다는 소문도 있었습니다. 사람들은 이는 조왕 여의의 귀신이 보복한 것이라 여겼습니다. 과거의 잔혹함이 그녀에게 되돌아와 괴롭히고 있는 것일까요?

죽음이 가까워지자, 태후는 여록을 상장군으로, 여산을 남군의 지휘자로 삼았습니다. 그녀는 자기가 죽은 후 대신들이 반란을 일으킬 것을 우려하며 "내가 죽으면 황제가 어려서 대신들이 변을 일으킬 것이다. 반드시 군대를 장악하여 궁을 지키라."고 명령했습니다.

마침내 여태후 8년(기원전 180년) 7월, 여태후는 세상을 떠났습니다. 그녀가 그토록 철저히 준비한 권력 구조는 과연 유지될 수 있을까요?

권력의 허망한 종말

주허후(朱虛侯) 유장과 동모후(東牟侯) 유흥거는 고조의 장자 유비(劉肥)의 아들로서, 어려서부터 장안에 살았으며 여씨 일족이 반란을 준비한다는 사실을 알게 되었습니다.

한편 강후 주발과 승상 진평은 여록을 속여 "당신이 군대를 주둔시키니 대신과 제후가 의심합니다. 도장을 반환하십시오"라며 병권을 내놓게 했습니다.

이로써 태위 주발은 북군을, 주허후는 황제를 호위하며 여산을 살해하고 여씨 일족을 처형했습니다. 여태후의 권력 구조는 빠르게 무너졌습니다. 그것은 그녀의 권력이 오직 자신의 존재에만 의존했으며, 진정한 정통성을 갖추지 못했기 때문입니다.

대신들은 여씨가 세운 황제들을 모두 제거하고 대(代)왕 유항을 새로운 황제로 추대했습니다. 왜 대왕이 선택되었을까요?

"대 왕이 고제의 아들 중 가장 연장자인 데다 어질고 효성스럽고 너그럽습니다. 태후 집안인 박씨도 신중하고 선량합니다." 이는 여태후의 독단적이고 잔혹한 통치와는 정반대의 자질이었습니다. 한나라 대신들은 더 이상 강압적인 권력을 원하지 않았습니다.

대 왕은 여러 차례 사양했으나 결국 수락했습니다. 소제는 폐위되어 궁 밖으로 나갔고, 대 왕이 미앙궁에 입궁했습니다. 그날 밤, 양왕, 회양왕, 상산왕과 소제가 모두 처형되었습니다.

대 왕은 23년 동안 재위했으며, 효문황제라는 시호를 받았습니다. 그의 통치는 한나라의 황금기를 열었고, 여씨 가문의 세력은 완전히 제거되었습니다. 이렇게 한나라는 유씨 왕조로서의 안정을 되찾았습니다.

여태후는 고조 사후 15년간 실질적으로 한나라를 통치했던 강력한 여성이었습니다. 하지만 그녀가 쌓아 올린 모든 것은 그녀의 죽음과 함께 한순간에 무너져버렸습니다. 공포와 복수에 기반한 권력이 얼마나 허약한 것인지를 보여주는 역사의 한 장면이었습니다.

15년 통치, 또 다른 얼굴

그렇다면 여태후의 15년 통치 기간 동안 한나라는 어떤 모습이었을까요?

《사기》는 이 시기를 이렇게 기록하고 있습니다.

"효혜제와 고후(여태후) 시기에 백성들은 전쟁의 고통에서 벗어나 휴식을 얻었다. 군주와 신하들은 모두 무위로 다스리기를 바랐고, 그래서 형벌이 드물게 쓰였고 죄인이 적었다. 백성들은 농사에 힘쓸 수 있었고, 의식이 풍족해졌다."

이 기록을 어떻게 이해해야 할까요?

유방 사후 전국은 오랜 전쟁으로 지쳐있었습니다. 진나라 말기부터 항우와의 대결까지, 백성들은 끝없는 전쟁에 시달려왔습니다.

여태후는 집정 후 대규모 전쟁을 일으키지 않았고, 세금을 감면하며 백성들에게 회복의 시간을 주었습니다.

그 결과 여태후 시기의 한나라는 안정과 평화를 되찾았습니다. 국고가 채워졌고, 백성들의 삶도 나아졌습니다. 훗날 '문경지치(文景之治, 문제와 경제 시기의 약 40년간의 태평성대)'라 불리는 한나라의 황금기는 바로 이 시기의 기초 위에서 꽃피웠습니다.

다만 흉노와의 관계에서는 굴욕을 감수해야 했습니다.

흉노의 선우 묵돌이 여태후에게 모욕적인 편지를 보냈을 때, 여태후는 분노했고 일부 출병 주장이 있었지만 결국 화친을 선택했습니다.

여태후는 전쟁 대신 실리를 택했습니다. 한나라는 아직 흉노와 전면전을 벌일 준비가 되어 있지 않았고, 백성들에게는 회복의 시간이 더 필요했습니다. 일시적 굴욕을 감수하면서도 국력을 보존한 것은 냉정한 현실 판단이었습니다.

이것은 치욕이었을까요, 아니면 현명한 판단이었을까요?

궁 안에서는 잔혹한 복수극이 벌어졌지만, 조정에서는 정사가 돌아갔고, 백성들은 평화롭게 농사를 지을 수 있었습니다. 여태후라는 한 사람 안에 이 모든 모순이 공존했습니다.

권력은 누구의 것이었는가?

제국은 혼자만의 힘으로 유지되지 않습니다. 누군가는 그 질서를 지켜야 하고, 누군가는 그 질서를 무너뜨리기도 합니다. 항우와 여태후는 각기 다른 방식으로 제국을 흔든 인물들입니다.

항우는 천하의 주인이 될 수 있었던 인물이었습니다. 전쟁에서 무패를 기록했고, 압도적인 힘으로 적을 제압했습니다. 그러나 그는 그 힘을 어떻게 쓸 것인가에 대한 고민이 부족했습니다. 필요 이상의 잔혹함과 예측 불가능한 선택은 사람들의 신뢰를 얻지 못했습니다. 결국 그는 스스로 천하를 내주고 퇴장했습니다.

반면 여태후는 황제가 아니었지만, 실질적으로는 모든 것을 손에 넣은 인물이었습니다. 황제가 아닌 황제처럼 통치했고, 외척과 공신들을 하나씩 제거하며 황실의 권력을 자신의 손에 집중시켰습니다. 그녀의 통치는 한나라를 안정시키기도 했지만, 동시에 외척 정치라는 위험한 선례를 남겼습니다.

항우는 권력을 잡았지만 유지하지 못했고, 여태후는 황제 자리는 아니었지만 실질적으로는 모든 것을 가졌습니다.

둘은 권력을 어떻게 다루는가에 따라 운명이 얼마나 달라질 수 있는지를 보여줍니다.

힘이 있어도 믿음을 얻지 못하면 버림받습니다. 지혜가 있어도 그것이 오직 나만을 위한 것이라면 경계의 대상이 됩니다.

권력은 누구의 것일까요?

힘으로 쟁취한 자의 것일까요? 명분을 가진 자의 것일까요? 아니면 사람들의 신뢰를 받은 자의 것일까요?

권력이라는 거울

제국은 단순한 통일 국가가 아닙니다.

그것은 수많은 선택이 쌓여 만들어진 질서이며, 그 꼭대기에는 권력이 있습니다.

진시황, 유방, 항우, 여태후. 이 네 사람은 모두 권력의 정점에 올랐지만, 그 권력을 추구하고 사용하는 방식은 서로 달랐습니다.

진시황은 철저한 통제와 완벽주의로 제국을 설계했습니다. 모든 것을 하나로 통일해 질서를 세웠지만, 그 질서는 두려움 위에 세워졌고 오래 가지 못했습니다.

유방은 타협과 포용을 통해 사람을 얻었고, 현실적인 판단으로 제국을 열었습니다. 하지만 나눠준 권력은 훗날 불안 요소가 되었습니다.

항우는 강했지만 외로웠습니다. 압도적인 무력에도 불구하고 주변과의 신뢰를 잃고 무너졌습니다.

여태후는 황제의 자리에 오르지 않았지만, 실질적으로 제국을 지배했습니다. 그러나 그녀가 죽자 권력의 기반이었던 여씨 일가도 함께 무너졌고, 외척 정치라는 위험한 선례만 남았습니다.

이들이 보여준 것은, 권력이 사람을 바꾸는 것이 아니라 본래 성향을 드러낸다는 사실입니다.

완벽주의자는 더 단단해졌고, 유연한 자는 더 넓게 품었으며, 의심 많은 자는 더 고립되었고, 냉혹한 자는 더욱 냉정해졌습니다.

성공과 실패를 가른 것은 개인의 능력보다 함께한 사람과 민심이었습니다.

진시황에게는 이사와 왕전이, 유방에게는 장량과 소하가 있었습니다. 항우는 범증을 밀어냈고, 여태후는 가족에게만 의존했습니다.

제국은 혼자 세울 수 없습니다.

이제 우리는 다시 묻게 됩니다. 권력은 누구의 것입니까? 힘으로 쟁취한 자의 것입니까, 신뢰를 얻은 자의 것입니까?

권력은 거울입니다.

그 거울은 선택한 자의 얼굴을 비추며, 그 사람의 본심을 드러냅니다. 그리고 우리는 그 거울 앞에서 스스로에게 묻게 됩니다. 나는 권력을 갖게 된다면, 어떤 얼굴을 비추게 될 것인가?

제국을 세운 길과 흔든 얼굴들을 살펴보았습니다. 이제 다음 편에서는 제국의 운명을 움직인 조력자들의 지혜와 선택이 어떤 영향을 미쳤는지 들여다보겠습니다."

쉬어가는 이야기

중국 5대 악녀 - 아름다움 뒤에 숨은 독

4대 미녀가 자연을 감동하게 할 만큼 아름다웠다면, 중국 역사에는 그 반대편에 선 여인들도 있었습니다. 미모는 있었지만, 그 뒤에 독을 숨긴 5명의 악녀입니다.

달기(妲己) - 상나라 마지막 왕 주왕의 애첩입니다. 그녀가 고안했다는 포락지형은 기름 바른 구리기둥을 숯불 위에 세워 죄인이 걸어가게 하다가 미끄러지면 불에 타죽게 하는 잔혹한 형벌이었습니다. 상나라 멸망의 직접적 원인으로 지목됩니다.

포사(褒姒) - 서주 유왕의 왕후로, 웃지 않는 미인으로 유명했습니다. 그녀를 웃게 하려던 유왕이 적의 침입을 알리는 봉화를 장난으로 올려 제후들을 속였고, 정작 진짜 침입이 일어났을 때는 아무도 오지 않아 서주가 멸망했습니다.

쉬어가는 이야기

여태후(呂太后) - 우리가 앞서 만난 그 여태후입니다. 척부인을 '사람돼지(人彘)'로 만든 잔혹함과 한신 같은 공신들을 제거한 무자비한 권력 투쟁의 대명사였습니다.

측천무후(則天武后) - 중국 역사상 유일한 여황제입니다. 자기 친딸까지 죽여 황후의 자리를 빼앗았고, 밀고제도를 통해 수많은 사람을 숙청했습니다. 고문 기구인 청동 상자를 만들어 사람을 넣고 태우는 형벌을 썼다고 전해집니다.

서태후(西太后) - 청나라 말기 실권자로, 개혁을 막고 국력을 낭비하여 중국 근대화를 가로막았습니다. 해군 예산으로 이화원의 돌배를 만든 일화는 그녀의 사치와 무능을 상징합니다.

흥미롭게도 이들 대부분은 뛰어난 미모를 가졌다고 전해집니다. 아름다움이 때로는 가장 강력한 무기가 되기도 한다는 것을 보여주는 사례들이죠.

4대 미녀가 자연에 감동을 줬다면, 5대 악녀는 역사를 뒤흔들었습니다. 아름다움과 권력이 만날 때의 위험성을 경고하는 것일까요?

제4편

제국을 움직인 조력자들

제1장. 권력을 주도한 2인자

　여불위 : 천하를 베팅한 장사꾼

　조고 : 제국을 무너뜨린 간신

제2장. 조용한 조연

　소하 : 과묵한 실천가

　조참 : 말보다 행동으로

제3장. 혜안과 유연함의 조화

　장량 : 혜안의 책사

　진평 : 이상과 현실의 절충

화려한 조명을 받는 황제와 영웅들만이 역사를 만드는 것일까요? 무대 뒤에서 묵묵히 자신의 역할을 다한 조력자들도, 역사의 중요한 한 축을 담당했습니다.

제4편의 인물들은 모두 '2인자'의 삶을 살았지만, 그 영향력은 절대 부족하지 않았습니다. 상인의 투자 안목, 환관의 권모술수, 실무자의 헌신, 전략가의 혜안. 그들이 각자 다른 자리에서 어떻게 제국의 운명을 좌우했는지를 살펴보겠습니다.

이들의 이야기에는 권력의 본질, 진정한 충성, 물러날 때를 아는 지혜가 담겨 있습니다.

때로는 2등이 1등보다 더 큰 힘을 발휘하고, 조용한 헌신이 화려한 성취보다 오래 기억되는 모습도 발견하게 될 것입니다.

제1장

권력을 주도한 2인자

역사는 늘 최고 권력자를 중심으로 기록되지만, 실제로 권력을 움직인 이들은 때때로 그 곁에 있던 '2인자'들이었습니다.

이 장의 두 인물, 여불위와 조고는 황제를 앞세워 권력을 쥐었고, 때로는 황제 이상으로 역사에 흔적을 남겼습니다.

여불위는 뛰어난 상인 감각과 정치적 통찰로 진나라 권력의 한가운데에 섰고, 조고는 황제의 뒤에서 제국의 몰락을 부른 음모를 이끌었습니다.

한 명은 제국의 탄생을 도왔고, 다른 한 명은 그것을 무너뜨렸습니다. 같은 '2인자'의 자리였지만, 그 선택과 결과는 정반대였습니다.

권력을 쥐는 것보다 중요한 것은, 그것을 어떻게 사용하느냐였습니다.

여불위와 조고 : 권력을 주도한 2인자

진시황 시대와 이세 황제 시대, 두 명의 2인자가 있었습니다. 한 사람은 상인 출신으로 투자와 계획으로 권력을 잡았고, 다른 한 사람은 환관 출신으로 술수와 음모로 권력을 장악했습니다. 두 사람 모두 황제 위에서 실질적인 권력을 휘둘렀지만, 그들이 걸어간 길과 맞이한 결말은 전혀 달랐습니다.

《여불위 : 천하를 베팅한 장사꾼》

기원전 3세기, 진나라가 6국을 멸망시키며 통일을 앞두고 있던 전국시대 말기였습니다.

기이한 물건을 발견한 상인의 눈

여불위(呂不韋)는 한(韓)나라의 대상인으로, 뛰어난 상업적 수완으로 천금의 재산을 모았습니다. 그는 물건을 싸게 사서 비싸게 파는 상술로 부를 축적했습니다.

조나라 수도 한단(邯鄲)에서 장사하던 중, 여불위는 진나라의 인질로 지내던 왕자 한 명을 만나게 됩니다. 바로 소양왕(昭襄王)의 여러 손자 중 한 명인 자초(子楚)였습니다. 자초의 아버지는 소양왕의 아들 안국군(安國君)이었는데, 안국군에게는 아들이 스무 명이 넘었습니다. 자초는 왕위 계승 서열 중간쯤에 있었고, 그의 생모 하희(夏姬)는 안국군의 총애를 받지 못했습니다. 게다가 인질 생활로 의기소침하고 궁색한 처지였습니다.

여러분! 상상해 보세요. 조나라 거리에서 남루한 차림의 진나라 왕자를 본 상인의 마음을. 여불위는 자초를 보는 순간 이렇게 중얼거렸습니다. "기이한 물건이니 사둘 만하다(기화가거, 奇貨可居)!"

진귀한 물건을 보면 값이 오르기 전에 사두라는 상인의 격언은 오늘날에도 좋은 기회를 만났을 때 "기가 막힌 기회를 잡았다"는 뜻으로 쓰입니다. 하지만 여불위에게 이 말은 단순한 상술을 넘어 인재에 대한 투자를 의미했습니다.

그는 자초에게 다가가 이렇게 제안했습니다.

"내가 그대의 문을 크게 해드릴 수 있습니다."

자초가 웃으며 답했습니다.

"당신의 문이 커져야 내 문도 커지는 것 아니겠소?"

여불위는 단호하게 말했습니다. "그대가 잘 모르시는 모양인데, 나의 문은 그대의 문이 커져야 커집니다."

상인 신분으로 왕족에게 이런 제안을 한다는 것은 당시로서는 매우 위험한 도박이었습니다. 그럼에도 여불위는 자초가 태자가 될 가능성을 정확히 포착했습니다. 특히 자초의 계부인 안국군의 부인 화양부인(華陽夫人)에게 아들이 없다는 점에 주목했던 것입니다. 여불위는 무엇을 보았던 걸까요?

천금을 건 완벽한 전략

여불위는 자초에게 진나라의 현 상황을 명확하게 분석해 주었습니다.

그의 분석은 마치 현대의 정치 컨설턴트처럼 정확하고 냉철했습니다.

"진왕은 늙었고 안국군이 태자가 되었습니다. 듣자 하니 안국군은 화양부인을 총애하는데 화양부인에게는 아들이 없습니다. 그러나 후계자를 세울 수 있는 사람은 화양부인뿐입니다. 지금 그대의 형제는 20여 명이고 그대는 그들 중 중간쯤에 있는 데다 총애도 그다지 못 받고 제후국에 인질로 오래 있었습니다. 어느 날 왕이 죽고 안국군이 왕으로 즉위하면 태자 자리를 다툴 기회조차 가지지 못합니다."

자초가 물었습니다. "그러면 어찌하면 되겠소?"

여불위는 서쪽으로 가서 천금으로 안국군과 화양부인을 모셔 자초를 적자(嫡子, 정식 후계자)로 삼게 하겠다고 약속했습니다. 자초는 이에 머리를 조아리며 "꼭 그대의 계책대로만 된다면 진나라를 그대와 함께 나누길 청합니다"라고 약속했습니다.

여불위의 계획은 철저했습니다. 그는 자신의 천금을 반으로 나누어 전략적으로 활용했습니다. 500금을 자초에게 주어 생활비와 빈객들과의 교류를 가능하게 했고, 나머지 500금으로는 진귀한 패물들을 사들여 화양부인에게 선물로 바쳤습니다. 단순한 뇌물이 아니라 관계 구축을 위한 투자였던 것입니다.

또한 그는 화양부인에게 직접 가지 않고 화양부인의 언니를 통해 접근하는 우회 전략을 사용했습니다. 화양부인의 언니는 동생을 만나 이렇게 말했습니다.

"제가 듣기에 얼굴로 사람을 섬기는 자는 얼굴이 시들면 사랑도 식는다고 합니다. 지금 부인께서는 태자를 섬기며 많은 사랑을 받고 계시지만 아들이 없습니다. 어째서 일찌감치 여러 아들 중 어질고 효성스러운 자를 골라 아들로 삼아 후계자가 되게 하지 않으십니까? 이러면 부군께서 살아 계실 때는 존중을 받고, 부군이 세상을 떠나면 아들이 왕이 되어 끝까지 권세를 잃지 않을 것입니다."

이 설득은 성공했고, 화양부인은 태자 안국군에게 자초를 후계자로 삼자고 제안했습니다. 마침내 안국군은 이를 허락하고 부인에게 자초를 후사로 삼겠다고 약속했습니다.

욕망과 야심이 낳은 비밀

그런데 이 과정에서 여불위는 놀라운 희생을 감수했습니다. 그는 자신의 애첩을 자초에게 넘겨주었습니다. 여불위는 처음에는 화가 났지만, '기이한 물건을 얻고자 하는 생각'에서 그녀를 자초에게 넘겼습니다.

더욱 충격적인 것은 그녀가 이미 아이를 임신한 상태였으나, 이 사실을 숨긴 채 자초의 부인이 되었다는 점입니다. 이후 그녀는 정(政)이라는 아들을 낳았고, 이 아이가 바로 나중의 진시황입니다.

사마천은 《사기》에서 이 사실을 조심스럽게 기록하면서도, 그 진위에 대해서는 명확한 판단을 내리지 않았습니다. 여불위가 정말로 진시황의 친아버지였을까요? 아니면 자초를 왕으로 만들기 위한 하나의 전략이었을까요?

하지만 모든 것이 순조롭게 진행되지는 않았습니다. 진 소왕(昭王) 50년(기원전 257년)에 진나라가 조나라 수도 한단을 포위하자, 위기를 느낀 조나라는 인질인 자초를 죽이려 했습니다.

이런 위기 상황에서 여불위와 자초는 함께 모의하여 금 600근을 내어 자초를 감시하는 자를 매수하고 탈출에 성공했습니다. 자초는 진나라 군대로 도망쳐 귀국했고, 그의 부인과 아들도 조나라의 위기 속에서 살아남아 후에 진나라로 돌아올 수 있었습니다. 위기의 순간에도 여불위가 선택한 것은 역시 돈이었습니다.

권력의 정점에서 운명의 덫

드디어 여불위의 투자가 열매를 맺기 시작했습니다. 진 소양왕 56년에 소양왕이 죽고, 태자 안국군이 왕으로 즉위했습니다. 화양부인은 왕후가 되었고, 자초는 태자가 되었습니다. 이어서 효문왕(孝文王, 이전 안국군)이 즉위 1년 만에 사망하자 자초는 장양왕(莊襄王)으로 즉위했습니다.

가계 흐름을 단순하게 정리하면 이렇습니다.

소양왕(할아버지) → 안국군, 후일의 효문왕(아버지) → 화양부인(계모) → 자초. 여불위의 계획이 빛을 발한 것도 바로 이 미묘한 관계 구조 속에서였습니다.

여불위는 승상(丞相, 국정을 총괄하는 최고 관직)이 되어 문신후(文信侯)에 봉해졌으며, 낙양 10만 호를 식읍(食邑, 세금을 받을 수 있는 영지)으로 받았습니다. 장양왕이 3년 만에 죽자 어린 정이 왕위에 올랐고, 여불위는 상국(相國, 승상보다 높은 지위)으로 승진했으며 아버지처럼 존중한다는 의미의 '중보(仲父)'로 불렸습니다.

그런데 권력의 정점에서 여불위는 치명적인 실수를 범했습니다.

그는 태후와의 불륜 관계로 인해 위기에 처했습니다. 이 위험을 피하고자 그는 음경이 큰 노애(嫪毐)라는 인물을 가짜 환관으로 만들어 태후에게 소개했습니다. 태후와 노애 사이에서 두 아들이 태어났고, 이 사실이 발각되면서 진시황의 분노를 샀습니다.

진시황 9년에 노애의 음모가 발각되었고, "노애의 삼족을 멸했고, 태후가 낳은 두 아들을 죽였으며 태후는 옹(雍, 진나라의 옛 수도)으로 옮겼습니다."

여불위는 왜 이런 위험한 계획을 세웠을까요? 그는 태후와의 관계가 발각될 것을 두려워했고, 자신의 위험을 분산시키기 위해 노애를 이용했습니다. 하지만, 이 계략은 오히려 그의 몰락을 더 앞당기는 결과를 가져왔습니다. 권력의 정점에서 그는 자신의 욕망을 제어하지 못했습니다.

당시 사람들은 이런 상황을 '권불십년(權不十年)'이라고 불렀습니다. 아무리 강한 권력도 십 년을 넘기기 어렵다는 뜻으로, 오늘날에도 "권력은 영원하지 않다"라고 말할 때 이 고사성어를 씁니다. 여불위의 삶이 바로 이를 보여주고 있습니다.

문화적 야심과 비극적 최후

진시황은 노애의 반란을 진압하고 그의 일족을 멸했으며, 여불위는 추방됐습니다. 1년 남짓 동안 제후의 빈객과 사신들이 끊임없이 여불위에게 인사를 왔고, 이를 위협으로 느낀 진왕은 여불위에게 편지를 보냈습니다.

"그대가 진나라에 무슨 공을 세웠길래 진나라가 그대에게 10만 호를 식읍으로 내렸는가? 그대가 진나라와 무슨 친척 관계이길래 중보라 부르는가? 촉(蜀, 오늘날 사천성 일대)으로 옮겨가 살도록 하라!"

한편 여불위는 권력자로서 한 가지 놀라운 일을 해냈습니다. 그는 3,000명이 넘는 식객을 두었고, 이들을 통해 『여씨춘추』라는 책을 편찬했습니다. 그는 자신의 자금력을 바탕으로 이 책의 완성도를 높이기 위해 많은 포상금까지 내걸었습니다.

"이것을 함양 시장 대문에다 내놓고 한 글자라도 보태거나 뺄 수 있으면 천금을 주겠다"라고 선언했습니다. 한 글자의 가치가 천금이라니, 정말 대단한 자신감이 아닙니까?

상인 출신으로서 그는 문화적 정통성을 확보하고 싶었을 것입니다. 또한 통일을 앞둔 진나라의 사상적 기반을 다지려는 정치적 의도도 있었을 것입니다. 『여씨춘추』는 오늘날까지도 중국 고대 사상을 연구하는 중요한 문헌으로 평가받고 있습니다. 상인의 손으로 만든 문화적 유산이 수천 년을 넘어 지금까지 전해지고 있습니다.

결국 진시황의 압박과 공포에 시달리던 여불위는 자살로 생을 마감했습니다. 그가 꿈꾸던 권력의 정점에서 그는 결국 비극적인 최후를 맞이했습니다.

조나라 거리에서 남루한 옷차림의 왕자를 보던 상인의 눈에는 무엇이 보였을까요? 그는 자신이 투자한 '기이한 물건'이 결국 자신을 파멸로 이끌 줄 알았을까요?

쉬어가는 이야기

중국에서 장보면서 느끼는 '어, 다르다!'

시장 구경을 하다 보면, 같은 과일 하나를 사더라도 나라별 '계산 방식'이 꽤 다르다는 걸 느낄 수 있습니다. 중국과 한국, 돈을 셈하는 습관에는 재미있는 차이가 있습니다. 그 차이를 다섯 가지로 정리해 보겠습니다.

중국 시장에 가면 제일 먼저 느끼는 건 저울 사랑이에요.

한국은 "사과 3개에 만 원" 이렇게 개수로 파는 게 익숙한데, 중국은 일단 저울 위로 직행입니다.

"1근이니까 20위안!" … 여기서 '근'이 500g 이라 계산할 때 헷갈리면 지는 거죠.

그 다음은 가격을 말하는 순서가 다릅니다.

중국은 "20위안, 1근"처럼 금액을 먼저 던집니다.

"얼마 내야 하는지부터 알려줄게" 라는 느낌?

한국은 "3개에 만 원"처럼 구성부터 말하고 가격은 뒤에 나오잖아요.

쉬어가는 이야기

그리고 영수증 문화입니다.

중국에서는 '발표(发票)'가 그냥 영수증이 아니라 세금·거래 증명서라서, 없으면 환불도 어렵고, 회사 경비 처리도 못 합니다.

한국은 카드 결제 내역이 다 기록되니까 굳이 종이 영수증을 챙기지 않는 경우가 많지만요.

네 번째는 결제 방식입니다.

중국은 QR코드 천국이에요. 위챗페이, 알리페이로 '삑-' 하면 끝입니다. 잔돈? 동전? 이미 역사책 속으로 사라졌습니다.

반면 한국은 카드 결제가 편하긴 한데, QR은 아직 모든 가게에서 되는 건 아니죠.

마지막으로 서비스 방식입니다.

중국 상인은 1~2위안 깎아주는 게 서비스고, 한국 상인은 "사과 한 개 더 얹어드릴게요"가 서비스입니다. 둘 다 기분 좋지만, 스타일은 확실히 다르죠.

결론적으로 중국은 '계산기 모드', 한국은 '세트메뉴 모드'라고 보면 됩니다. 처음엔 좀 낯설지만, 알고 보면 둘 다 시장을 더 재밌게 만드는 문화랍니다.

《조고 : 제국을 무너뜨린 간신》

기원전 3세기 말, 진시황 사후 진나라 제국이 급속히 몰락하는 시기였습니다.

환관에서 권력자로의 급부상

한 사람의 야망이 어떻게 거대한 제국을 무너뜨릴 수 있을까요? 조고(趙高)의 이야기는 이 질문에 대한 생생한 답을 보여줍니다. 진나라 말기 혼란의 시대에 권력의 중심부로 급부상한 조고는, 시황제 사후 벌어진 권력 투쟁에서 핵심적인 역할을 담당했습니다.

조고는 원래 환관 출신으로 시황제 시절부터 궁중에서 일해왔습니다. 그는 특히 이세 황제 호해(胡亥)에게 글과 법률을 가르치는 교사 역할을 했기 때문에, 호해와 개인적으로 가까운 관계를 맺고 있었습니다. 이런 신뢰 관계가 훗날 그의 권력 장악에 결정적인 발판이 되었습니다.

시황제가 동쪽 순행 중 사구(沙丘)에서 갑작스럽게 세상을 떠났을 때, 조고는 천재일우의 기회를 포착했습니다. 시황제 사후 호해가 이세 황제로 즉위하는 과정에서 조고는 핵심적인 역할을 했고, 낭중령(郎中令, 궁중 경비와 황제 호위를 담당)이라는 중요 직책을 맡아 국사를 총괄하게 되었습니다. 오늘날로 치면 대통령비서실장과 같은 막강한 권력을 쥔 것입니다.

궁궐 깊숙한 곳에서 어린 황제의 교육을 담당하던 환관이 어느 날 갑자기 제국의 실질적 통치자가 되는 상황, 상상이 되시나요?

조고는 젊은 황제의 불안감과 경험 부족을 교묘하게 이용했습니다. 새롭게 즉위한 이세 황제에게 아첨하며 신뢰를 얻는 동시에, 다른 신하들을 견제하는 전략을 펼쳤습니다.

황제를 조종하며 권력을 독점

조고가 권력을 장악한 후 그의 첫 번째 전략은 황제와 다른 신하들 사이를 차단하는 것이었습니다. 그는 이세 황제로 하여금 궁 깊숙한 곳에 숨어 지내며 자신과만 국사를 논의하게 했습니다. 그 결과 신하들이 황제를 접견할 기회는 줄어들었고, 지방에서 시작된 반란은 더욱 확산되었습니다.

조고는 이세 황제에게 "황제께서는 젊으시니 조정에서 실수하시면 신하들이 황제의 부족함을 알게 될 것입니다. 궁중에 계시면서 신중하게 국사를 처리하시는 것이 좋겠습니다"라고 조언했습니다. 황제를 보호한다는 명분으로 포장된 권력 독점 전략이었습니다.

어떻게 생각하시나요? 조고의 이런 행동은 바로 군주와 백성 사이를 단절시키는 행위였습니다. 조고는 황제와 신하들, 더 나아가 황제와 백성들 사이의 소통을 차단함으로써 자신만이 황제에게 영향력을 행사할 수 있는 구조를 만들었습니다. 정보를 독점하고 소통을 차단하여 권력을 유지하는 방식, 역사를 통틀어 독재자들이 즐겨 쓰던 수법이었습니다.

한편, 조고는 자신의 측근들을 요직에 배치하여 권력 기반을 공고히 했습니다. 그의 사위인 염락(閻樂)을 함양령(咸陽令, 수도의 행정을 담당)으로,

아우 조성(趙成)을 중거부령(中車府令, 황실 차량을 관리하는 관직)으로 임명하여 가족 중심의 권력 네트워크를 구축했습니다. 이런 인사정책은 제국의 인재 등용 시스템을 뿌리부터 흔들었습니다.

충신 제거와 제국의 위기 심화

제국이 위기에 처하자, 우승상 풍거질(馮去疾), 좌승상 이사(李斯), 장군 풍겁(馮劫)이 나서서 간언했습니다. 그들은 "관동 지방의 반란이 계속되는 이유는 수자리, 수상 운송, 토목건축 등 노역이 너무 힘들고 세금이 많기 때문"이라며, 아방궁 축조를 멈추고 변경의 수자리와 물자 수송을 줄이라고 건의했습니다.

조고는 이런 간언자들을 자신의 권력에 대한 위협으로 인식했습니다. 그는 황제가 이들의 충고를 받아들이지 않도록 영향력을 행사했고, 결국 이세 황제는 풍거질, 이사, 풍겁 등 충신들을 차례로 처형했습니다.

특히 이사의 경우, 조고는 교묘한 계략을 사용했습니다. 조고는 이사가 자기 아들 이유(李由)가 삼천군(三川郡) 군수를 맡고 있으면서 반란을 도모한다는 거짓 증거를 조작했습니다. 이사는 진나라 통일의 기초를 다진 명재상이었지만, 결국 조고의 모함으로 비참한 최후를 맞았습니다.

충신들이 하나둘 제거되면서 조정에는 조고의 뜻을 따르는 사람들만 남게 되었고, 제국의 위기는 더욱 깊어졌습니다. 조고는 자신에게 반대하는 세력들을 색출하기 위해 밀고 체계를 구축했고, 신하들은 서로를 의심하며 진실한 의견보다는 조고의 눈치를 보는 데 급급했습니다.

제국을 구하려던 충신들이 사라지고 아첨꾼만 남은 조정, 어떤 결말을 맞이하게 될까요?

흑백을 뒤바꾼 지록위마 사건

조고의 권력이 절정에 달했을 때 일어난 유명한 사건이 바로 '지록위마(指鹿為馬)' 사건입니다. 조고는 이세 황제 앞에서 사슴을 가리키며 "이것은 말입니다"라고 말했습니다. 황제가 의아해하며 신하들에게 묻자, 어떤 신하는 침묵하고 어떤 신하는 조고의 눈치를 보며 "말이 맞습니다"라고 답했습니다.

그 순간 황제의 마음은 어땠을까요? "내가 미친 것인가? 아니면 꿈을 꾸고 있는 것인가?" 황제의 이런 혼란은 조고가 의도한 바로 그것이었습니다. 조고는 황제조차 자신의 현실 인식을 의심하게 만듦으로써 완전한 정신적 지배를 구축하려 했습니다.

진실을 말한 신하들은 나중에 조고에 의해 모두 제거당했습니다. 이 유명한 고사는 오늘날까지도 '지록위마'라는 성어로 남아 흑백을 뒤바꾸는 파렴치한 행위나 권력자에게 아부하는 행태를 비판할 때 사용됩니다. 우리가 "사실을 왜곡한다"라고 말할 때 바로 이 상황을 떠올리게 됩니다.

조고는 이런 방식으로 자신의 권력을 과시하고 신하들을 복종시켰습니다. 지록위마 사건은 단순한 일화를 넘어서, 권력이 진실을 왜곡할 때 사회가 얼마나 빠르게 타락할 수 있는지를 보여주는 상징적 사건입니다.

이 사건 이후 조정에서는 누구도 감히 조고의 말에 반박하지 못했고,

진실보다 권력자의 뜻에 맞추는 것이 생존의 조건이 되었습니다. 진실을 말하는 것이 위험해진 사회가 어떤 결말을 맞이할지, 상상해 보신 적이 있으신가요?

황제 시해와 마지막 도박

제국의 상황이 더욱 악화하는 가운데, 조고는 자신의 권력을 유지하기 위해 더욱 극단적인 선택을 하게 됩니다. 항우가 진나라 장수 왕리(王離)를 거록(巨鹿)에서 사로잡고 진격해 오자, 장한(章邯) 등은 몇 차례 퇴각하며 도움을 요청했지만, 조고는 여전히 "관동의 도적들은 아무것도 할 수 없다"라고 주장했습니다.

실제로는 제후국들이 모두 독립을 선언하고, 함곡관(函谷關) 동쪽의 대부분 지역이 진나라를 배반한 상황이었습니다. 진나라의 영토는 관중(關中) 지역으로 축소되었고, 각지에서 반란군이 수도 함양을 향해 진격하고 있었습니다. 이런 절망적 상황에서도 조고는 현실을 왜곡하여 보고했습니다.

이런 위기 속에서 이세 황제가 자신에게 책임을 물을 것을 두려워한 조고는 극단적인 결정을 내립니다.

"황제가 말을 듣지 않더니 이제 일이 급해지니 그 화를 우리 집안에 돌리려 한다. 내가 황제의 자리를 바꾸어 공자 영(嬴)을 다시 세우고자 한다."

그는 사위인 함양령 염락과 아우 조성과 비밀회의를 가진 후, 큰 도적이 침입했다는 거짓 소문을 퍼뜨렸습니다. 염락은 병사 천 명을 이끌고 망이궁(望夷宮)으로 쳐들어가 무차별적으로 활을 쏘았고, 결국 이세 황제는 스스로 목숨을 끊었습니다. 조고의 쿠데타는 성공했습니다. 그렇지만 그의 권력은 이제 도덕적 정통성을 완전히 상실했습니다.

계산 착오와 급작스러운 몰락

염락이 조고에게 이세 황제의 죽음을 보고하자, 조고는 대신들과 공자들을 소집하여 자기 행동을 정당화했습니다. 그는 이세 황제의 아들인 공자 자영(子嬰)을 새로운 진왕으로 세우고 이세 황제를 초라하게 장사 지냈습니다. 조고는 자영을 허수아비로 생각하고 자신이 실권을 계속 장악할 수 있을 것이라 믿었습니다.

하지만 자영은 조고가 생각했던 것보다 훨씬 영리하고 결단력 있는 인물이었습니다. 그는 조고의 권력 장악 과정을 지켜보면서 자신도 언젠가는 조고에 의해 제거될 것임을 직감했습니다. 자영은 즉위 전에 조고를 먼저 제거해야 살아남을 수 있다고 판단했습니다.

목욕재계 다섯 날 후 대전에서 즉위식을 거행하려던 자영은 병을 핑계로 나오지 않았습니다. 조고가 직접 재촉하러 가자, 자영은 이미 준비된 자객들을 시켜 조고를 죽였습니다. 조고는 "나쁜 신하가 황제의 자리를 엿보았다"는 죄명으로 삼족이 모두 처형당했습니다.

권력의 정점에서 모든 것을 조종하던 조고가 결국 자신이 세운 황제에 의해 제거당한 것입니다. 환관에서 시작된 그의 인생은 권모술수(權謀術數)와 지록위마로 점철되었고, 마침내 자업자득(自業自得)의 결말을 맞이했습니다.

조고는 끝까지 자신이 모든 것을 통제할 수 있다고 믿었을까요? 아니면 자신의 몰락을 예감하면서도 멈출 수 없었던 것일까요?

권력을 향한 두 가지 길

여불위와 조고는 모두 황제 곁에서 실질적인 권력을 손에 넣은 '2인자'였습니다. 그들은 앞에 선 군주를 움직이며, 제국의 운명에 결정적인 영향을 미쳤습니다. 그러나 권력을 바라보는 시선, 그것을 다루는 방식, 그리고 최후에 맞이한 결말은 전혀 달랐습니다.

여불위는 상인의 감각으로 정국을 읽고, 장기적인 안목으로 투자했습니다. '기이한 물건' 자초를 후계자로 만들기까지 수년을 기다렸고, 천금을 나누어 화양부인과의 관계를 구축했습니다. 그는 『여씨춘추』를 편찬하며 문화적 정통성까지 확보하려 했습니다. 권력을 잡은 후에도 제국의 체제를 세우는 데 힘을 쏟았습니다. 하지만 태후와의 불륜, 노애 사건으로 인해 결국 진시황의 의심을 받아 비극적 최후를 맞았습니다.

한편 조고는 어린 황제를 조종하며 순식간에 권력을 장악했습니다. 그는 황제와 신하들 사이를 차단하고, 충신들을 제거하며, '지록위마'의 권세로 조정을 장악했습니다. 그의 권력 유지 방식은 두려움과 술수였고, 제국의 시스템을 무너뜨리는 방향으로 흘러갔습니다. 마침내 제국이 무너지는 위기 속에서 이세 황제를 시해했지만, 자신이 세운 자영에게 제거당하며 파멸하고 말았습니다.

두 사람 모두 황제의 옆에 섰고, 두 사람 모두 시대의 중심에 있었습니다. 하지만 여불위는 장기적 투자와 체제 구축을 추구했고, 조고는 단기적 권력 유지와 통제에 집착했습니다. 여불위는 자신의 욕망으로 인해 몰락했고, 조고는 자신이 만든 공포 체제 속에서 파멸했습니다.

권력은 단지 통치의 수단이 아니라, 자신을 드러내는 무대입니다. 그 무대에서 어떤 사람은 빛이 되어 남고, 어떤 사람은 어둠 속으로 사라집니다. 결국 역사는 권력의 크기를 기억하지 않습니다. 그 권력을 통해 무엇을 세우고, 무엇을 지켰는가? 단지 그것만을 기억합니다.

같은 권력의 자리, 하지만 전혀 다른 두 사람의 선택. 여러분은 두 사람의 어떤 차이가 이런 결말을 만들었다고 보시나요?

쉬어가는 이야기

은행 이름으로 알아보는 자녀 구성 이야기

중국 사람들의 언어유희는 생활 속에서도 빛을 발합니다. 그중에서도 자녀 구성을 은행 이름에 빗대어 표현하는 유머는 듣는 순간 웃음이 나오면서도, 그 안에 묘한 현실감이 담겨 있습니다.

1) 딸 하나 - 招商銀行(zhāoshāng yínháng, 초상은행)

'초청·모집 은행'이라는 뜻입니다. 딸을 잘 키워 훌륭한 사위를 '모셔 와' 부모를 부양하게 된다는 기대가 담겨 있습니다. 사위는 곧 '투자 유치'의 성과라는 셈입니다.

2) 아들 하나 - 建設銀行(jiànshè yínháng, 건설은행)

'건설 은행'이라는 이름답게, 아들은 결혼 후 가정을 꾸리고 집을 마련하는 '건설'의 주역이 됩니다. 결혼 시 주택 마련이 중요한 만큼, 부모 마음에도 자연스럽게 이 이미지가 떠오릅니다.

3) 아들 하나, 딸 하나 - 平安銀行(píng'ān yínháng, 평안은행)

'평안 은행'은 남매가 있어 노후가 든든하고 마음이 평안하다는 뜻입니다. 경제적·정서적으로 균형이 잡힌 이상적인 구성이라는 뉘앙스가 깔려 있습니다.

쉬어가는 이야기

4) 딸 둘 - 浦发银行(pǔfā yínháng, 포발은행)

'상해 푸둥 발전 은행'처럼, 두 명의 금쪽같은 사위 덕분에 가정의 경제 사정이 '발전'할 것이라는 발상입니다. 사위 둘이면 식탁 분위기도, 설 선물의 양도 달라진다는 농담까지 있습니다.

5) 아들 둘 - 民生銀行(mínshēng yínháng, 민생은행)

'민생 은행'은 생활이 늘 녹록지 않음을 의미합니다. 두 아들을 결혼시키고 가정을 돕다 보면 부모의 노후는 민생고(民生苦)와 닮아 간다는, 웃픈 현실 인식이 담겨 있습니다.

여러분 집안은 어느 은행에 해당하시나요?

제2장

조용한 조연

역사에는 앞에서 빛나는 인물도 있지만, 그 빛을 받쳐주는 조용한 조력자들도 있습니다. 화려한 무대 위의 주인공보다 때로는 무대 뒤의 스태프가 더 중요할 수 있습니다. 소하와 조참이 바로 그런 사람들입니다.

유방이 천하를 얻을 수 있었던 것은 장량의 책략, 한신의 군사적 재능 때문만이 아니었습니다. 후방에서 군량을 조달하고 법령을 정비하며 백성을 안정시킨 이들이 있었기 때문입니다. 소하는 행정과 제도를 정비해 한나라의 기틀을 다졌고, 조참은 전장에서 공을 세우고 승상이 되어서는 유방의 뒤를 이어 나라를 지켰습니다.

소하의 치밀한 행정 능력과 조참의 묵묵한 실행력이 없었다면 한나라는 과연 200년을 버틸 수 있었을까요?.

소하와 조참 : 조용한 조연

한나라 건국의 뒤편에는 두 명의 묵묵한 조력자가 있었습니다. 한 사람은 치밀한 준비와 선견지명으로 제국의 기틀을 다졌고, 다른 한 사람은 유연한 적응력과 안정 추구로 제국을 이어갔습니다. 화려한 1등보다 조용한 2등이 때로는 더 큰 영향력을 발휘한 두 사람의 이야기입니다.

《소하 : 과묵한 실천가》

기원전 3세기 말~2세기 초, 진나라 멸망과 한나라 건국 과정이었습니다.

유방과의 인연과 혜안이 빛난 순간

소하(蕭何)는 법을 공정하게 집행하는 패현의 주리연(主吏掾)으로서 지방 행정의 문서 업무를 총괄하는 관리였습니다. 유방(劉邦)이 아직 평범한 사람이었을 때부터 소하는 그를 여러 번 보호해 주었고, 유방이 함양에 공무를 위해 떠날 때 다른 관리들이 300전의 '거마비'를 줄 때 소하만은 특별히 500전을 보내며 그의 여정을 응원했습니다.

진나라 어사감군(御史監郡, 중앙에서 파견된 감찰관)과 함께 일하면서도 뛰어난 업무 능력을 보여주었는데, 어사가 그의 재능을 알아보고 더 높은 자리에 추천하려 했지만, 소하는 정중히 사양했습니다. 그는 어떤 마음이었을까요? 소하는 자신의 고향인 패현과 그곳의 인연을 소중히 여겼던 것 같습니다.

유방이 봉기하여 패현의 우두머리인 패공이 되었을 때, 소하는 그의 곁에서 일을 도왔습니다. 여기서 소하의 남다른 혜안이 빛을 발했습니다. 패공이 함양에 도착했을 때, 다른 장수들은 모두 보화가 가득한 창고로 달려갔지만, 소하는 진나라의 승상부와 어사부의 소중한 법령과 문서들을 지켜냈습니다. 이 행동이 훗날 한나라의 통치 기반이 되었다는 것을 알고 계셨나요?

소하는 단순히 문서를 보관한 것이 아니라, 제국을 운영하는 핵심 시스템을 보존한 것이었습니다. 호구부(戶口簿), 지방 행정 체계, 법령 등은 새로운 왕조가 안정적으로 출발할 수 있는 토대였습니다. 다른 사람들이 눈앞의 보물에 현혹될 때 소하만이 진정한 보물을 알아보았습니다. 유방이 한왕이 되자 소하를 승상으로 삼았습니다.

인재 발굴의 지혜와 관중 경영

소하의 가장 빛나는 업적 중 하나는 한신(韓信)을 발굴한 일입니다. 한신이 한중으로 가던 중 도망치자, 소하는 즉시 말을 달려 그를 붙잡아 왔습니다. 이것이 바로 '소하월하추한신(蕭何月下追韓信)'이라는 유명한 고사의 배경입니다. 달빛 아래서 한신을 쫓아간 소하의 모습을 상상해 보세요. 오늘날에도 "인재를 놓치지 않으려고 애쓴다"라고 말할 때 이 고사성어를 씁니다.

유방이 "상국이 왜 도망쳤느냐"라고 문책하자, 소하는 "신은 도망친 것이 아니라 도망치는 자를 쫓은 것입니다"라고 답했습니다. 그리고 한신을 대장군으로 임명할 것을 강력하게 건의했습니다. 소하의 이런 혜안이 없었다면 한나라 건국이 가능했을까요?

한편, 소하는 관중(關中) 지역 경영의 달인이기도 했습니다. 한왕이 항우(項羽)와 대치하는 동안, 소하는 관중에서 끊임없이 군량과 병력을 공급했습니다. 그런데 그는 어떻게 이런 일을 해낼 수 있었을까요? 소하는 꼼꼼하게 관중의 인구를 조사하여 군대에 식량을 공급했으며, 한왕이 군사적 어려움을 겪고 있을 때도 언제나 관중에서 새로운 병사들을 충원해 보냈습니다.

한 3년(기원전 204년), 한왕은 항우와 대치하는 어려운 상황에서도 여러 차례 사신을 보내 소하를 위로했습니다. 이때 포생(鮑生)이라는 사람이 소하에게 현명한 조언을 했습니다.

"왕께서 어려운 상황에서도 당신을 염려하는 것은 혹시 마음에 의구심이 있어서일 수 있습니다. 당신의 가족 중 전투에 참여할 수 있는 분들을 군대로 보내신다면, 왕께서 더욱 당신을 신뢰하실 것입니다." 소하가 이 조언을 받아들이자 한왕은 크게 기뻐했습니다.

논공행상, 사냥꾼과 사냥개

한나라 5년(기원전 202년), 항우를 물리치고 천하를 평정한 후에 논공행상의 시간이 왔습니다. 신하들이 각자의 공을 주장하느라 해를 넘기도록 결정을 내리지 못했을 때, 누가 일등 공신이 되어야 하는가를 두고 큰 논쟁이 벌어졌습니다. 고조는 소하의 공이 가장 크다고 판단하여 후로 봉했고, 가장 많은 식읍을 하사했습니다.

이에 공신들이 불만을 토로했습니다.

"저희는 갑옷을 입고 무기를 들고 수십 번, 혹은 백 번이 넘는 전투에 참여했으며, 크고 작은 성과 영토를 정복했습니다. 그런데 소하는 말에 땀 한 방울 흘리지 않고 그저 문서와 말로만 일했을 뿐입니다. 전투에 참여하지도 않았는데 어찌 일등 공신이 될 수 있겠습니까?"

당신이라면 이런 상황에서 공신들을 어떻게 설득하겠습니까? 고조는 "그대들은 사냥과 사냥개에 대해 아는가?"라고 묻자, 신하들은 "물론 알고 있습니다."라고 대답했습니다. 이에 고조는 이렇게 말했습니다.

"사냥에서 짐승이나 토끼 따위를 뒤쫓아 잡는 것은 사냥개다. 그러나 사냥개를 풀어 짐승이 있는 곳을 지시하는 것은 사람이다. 지금 그대들은 그저 짐승을 뒤쫓았을 뿐이니 사냥개의 공을 세운 것이다. 그러나 소하는 사냥개를 풀어 짐승이 있는 곳을 지시했으니, 사람의 공을 세운 것이다."

이에 신하들은 감히 아무 말도 하지 못했습니다.

특히 평양후 조참은 70여 군데나 상처를 입었고 성과 땅을 정복한 공이 가장 많았기에, 많은 사람들이 그가 일등 공신이 되어야 한다고 생각했습니다. 이때 관내후 악천추가 나서서 말했습니다. "조참이 전장에서 영토를 정복한 공은 있지만, 이는 일시적인 공적에 불과합니다. 폐하께서 초나라와 5년 동안 대치하면서 군대와 백성을 잃고 여러 차례 후퇴하셨을 때, 소하는 항상 관중에서 군대와 물자를 보내드렸습니다."

고조는 흐뭇한 미소를 지으며 "좋다"고 답했고, 바로 명령을 내려 소하를 공신 중 첫 번째로 삼았습니다. 또한 소하에게는 검을 차고

신을 신은 채로 궁전에 입장할 수 있는 특권을 주었습니다.

권력의 함정과 현명한 처신

소하의 지위가 높아질수록 새로운 위험이 찾아왔습니다. 고조가 회남왕 영포(英布)의 반란을 토벌하러 떠났을 때, 소하는 관중에 남아 있으면서 백성들을 위해 힘쓰고 있었습니다. 그런데 고조가 전방에서 계속 사신을 보내 소하의 동향을 살피는 것이었습니다.

이번에는 소평(召平)이라는 사람이 소하에게 조언했습니다. "상국께서는 큰 위험에 처해 있습니다. 상국께서 관중에 들어오신 지 10여 년 동안 백성들이 모두 상국을 존경하고 있고, 상국께서는 언제나 백성을 위해 좋은 정치를 하고 계십니다. 그런데 황제께서 자꾸 사신을 보내 상국을 정탐하시는 것은, 상국이 관중에서 인심을 얻고 있는 것을 의심하고 계시기 때문입니다."

소하는 소평의 조언을 따라 받은 땅을 사양하고, 집안의 재산을 모두 군대에 헌납했습니다. 고제는 이에 크게 기뻐했습니다. 권력이 클수록 더욱 조심스럽게 처신해야 한다는 것을 소하는 잘 알고 있었습니다.

한 12년(기원전 195년) 가을, 경포(黥布)의 반란이 일어났을 때도 고조는 몇 차례나 사신을 보내 상국 소하의 동향을 살폈습니다. 한 객이 상국에게 또 다른 조언을 했습니다.

"이제부터는 높은 이자로 땅을 빌려주는 등 스스로 평판을 떨어뜨리는 일을 하시는 것이 좋겠습니다. 그러면 황제께서 안심하실 것입니다."

적당한 흠을 만들어 의심을 불식시키겠다는 역발상이었습니다. 상국이 이 조언을 받아들이자, 황제는 정말로 기뻐했습니다.

마지막 시련과 충신의 본분

그런데 이런 전략이 뜻밖의 결과를 가져왔습니다. 고조가 경포의 반란을 진압하고 돌아오는 길에, 백성들이 소하를 상대로 고발 사건을 제기했습니다. 소하가 황제의 상림원 땅을 빌려 백성들에게 높은 이자로 빌려주어 이익을 챙겼다는 것이었습니다. 고조는 크게 노하여 소하를 체포해 감옥에 가두었습니다.

며칠 후 왕 위위(衛尉)가 고조에게 간언했습니다. "상국이 무슨 큰 죄를 지었다고 감옥에 가두셨습니까? 상국이 관중에서 백성을 위해 좋은 정치를 한 것이 잘못입니까? 상국이 재물을 탐한다고 하지만, 상국이 관중에 들어온 지 10여 년 동안 받은 상급과 봉록을 모두 군사를 위해 바쳤는데, 어찌 재물을 탐한다고 할 수 있겠습니까?"

왕 위위의 진심 어린 변호에 고조는 마음을 돌렸습니다. 그날로 특사를 보내 상국을 사면했습니다. 나이 많고 늘 겸손했던 상국은 맨발로 들어와 사죄했고, 고조가 말했습니다. "상국이 백성을 위해 좋은 정치를 하는 것은 알고 있소. 다만 상국의 명성이 너무 높아 의심스러웠을 뿐이오."

소하의 마지막 모습도 그의 인품을 잘 보여줍니다. 그는 평소 조참과 사이가 좋지 않았습니다. 소하가 병들자, 혜제가 직접 찾아와 물었습니다. "만약 그대가 세상을 떠난다면, 누가 그대의 뒤를 이어야 하오?"

소하가 공손히 대답했습니다. “신하가 군주보다 사람을 더 잘 알 수는 없습니다.” 혜제가 “조참은 어떻소?”라고 묻자, 그제서야 소하는 머리를 조아리며 “폐하께서 현명하게 보셨습니다. 이제 죽어도 여한이 없습니다!”라고 답했습니다.

소하는 항상 외딴곳에 검소한 집을 지었고, 담장도 두르지 않았습니다. 그가 남긴 말은 오늘날에도 깊은 울림을 줍니다.

“후손이 지혜롭다면 내 검소함을 배울 것이고, 그렇지 못하더라도 권세가에게 빼앗길 일은 없을 것이다.”

기원전 193년, 상국 소하는 세상을 떠났습니다. 조나라 거리에서 남루한 왕자를 알아본 여불위처럼, 소하는 평범한 시절의 유방을 알아보았습니다. 권력의 정점에서도 검소함을 잃지 않고, 끝까지 2인자의 자리를 지켰습니다. 그의 삶은 화려하지 않았지만, 한나라 200년 기틀의 시작이었습니다.

쉬어가는 이야기

중국인의 형제 이름 짓기

중국 드라마나 소설을 보다 보면 성은 다른데 백, 중, 계 등 비슷한 이름들이 자주 등장해서 헷갈린 경험이 있으실 겁니다. 이는 중국 고대의 독특한 형제간 항렬 체계 때문입니다.

중국인들은 형제의 출생 순서를 이름에 반영하는 전통이 있었습니다. 가장 기본적인 체계가 바로 백중계(伯仲季)와 맹중계(孟仲季)입니다.

형제가 셋이면 백(伯)은 첫째, 중(仲)은 둘째, 계(季)는 셋째를 의미했습니다. 형제가 넷이면 백(伯)은 첫째, 중(仲)은 둘째, 숙(叔)은 셋째, 계(季)는 막내를 뜻했습니다. 우리가 앞으로 만날 한나라 건국 황제 유방(劉邦)의 본명이 유계(劉季)였다는 것도 그가 막내였기 때문입니다.

그럼 5명 이상은 어떻게 불렀을까요? 일반적으로 춘하추동 4계절을 형제 숫자에 따라 추가해 불렀다고 합니다.

흥미롭게도 맹중계(孟仲季) 체계는 형제 순서뿐만 아니라 계절 구분에도 사용되었습니다. 한 계절을 3단계로 나누어 1월은 맹춘(초봄), 2월은 중춘, 3월은 계춘(늦봄)으로 부르는 식이었습니다.

물론 이 체계가 항상 엄격하게 지켜진 것은 아니었습니다. 하지만 중국 고전을 읽을 때 이런 지식이 있으면 인물의 출생 순서를 파악할 수 있어 관계를 이해하기 훨씬 쉬워집니다.

《조참 : 실용주의 리더십의 정수》

기원전 3-2세기, 한나라 건국 후 안정적인 통치 체제를 구축해야 하던 시기였습니다.

패현에서 시작된 실무자의 길

조참(曹參)은 평양후라는 작위를 받은 인물로, 패현 출신입니다. 진나라 시기 그는 옥연(獄掾)이라는 직책으로 근무했습니다. 감옥 관리 보조라는 이 직업은 오늘날로 치면 교정직 공무원과 비슷한 역할이었습니다. 같은 시기 소하(蕭何)는 주리(主吏)로 일하고 있었는데, 이 두 사람은 모두 패현에서 상당한 영향력을 가진 관리였습니다.

여러분은 작은 직책에서 시작해 큰 성공을 이룬 사례를 본 적이 있나요? 조참의 초기 경력은 실무적인 행정 경험을 쌓는 시간이었습니다. 특히 감옥 관리라는 직책을 통해 그는 사회의 어두운 면과 인간의 본성을 깊이 들여다볼 수 있었습니다. 이런 경험이 그의 관용적이고 현실적인 리더십 스타일 형성에 영향을 주었을 것입니다.

조참과 소하가 패현에서 각각 옥연과 주리로 일했던 인연은 단순한 동료 관계를 넘어섰습니다. 두 사람은 진나라 말기의 혼란 속에서 함께 유방(劉邦)을 따라나서게 되었고, 이는 후에 한나라 건국 과정과 초기 통치 체제 확립에 큰 영향을 미쳤습니다.

고조 유방이 패공으로서 처음 봉기했을 때, 조참은 중연(中涓, 황제나 왕의 신변을 보호하는 근위병)으로 참여했습니다. 이는 단순한 병사가 아닌,

지휘관의 신뢰를 받는 핵심 무관이었습니다.

전장에서 빛난 군사적 재능

조참은 중연으로서 뛰어난 군사적 능력을 발휘했습니다. 그는 호릉(胡陵), 방여(方與)를 공격하고 진나라 감공(監公)의 군대를 대파했습니다. 또한 동쪽으로는 설 나라를 함락시키고, 사수(泗水)를 지키는 군대를 격파하는 등 연이어 승리를 거두었습니다.

당시는 '진말한초' 시기로, 극심한 혼란과 군사적 충돌이 빈번했던 격동의 시대였습니다. 이런 시기에 조참과 같은 중연 출신들은 전장에서의 공적을 바탕으로 빠르게 승진할 수 있었습니다. 조참은 행정직인 옥연에서 군사직인 중연으로 전환한 후, 이렇게 뛰어난 적응력을 보여주었습니다.

이후 방여와 풍읍 등이 배반하여 위나라에 투항하는 사건이 발생했습니다. 조참은 이들을 공격하여 평정했고, 그 공로로 칠대부(七大夫)의 작위를 받았습니다. 원척(轅戚)과 항보(亢父) 공격 시에는 선봉에 서서 용맹을 떨쳤고, 이 공로로 오대부(五大夫)로 승진했습니다.

칠대부와 오대부는 어떤 위치였을까요? 진나라와 한나라 초기에는 '이십등작(二十等爵)'이라 불리는 20단계의 작위 체계가 있었는데, 이는 1등급부터 20등급까지의 세밀한 서열로 구성되어 있었습니다. 조참이 받은 작위는 중간 정도의 위치에 해당했습니다. 조참의 빠른 승진은 그의 뛰어난 군사적 재능을 입증하는 것이었습니다.

그는 계속해서 눈부신 전과를 올렸습니다. 장한(章邯)의 군대를 공격하여 진나라를 함락시켰으며, 이사(李斯)의 아들 이유(李由)의 군대를 격파해 이유를 죽이는 등 중요한 승리를 거두었습니다. 이런 혁혁한 전공들로 조참은 평양후에 봉해졌습니다. 소하가 논공행상에서 말했던 '70여 군데 상처'가 바로 이 전투들에서 생긴 것입니다.

제나라 통치와 청정무위의 지혜

혜제 원년(기원전 194년)에 제후국의 상국 제도가 폐지되자, 조참은 제나라의 승상이 되어 70개 성을 다스리게 되었습니다. 당시 제나라의 도혜왕(悼惠王)은 어린 나이였기에 실질적인 통치는 조참이 전담해야 했습니다. 이는 조참에게 자신의 행정 능력을 발휘할 수 있는 절호의 기회였습니다.

조참은 백성들을 안정시키는 방법을 찾고자 많은 원로와 지식인들의 의견을 구했습니다. 그러나 유생들의 의견이 제각각이라 결정을 내리지 못했습니다. 이런 상황에서 그는 어떤 선택을 했을까요? 바로 교서(膠西) 지역의 개공(蓋公)이 황로 사상에 정통하다는 소식을 듣고 예물을 보내 초빙했습니다.

개공은 조참에게 '청정무위(淸靜無爲)'의 통치 철학을 전수했습니다. 청정무위란 깨끗하고 고요하게 무위자연의 도를 따르는 것으로, 불필요한 간섭을 최소화하고 자연스러운 질서에 맡기는 통치 방식을 의미합니다. 조참은 이를 받아들여 9년간 제나라를 다스렸고, 그 결과 제나라는 안정을 찾았으며 조참은 현명한 승상으로 널리 칭송받았습니다.

조참은 자신이 모든 것을 알지 못함을 인정하고, 전문가의 조언을 구하는 겸손함을 보여주었습니다. 조참은 제나라를 떠나기 전 후임자에게 중요한 조언을 남겼습니다.

"감옥과 시장이 가장 중요하니 소란스럽지 않게 하라." 후임자가 더 중요한 것이 없느냐고 묻자, 조참은 이렇게 답했습니다.

"감옥과 시장은 온갖 사람들이 모이는 곳이라, 이곳이 소란스러우면 간악한 자들을 제대로 관리할 수 없다."라고 답했습니다.

감옥은 법질서의 상징이고, 시장은 경제질서의 상징입니다. 조참은 이 두 곳이 안정되면 사회 전체가 안정된다고 보았습니다.

소규조수와 무위의 리더십

혜제 2년, 소하가 사망하자 조참은 자신이 한나라의 승상이 될 것을 예상했습니다. 흥미롭게도 조참과 소하는 과거에 앙금이 있었음에도, 소하는 죽음을 앞두고 자신의 후임으로 조참을 추천했습니다. 이는 개인적 감정보다 국가의 안위를 우선시한 소하의 공적 정신을 보여주는 동시에, 조참이 능력을 인정받았음을 의미합니다.

한나라의 상국이 된 조참은 소하의 모든 제도와 규정을 그대로 유지했습니다. 조참의 인사정책은 매우 독특했습니다. 그는 승상부의 관리로 말과 문장이 어눌하고 질박한 인물들을 선호했고, 화려한 언변으로 명성을 쌓으려는 이들은 배제했습니다. 겉으로는 정무에 무관심한 듯 보였으며, 밤낮으로 술을 마시는 모습도 자주 보였습니다.

많은 관리들이 조참의 이런 무관심한 태도를 비판하려 했지만, 조참은 그들에게 술을 권해 취하게 한 후 돌려보내는 독특한 방식으로 대응했습니다. 심지어 관리들이 시끄럽게 술을 마시고 노래하는 것을 측근들이 항의했을 때도, 조참은 오히려 함께 어울려 술을 마시고 노래했습니다.

그는 사람들의 작은 잘못을 너그럽게 용서하고 감추어주는 관용의 리더십을 보였고, 이에 따라 그가 속한 승상부에는 큰 문제가 없었습니다. 여러분은 어떤 스타일의 리더십을 선호하시나요? 엄격하고 규율을 중시하는 스타일, 아니면 조참처럼 관용적이고 너그러운 스타일인가요?

혜제는 조참이 일을 하지 않는 것을 이상하게 여겨 그의 아들을 통해 간접적으로 질책했습니다. 하지만 조참의 반응은 의외였습니다. 그는 아들에게 크게 화를 내고 곤장을 쳤습니다. 이후 조회에서 혜제가 이 일을 언급하자, 조참은 이렇게 설명했습니다.

"고제와 소하가 이미 천하를 평정하고 법령을 확립했으니, 황제는 안심하고 신하들은 기존 법령을 충실히 따르면 된다."

이에 혜제는 더 이상 문제 삼지 않았습니다. 여기에서 사자성어 '소규조수(蕭規曹隨)'가 유래했습니다. 이는 "소하가 규칙을 만들고 조참은 그의 방식을 따른다."는 뜻으로, 전임자가 세운 좋은 제도나 방침을 계승하여 따르는 것을 강조하는 표현입니다. 오늘날에도 "전례를 따른다"라거나 "기존 방침을 유지한다"라고 말할 때 이 고사성어를 사용합니다.

조참은 한나라의 상국으로 3년간 재임한 후 사망했으며, '의후(懿侯)'라는 시호를 받았습니다. 백성들은 그를 기리는 노래를 통해 소하의 법을 지키고 바꾸지 않으며 평화롭게 다스린 그의 업적을 찬양했습니다.

소하가 문서로 제국을 설계했다면, 조참은 술잔으로 제국을 안정시켰습니다. 엄격함과 관용, 변화와 계승. 두 사람의 다른 방식이 한나라 초기의 안정을 만들어냈습니다.

묵묵한 헌신의 두 가지 모습

소하와 조참은 한나라 건국과 안정기에 없어서는 안 될 인물들이었습니다. 둘 다 유방과 같은 고향 출신으로, 초창기부터 끝까지 곁을 지킨 조력자들이었습니다. 그러나 그들이 보여준 리더십의 방식은 분명한 차이를 보였습니다.

소하는 철저한 준비와 선견지명으로 움직인 사람이었습니다. 진나라의 법령과 제도를 누구보다 먼저 챙겼고, 한신 같은 인재를 알아보는 안목도 탁월했습니다. 달빛 아래 한신을 쫓아가던 그의 모습에서 우리는 인재에 대한 집념을 봅니다. 관중에서 끊임없이 군량과 병력을 보내던 그의 꼼꼼함이 없었다면 한나라의 행정적 기반은 훨씬 더 흔들렸을 것입니다.

한편 조참은 유연한 적응력과 조용한 실천의 사람이었습니다. 옥연, 중연, 승상으로 역할을 옮기며 때에 맞춰 책임을 다했고, 제나라에서는 청정무위의 철학을 받아들여 무리 없는 통치를 실현했습니다. 70여 군데 상처를 입으면서도 전장을 누볐고, 승상이 되어서는 술을 마시며 무위로 다스렸습니다. 그의 방식은 눈에 띄지 않았지만, 혼란 속에서 민심을 안정시키는 데 효과적이었습니다.

소하는 제도와 기반을 먼저 챙기는 스타일이었고, 조참은 기존의 것들을 잘 이어받아 안정시키는 스타일이었습니다. 한 사람은 강단과 예측으로 움직였고, 다른 한 사람은 신중함과 순리에 따라 걸었습니다. 소하가 '사냥개를 풀어 짐승이 있는 곳을 지시한 사람'이었다면,

조참은 '소하가 만든 규칙을 따른 사람'이었습니다.

두 사람 모두 말보다 행동으로 증명한 조력자였습니다. 화려하게 앞에 나서지는 않았지만, 뒤에서 든든하게 받쳐주는 역할을 했습니다. 여러분은 두 사람 중 누구의 방식에 더 공감하시나요?

제3장

혜안과 유연함의 조화

전략이 필요한 시대에는 책사가 필요했고, 갈등이 깊어진 시대에는 중재자가 필요했습니다. 장량과 진평은 각각 다른 방식으로 혼란의 시대를 정리해 낸 지혜로운 참모였습니다.

장량은 한나라 건국의 핵심 전략가였습니다. 위기에 빠진 유방을 구했고, 결정적인 시점마다 탁월한 판단으로 전세를 뒤집었습니다. 하지만 그는 권력을 탐하지 않고 물러날 때를 알고 있었습니다.

한편 진평은 상황을 읽고 절충하는 데 능한 인물이었습니다. 그는 한신의 반란도 막았고, 여씨 정권과 문제의 대립도 조율하며 조용히 질서를 지켜냈습니다. 화려하지는 않았지만, 그가 있었기에 제국은 부드럽게 이어졌습니다.

두 사람은 모두 칼이 아닌 지혜로 싸웠습니다. 한 사람은 전략으로 제국을 세웠고, 다른 사람은 균형으로 제국을 지켰습니다.

장량과 진평 : 혜안과 유연함의 조화

한나라에는 뛰어난 지혜를 가진 두 명의 모사가 있었습니다. 한 사람은 이상주의적 절제로 공을 이루고 몸을 물렸고, 다른 한 사람은 현실주의적 순응으로 격변의 시대를 헤쳐 나갔습니다. 언제 나서고 언제 물러설지 아는 지혜를 보여준 두 사람입니다. 한 사람은 '명예로운 은퇴'를, 다른 한 사람은 '전략적 생존'을 선택했습니다.

《장량 : 혜안의 책사》

기원전 3세기 말~2세기 초, 진나라 멸망과 한나라 건국 과정의 격동기였습니다.

몰락한 귀족 가문의 복수 의지

유후 장량(張良)은 전국시대 한(韓)나라의 명문가 출신입니다. 그의 집안은 대대로 귀족적 전통을 이어왔으며, 할아버지와 아버지는 다섯 임금에 걸쳐 한나라의 재상을 역임했습니다. 아직 젊었던 장량은 한나라에서 벼슬을 하지 못했지만, 그의 가문은 상당히 부유했습니다. 노복만 300명을 거느릴 정도였으니 그 규모를 짐작할 수 있으시죠?

그런데 기원전 230년, 진나라가 한나라를 멸망시키면서 장량의 운명은 완전히 바뀌었습니다. 가문의 몰락을 겪으며 장량은 동생의 죽음에도 장례를 치르지 않고 집안의 전 재산을 자객을 구하는 데 투자했습니다. 그는 진시황을 암살하여 한나라를 위해 복수하려 했습니다.

장량은 왜 이렇게 단호한 결정을 내렸을까요? 가문의 명예를 회복하는 것이 개인의 안위보다 중요했을 것입니다. 아울러 당시 진시황의 가혹한 통치 방식에 대한 분노도 있었을 것입니다.

장량은 일찍이 회양(淮陽)에서 예법을 배웠는데, 그 후 동쪽으로 가서 창해군을 만나 자객을 구했고, 120근이나 되는 거대한 철퇴를 만들어 진시황을 기습했습니다. 하지만 박랑사(博浪沙)에서 벌어진 이 암살 시도는 실패로 끝났습니다.

흥미로운 사실은 진시황이 생전에 세 번의 암살 시도에서 살아남았다는 점입니다. 첫 번째는 형가(荊軻), 두 번째는 그의 친구 고점리(高漸離), 세 번째가 바로 장량의 시도였습니다. 이러한 위협에 대응하기 위해 진시황은 오늘날의 경호 차량 행렬처럼 여러 대의 동일한 마차를 사용했습니다. 오늘날 대통령 경호 차량 행렬(모터케이드, motorcade)의 원형이 이미 2천 년 전에 존재했던 셈입니다. 이 사건으로 진시황은 크게 분노하여 전국적인 수색령을 내렸고, 장량은 신분을 숨기고 하비(下邳)에 숨어 지내며 때를 기다렸습니다.

운명을 바꾼 기이한 만남

장량의 인생을 바꾼 결정적 만남은 하비의 다리 위에서 일어났습니다. 어느 날 거친 삼베옷을 입은 노인이 자신의 신발을 다리 아래로 던지며 장량에게 가져오도록 했습니다. 귀족 출신인 장량은 황당했지만, 노인의 위엄에 억지로 참고 신발을 가져다주었습니다. 노인은 더 나아가 "나한테 신겨주게"라고 요구했고, 장량은 무릎을 꿇고 신발을 신겨주었습니다.

노인은 잠시 후 장량을 "가르칠 만한 젊은이"로 평가하며 5일 후 다시 만나자고 했습니다. 이로부터 '유자가교(孺子可教)'라는 성어가 유래했으며, 이는 우리 속담의 '될성부른 나무는 떡잎부터 알아본다'와 유사한 의미를 가집니다.

당신이 이런 상황에 부닥친다면 어떻게 반응했을까요? 대부분의 사람은 노인의 무례한 요구에 분노하거나 무시했을 것입니다. 그러나 장량은 자신의 자존심을 내려놓고 노인의 요청을 따랐고, 이것이 그의 인생을 바꾸는 전환점이 되었습니다.

약속대로 5일 후, 장량이 만남의 장소로 갔지만 노인은 그가 늦었다며 꾸짖고 다시 5일 후 더 일찍 오라고 했습니다. 두 번째 약속에서도 같은 일이 반복되었고, 세 번째 만남에서야 노인은 만족하며 장량에게 책을 한 권 건네주었습니다.

아울러 노인은 이렇게 예언했습니다.

"이 책을 읽으면 왕의 스승이 될 것이다. 10년 후에 그 효과를 보게 될 것이고, 13년 후에는 네가 제수(濟水) 북쪽에서 나를 만날 것인데, 곡성산(穀城山) 아래의 누런 돌이 바로 나일 것이네."

다음 날 아침, 장량은 그 책이 『태공병법』임을 확인하고 이를 열심히 공부하기 시작했습니다.

유방과의 만남과 전략가로서의 활약

기원전 209년, 진승(陳勝)과 오광(吳廣)의 난이 일어나자, 장량도 젊은이 100여 명을 모아 봉기에 참여했습니다. 이 과정에서 그는 패공 유방(劉邦)을 만나게 됩니다. 장량은 유방이 보통 사람이 아님을 직감하고, 그에게 『태공병법』의 지혜를 전수하기 시작했습니다. 유방은 장량의 조언을 높이 평가했고, 다른 모사들이 알아채지 못한 통찰력에 감탄했습니다.

장량의 탁월한 조언은 어떻게 유방을 위기에서 구했을까요? 그 대표적인 사례를 살펴보겠습니다. 장량은 유방이 진나라를 정복한 후 함양(咸陽)에 입성했을 때, 황궁의 사치에 빠지지 않도록 현명하게 조언했습니다.

"무릇 진나라가 무도했기 때문에 패공께서 여기까지 오신 것입니다. 천하를 위해 폭정을 종식하려면 검소함이 기본입니다."

이 조언 덕분에 유방은 함양궁에서 물러나 패상(霸上)으로 군대를 옮겼고, 이는 그를 항우(項羽)와의 경쟁에서 살아남게 하는 중요한 결정이 되었습니다. 또한 홍문연(鴻門宴)에서 항우가 유방을 제거하려 할 때도 장량의 기지로 위기를 모면했습니다. 장량은 항우의 숙부인 항백(項伯)과의 인연을 활용하여 유방의 목숨을 구했습니다.

또한 장량은 유경과 함께 관중을 도읍으로 정하는 데에도 크게 이바지했습니다. 관중은 동쪽으로 효산과 함곡관이 있고, 서쪽으로 농산과 촉산이 있어 천연적인 요새를 형성하고 있었습니다. 장량은 이 지역의 지정학적 중요성을 간파하고 유방에게 "하늘이 내려준 땅인 천부지국"이라고 설명했습니다.

아울러 장량의 지략은 젓가락을 이용한 논쟁에서도 빛을 발했습니다. 역이기가 6국의 후예들을 다시 세워 그들의 지지를 얻자고 제안했을 때, 장량은 젓가락을 들고 9가지 이유를 들어 그 계책의 위험성을 논리적으로 설명했습니다. 이 논쟁 끝에 유방은 "이런 유생 때문에 하마터면 큰일을 그르칠 뻔하였네!"라고 탄식했습니다. 이처럼 장량은 세 치의 혀로 천하의 대세를 좌우한 순간이었습니다.

모반을 잠재우고 태자를 지키다

한나라 건국 후, 공신들의 논공행상 과정에서도 장량의 지혜는 빛났습니다. 유방이 주요 공신 20여 명에게는 봉토를 하사했지만, 나머지 장수들은 공적을 다투며 불만이 쌓였습니다. 이들이 남궁의 모래밭에 모여 숙덕거리는 것을 본 유방이 무슨 일인지 물었을 때, 장량은 "저들은 반란을 꾀하고 있습니다"라고 경고했습니다.

그럼 장량의 해결책은 무엇이었을까요? 그는 유방에게 평소 자신과 원한이 깊었던 옹치(雍齒)를 먼저 봉하여 다른 신하들의 불안을 잠재우라고 조언했습니다.

옹치는 유방의 고향 패현 출신으로, 유방이 초기에 거병했을 때부터 함께했던 인물이었습니다. 하지만 유방이 항량을 따라 떠났을 때 옹치는 위나라에 투항하여 패현을 위나라에 넘겨버렸습니다. 이 때문에 유방은 고향으로 돌아갈 수 없게 되었고, 옹치에 대한 원망이 깊었습니다.

유방이 이 조언에 따라 그런 옹치를 십방후(什方侯)에 봉하자,

다른 신하들은 "옹치조차 봉해졌으니, 우리들은 걱정할 것 없다"라며 안도했습니다.

장량은 사람들이 자신보다 더 악조건에 있는 사람과 비교하여 안도감을 느끼는 인간 심리를 정확히 꿰뚫어 보았습니다.

유방이 병이 들어 태자를 폐위하고 척부인의 아들 여의(如意)를 세우려 할 때, 장량은 천하에서 은둔하며 유방도 섬기지 않던 네 명의 현자를 초청해 태자를 보필하게 했습니다. 이들은 '상산사호'라고 불렸던 동원공, 녹리선생, 기리계, 하황공으로, 모두 80세가 넘은 고령의 현자들이었습니다.

이 노인들이 태자와 함께 조정에 나타나자, 유방은 매우 놀랐고, 그들의 현명함을 알아보게 되었습니다. 결국 유방은 태자 폐위 계획을 포기했습니다. 유방은 척부인에게 이렇게 말했습니다.

"내가 태자를 바꾸려 했으나 저 네 사람이 태자를 보좌하여 날개가 이미 완성되어 움직이기 어렵게 되었다. 여후가 진짜 주인이다."

장량은 유방의 심리를 교묘하게 이용하여 간접적 설득의 방법으로 태자의 지위를 보전했던 것입니다.

욕심을 버리고 물러나는 지혜

공을 세우고 유후(留侯)에 봉해진 장량은 만족하며 더 이상의 권력을 탐하지 않았습니다. 그는 이렇게 말했습니다.

"집안은 대대로 한나라의 재상을 지냈다. 한나라가 멸망하자 만금을 아끼지 않고 원수인 진나라에 복수하려 했다. 지금은 세 치의 혀로 황제의 책사가 되어 만호에 봉해지고 제후 반열에 올랐으니 이는 평민으로서 최고에 오른 것이니 만족스럽다."

그 후 장량은 벽곡(辟穀)을 배워 곡식을 먹지 않고, 도인술로 몸을 가볍게 하며 세상사에 초연한 삶을 살았습니다. 기원전 186년, 그가 세상을 떠나자, 시호를 문성후(文成侯)라 하였습니다.

흥미롭게도 노인이 예언한 대로, 장량은 유방을 따라 제수 북쪽을 지날 때 곡성산 아래에서 노인이 말한 누런 돌을 발견했습니다. 그는 이 돌을 보물처럼 여겨 죽은 후에도 함께 장사 지냈습니다.

하비의 다리에서 노인의 신발을 주워 올리던 청년은, 유방의 책사가 되어 한나라를 세웠고, 공을 이루자 세상을 등졌습니다. 후세 사람들은 이를 '공성신퇴(功成身退)'라고 불렀습니다. 공을 이루면 몸을 물린다는 뜻입니다. 또한 '지지(知止)'라는 말로도 기억하고 있습니다. 그칠 때를 안다는 의미입니다.

오늘날에도 "때를 알고 물러난다" 혹은 "절정에서 은퇴한다"라고 말할 때 공성신퇴라는 표현을 씁니다. 장량의 선택은 수천 년이 지난 지금도 회자되고 있습니다.

여러분이라면 권력의 정점에서 스스로 물러날 수 있으셨을까요?

《진평 : 이상과 현실의 줄타기》

기원전 3세기 말~2세기 초, 진한교체와 한나라 초기 정치 격변기였습니다.

가난 속에서 피어난 재능과 운명적 혼인

가난한 환경에서 자란 진평(陳平), 그는 어떤 청년이었을까요? 진평은 단 30무의 작은 토지만 가진 매우 가난한 집안에서 태어났습니다. 하지만 그의 학문에 대한 열정은 남달랐습니다. 흥미롭게도 형 진백(陳伯)은 동생의 재능을 일찍이 알아보고 자신이 농사일을 도맡아 하며 진평이 마음껏 공부하고 견문을 넓힐 수 있도록 지원했습니다.

"가난한데도 어찌 저리 살이 쪘느냐?"는 주변 사람들의 의아한 시선에도 불구하고, 진평은 체격이 좋고 풍채가 당당했습니다. 형수는 가사에 무관심하고 집안 생계에 도움이 되지 않는 진평을 보며 "시동생이 저 모양이니 차라리 없는 편이 낫겠다!"라고 불평했습니다. 이 말을 들은 진백은 과감하게 자기 아내를 내쫓아 버렸습니다.

여러분은 주변에 자신의 가능성을 알아봐 주는 사람이 있나요? 만약 있다면 그것은 정말 큰 행운이에요. 진평과 같은 재능이 있다면, 그것을 지지해 줄 누군가가 필요할 것입니다.

그런데 운명을 바꾼 혼인이 진평에게 찾아왔습니다. 장성하여 혼인할 나이가 되었으나, 그의 가난한 처지 때문에 부유한 집안에서는 그에게 딸을 시집보내려 하지 않았습니다.

어느 날 마을의 부유한 장부(張負)라는 사람에게 특별한 상황에 있는 손녀가 있었습니다. 그녀는 다섯 번이나 혼인했으나 남편들이 잇달아 죽어 불길한 징조가 있다고 여겨져 더 이상 청혼자가 없었습니다. 진평은 이런 상황에도 불구하고 이 여인과의 결혼을 원했습니다.

마을에 상이 났을 때, 진평은 예의를 갖추어 장례를 돕기 위해 가장 먼저 도착하고 가장 늦게까지 남아 정성을 다했습니다. 장부는 그의 행실을 눈여겨보았고, 호기심에 진평의 집을 찾아갔습니다. 비록 그의 거처는 성벽 가까운 초라한 골목에 있고, 문은 헤진 거적때기에 불과했지만, 문 앞에는 고관대작들의 수레 자국이 가득했습니다. 이미 젊은 나이에 진평의 명성과 인맥이 상당했음을 보여주는 증거였습니다.

장부는 결단을 내려 손녀를 진평에게 시집보내기로 했습니다. 이 혼인은 진평에게 경제적 안정뿐만 아니라 사회적 지위도 가져다 주었습니다.

이후 마을의 중요 제사에서 주재자 역할을 맡아 제물 분배를 공평하게 처리하자 마을 어른들이 칭찬했고, 이에 진평은 "천하를 다스리게 된다 해도 이 고기 나누듯 공명정대하게 할 수 있을 것입니다"라고 말했습니다. 여기서 '진평분육(陳平分肉)'이라는 고사성어가 나왔으며, 오늘날에도 "공평하게 나눈다"라고 말할 때 이 표현을 사용합니다.

시대의 흐름을 읽은 전략적 선택

진평은 어떻게 급변하는 상황 속에서도 살아남을 수 있었을까요?

기원전 209년, 중국 역사의 대격변기에 진평은 큰 뜻을 품고 위왕 구(咎)를 섬기게 되었습니다. 그러나 위왕이 그의 전략적 조언을 받아들이지 않자, 진평은 시대의 흐름을 읽고 항우 진영에 합류했습니다.

정세가 계속 변하는 가운데 진평은 항우를 떠나 한나라의 유방에게 투항했습니다. 유방은 그의 전략적 통찰력에 깊은 인상을 받아 즉시 도위(都尉, 군대의 지휘관)에 임명하고 자신의 수레에 함께 타는 참승(參乘, 수레에 함께 타 상의하는 참모)의 예우를 베풀었습니다.

이러한 파격적인 등용에 다른 장수들은 "대왕께서 어찌 적진에서 도망쳐 온 사람을 하루 아침에 고위직에 앉혀 우리를 감독하게 하십니까?"라고 불만을 표했습니다. 또한 진평에 대한 모함도 이어졌습니다.

"진평은 겉만 번지르르할 뿐 알맹이가 빈 옥과 같습니다. 여러 군주를 갈아타며 기회주의적 행보를 보였습니다."

한왕이 이런 소문을 듣고 의구심을 품자, 진평을 추천한 위무지는 단호하게 말했습니다. "제가 추천한 것은 오직 그의 뛰어난 능력 때문입니다. 지금 초한 전쟁에서 승리해야 할 긴박한 시점에, 그의 과거 행적이 무슨 중요한 의미가 있겠습니까?"

결국 한왕이 직접 진평에게 "그대는 위나라를 섬기다가 초나라로 갔고, 이제 또다시 나를 따르려 하는군. 신의가 있는 사람이 어찌 이렇게 마음을 여러 번 바꿀 수 있는가?"라고 물었을 때, 진평은 명확하게 자신의 견해를 제시했습니다.

"신이 위왕을 섬긴 것은 사실이나, 위왕은 제 진언을 받아들이지 않았습니다. 항왕 역시 친인척 외에는 누구도 신뢰하지 않았고 진정한 인재를 등용하지 않았습니다. 한왕께서는 인재를 알아보고 적재적소에 활용하신다는 평판이 있어 모시게 되었습니다."

사람의 충성심은 단순히 한 개인에게 있어야 할까요, 아니면 더 큰 가치와 비전에 있어야 할까요? 진평의 선택은 자신의 능력을 발휘할 수 있는 환경을 선택한 것이었습니다.

반간계와 뛰어난 위기관리 능력

진평의 전략적 사고는 어떻게 한나라를 위기에서 구했을까요? 초나라 군대가 한나라의 보급로를 차단하고 형양성(滎陽城)에서 한왕을 포위하는 위기 상황에서, 진평은 탁월한 전략을 제시했습니다. 그는 항우 측근 중 충신들 사이에 불신을 조장하는 이간책을 제안했고, 한왕은 황금 4만 근이라는 막대한 자금을 진평에게 위임했습니다.

진평은 초나라 내부에 공을 세우고도 제대로 보상받지 못한 장수들이 한왕과 밀통하여 항씨 일족을 제거하려 한다는 소문을 퍼뜨렸습니다. 의심 많은 항우는 이를 확인하고자 한나라에 사신을 보냈고, 한왕은 진평의 계략에 따라 교묘한 연극을 펼쳤습니다. 이에 따라 항우는 최고 참모인 범증(范增)에 대해서도 의심의 씨앗을 뿌렸습니다. 결국 의심의 덫에 걸린 항우는 범증을 멀리하게 되었고, 분노한 범증은 "천하의 일이 이미 정해졌으니, 왕께서 스스로 하십시오"라며 떠나버렸습니다.

한 6년(기원전 201년), 초왕 한신(韓信)의 반란 가능성이 제기되었을 때도 진평의 지혜가 발휘되었습니다. 진평은 상황을 분석한 후 교묘한 함정을 설계했습니다. "폐하께서 남방 운몽(雲夢) 지역으로 사냥을 가신다고 하고 진(陳)에서 제후들과 회동하십시오. 한신이 황제의 순행을 듣고 의례적으로 맞이하러 나올 것입니다. 그때 체포하면 됩니다."

예상대로 한신은 아무런 의심 없이 영접하러 나왔고, 미리 준비된 병사들에 의해 체포되어 회음후로 강등되었습니다. 이처럼 진평은 무력 충돌 없이 지략만으로 위험한 상황을 해결했습니다.

여태후 시대의 위험한 줄타기

원칙과 생존 사이에서 진평은 어떤 선택을 했을까요? 한왕 유방이 사망한 후, 여태후가 권력을 장악했습니다. 여태후는 자신의 친족인 여씨 일족을 왕으로 책봉하려는 계획을 세웠고, 우승상 왕릉은 원칙주의적 태도로 단호히 반대했습니다. 반면 진평은 상황을 고려하여 긍정적인 답변을 했습니다.

결과적으로 왕릉은 정치적 실권을 완전히 박탈당했지만, 진평은 우승상으로 영전했습니다. 여태후의 동생 여수는 계속해서 진평을 모함했지만, 진평은 의도적으로 술을 마시고 여성들과 어울리는 모습을 더욱 과시하며 대응했습니다. 정치적 야망이 없는 인물로 보이게 하여 의심을 피하려는 전략이었습니다.

여태후가 사망하자마자 진평은 태위 주발과 비밀리에 공모하여 여씨 일족을 완전히 제거하고 효문제를 황제로 옹립했습니다. 이는 진평이 표면적으로는 여태후에게 충성을 보이며 여씨 일족의 세력

확장을 용인하는 듯했으나, 내심으로는 한나라의 정통성을 지키기 위해 때를 기다렸음을 보여줍니다.

진평은 왜 왕릉과 달리 정치적 생명을 유지할 수 있었을까요? 그의 유연한 처세술은 단순한 기회주의가 아니라 한나라의 정통성을 지키기 위한 장기적 전략이었음을 알 수 있습니다.

때로는 원칙을 고수하기 보다는 장기적인 목표를 위해 유연하게 대응하는 지혜가 더 중요할 수 있지 않을까요?

실용적 관리철학과 자기 성찰

문제가 즉위한 후, 진평은 자발적으로 여씨 일족 제거에 큰 공을 세운 주발에게 자리를 양보했습니다. 그러나 얼마 후 문제가 주발에게 천하의 사건 처리 건수와 재정 상황을 물었을 때, 주발은 당황하여 대답하지 못했습니다.

반면 진평은 "좌승상이 있어 군사 업무를 담당하고, 주계(主計, 재정 총괄)가 있어 재정을 관리합니다. 승상인 신은 황제의 명령이 위로는 하늘의 뜻에 어긋나지 않고 아래로는 민심에 맞는지 살피며 안팎을 조율하는 것이 본분입니다"라고 명확하게 답변했습니다.

이 답변은 진평의 관리 철학을 잘 보여줍니다. 그는 모든 일을 혼자 처리하려 하지 않고, 각 분야의 전문가들과 협력하며 전체적인 조화를 이루는 것을 중시했습니다. 현대 조직에서도 이런 '위임과 조정'의 원칙이 여전히 중요하지 않을까요? 모든 것을 직접 알고 관리하려는 리더와 큰 그림을 보며 조율하는 리더 중 어느 쪽이 더 효과적일까요?

효문제 2년(기원전 178년), 노련한 정치가이자 전략가였던 승상 진평이 세상을 떠났습니다. 진평은 생전에 자신의 정치적 행보를 돌아보며 이렇게 말했습니다.

"내가 평생 은밀한 책략과 음모를 많이 사용했는데, 이는 도가에서 금기시하는 일이다. 나의 후손들이 작위를 잃게 되더라도 할 말이 없다."

가난한 집안의 청년은 형의 희생으로 공부할 수 있었고, 다섯 번 과부가 된 여인과의 혼인으로 기회를 잡았습니다. 세 번의 주군을 바꾸며 살아남았고, 여태후 시대에는 술과 여색으로 의심을 피했습니다. 그의 방법은 완벽하지 않았지만, 여씨 일족을 제거하고 효문제를 옹립하여 한나라의 정통성을 지켰습니다.

이상과 현실, 원칙과 생존. 진평은 그 사이에서 줄을 탔고, 끝내 균형을 잃지 않았습니다. 당신은 진평의 이런 선택을 어떻게 평가하시겠습니까?

언제 나서고 언제 물러설 것인가?

장량과 진평은 모두 한나라 건국과 안정화 과정에서 중요한 역할을 한 인물들이었습니다. 그러나 그들이 시대와 권력 앞에서 취한 태도는 서로 달랐습니다. 한 사람은 물러서야 할 때를 알았고, 한 사람은 나서지 않아야 할 때를 놓치지 않았습니다.

장량은 이상주의적 절제의 인물이었습니다. 그는 한나라의 운명을 가른 전략가였지만, 권력을 움켜쥐기보다 공이 이뤄진 뒤에는 조용히 물러났습니다. 위기에 빠진 유방을 구했고, 여러 차례 결정적인 조언으로 전세를 뒤집었지만, 결국 '공성신퇴(功成身退)'와 '지지(知止)'의 철학에 따라 무대 뒤로 사라졌습니다. 하비의 다리에서 신발을 주웠던 청년은 천하를 얻는 책사가 되었고, 누런 돌과 함께 장사 지내졌습니다.

한편 진평은 현실주의적 순응의 대명사였습니다. 위나라, 초나라, 한나라를 두루 거치며 능력을 발휘했고, 여씨 세력 아래에서도 중심을 지키며 제국의 균형을 유지했습니다. 그는 겉으로는 순응하는 듯 보였지만, 실제로는 한나라 정통성을 지키기 위한 기회를 끈기 있게 기다렸습니다. 고기를 공평하게 나누던 청년은 여태후의 술수를 견디며 때를 기다렸고, 마침내 여씨 일족을 제거하고 효문제를 옹립했습니다.

장량은 나서야 할 때 나섰고, 물러날 때도 알았습니다. 진평은 나서지 않음으로써 나라를 살렸습니다. 두 사람의 길은 달랐지만, 그 결과는 같았습니다. 한나라의 안정이었습니다.

세상은 끊임없이 나서라고 요구하지만, 모든 자리가 나의 자리는 아닐 것입니다. 때로는 물러섬이 패배가 아니라 다음을 위한 준비가 되고, 한 걸음 뒤에서 바라볼 때 비로소 길의 방향이 보이기도 합니다.

장량처럼 물러날 줄 알고, 진평처럼 견디며 때를 기다릴 것인가? 여러분이라면 어느 쪽의 길을 선택하시겠습니까?

무대 뒤의 조력자들이 남긴 말

여불위와 조고, 소하와 조참, 장량과 진평.

이 여섯 사람은 모두 황제 옆에서 실질적인 권력을 행사했던 조력자들이었습니다. 하지만 그들이 걸어간 길과 맞이한 결말은 전혀 달랐습니다.

이들의 공통점은 분명합니다. 탁월한 능력으로 최고 권력자의 신뢰를 얻었고, 국가의 중대한 선택에 영향을 미쳤으며, 각자 독특한 방식으로 위기를 돌파해 나갔습니다. 상인의 통찰, 환관의 술수, 행정가의 실무, 무인의 절제, 전략가의 혜안, 정치인의 유연함…서로 다른 출발선에서도, 모두 제국의 흐름을 바꾸는 열쇠가 되었습니다.

그런데 흥미로운 것은, 권력을 대하는 태도에서 차이가 드러났다는 점입니다.

여불위와 조고는 권력 자체에 매달렸고, 소하와 조참은 권력을 일의 도구로 여겼습니다. 장량은 스스로 물러남을 택했고, 진평은 오래 머물되 무너지지 않는 길을 택했습니다.

권력에 집착한 이들은 비극적 결말을 맞았고, 권력을 내려놓거나 균형을 유지한 이들은 오래 기억되었습니다.

여불위는 조나라 거리에서 '기이한 물건'을 발견했고, 조고는 사슴을 말이라고 우겼습니다. 소하는 달빛 아래 한신을 쫓았고, 조참은 술잔으로 제국을 안정시켰습니다. 장량은 하비의 다리에서 신발을 주웠고, 진평은 여태후의 술수를 견뎠습니다.

2인자라는 자리. 권한은 있으되 제한적이고, 책임은 크지만 보상은 적었습니다. 이런 위치에서 어떤 선택을 하느냐가 그들의 마지막 모습을 결정지었습니다.

여러분이라면 누구의 길을 택하시겠습니까?

이제 무대의 시선을 조력자들에서 인간관계의 갈림길에 선 인물들로 옮겨보겠습니다.

쉬어가는 이야기

육정육사(六正六邪) - 나는 어떤 신하(직원)인가?

한나라 유향이 편찬한 『설원(說苑)』에는 신하의 여섯 가지 올바른 모습과 여섯 가지 그릇된 모습을 정리한 '육정육사(六正六邪)'가 나옵니다. 2천 년 전 이야기지만, 조직에서 일하는 우리에게도 흥미로운 관찰입니다.

첫째, 육정(六正) - 이로운 신하(직원)의 모습

① 성신(聖臣) - 멀리 보는 사람

높은 통찰력으로 근본을 파악하고 장기적 관점에서 조직을 이끕니다. 소하가 다른 장수들이 보물을 챙길 때 진나라의 법령과 문서를 보존한 혜안이 바로 이것입니다.

② 양신(良臣) - 묵묵히 일하는 사람

바른 대안을 제시하되 자신의 공을 드러내지 않습니다. 조참이 소하의 제도를 그대로 따르며 실천한 모습입니다.

③ 충신(忠臣) - 진심으로 조언하는 사람

성실 근면하고 현명한 사람을 추천하며 올바른 조언을 합니다. 관중이 제 환공에게 보인 충성심이 여기에 해당합니다.

④ 지신(智臣) - 해법을 찾는 사람

깊은 지혜로 사안의 본질을 꿰뚫어 현명한 해결책을 제시합니다. 장량이 젓가락으로 9가지 이유를 들어 역이기의 계책을 논파한 순간을 떠올려보세요.

⑤ 정신(貞臣) - 원칙을 지키는 사람

법령을 준수하고 직무에 충실하며 청렴하고 검소합니다. 소하가 담장도 없는 검소한 집에 살며 남긴 말이 이런 모습입니다.

⑥ 직신(直臣) - 직언하는 사람

쉬어가는 이야기

상사의 허물을 바로 앞에서 지적하고 조직의 발전을 먼저 생각합니다. 오거가 초 장왕에게 '날지도 울지도 않는 새' 이야기로 간언한 것이 대표적입니다.

둘째, 육사(六邪) - 해로운 신하(직원)의 모습

① 구신(具臣) - 자리만 채운 사람

현실에 안주하고 개인 이익에만 몰두합니다. 그저 자리만 채우고 있을 뿐입니다.

② 유신(諛臣) - 아첨꾼

리더의 비위만 맞추고 조직의 폐해는 신경 쓰지 않습니다.

③ 간신(奸臣) - 겉과 속이 다른 사람

질투가 많고 공정한 평가를 흐리게 합니다.

④ 참신(讒臣) - 이간질하는 사람

뛰어난 언변으로 사람들 사이를 갈라놓습니다. 진평이 적인 항우 진영에서 범증을 의심하게 만든 반간계가 떠오르지 않나요?

⑤ 적신(賊臣) - 파벌을 만드는 사람

개인적 이익을 추구하고 파벌을 형성하여 권력을 남용합니다. 조고가 사위와 동생을 요직에 앉힌 것이 전형적입니다.

⑥ 망국지신(亡國之臣) - 조직을 망치는 사람

리더의 판단력을 흐리게 하고 조직 전체를 위험에 빠뜨립니다. 조고가 이세 황제 앞에서 사슴을 말이라고 우기는 모습을 떠 올려 보세요.

흥미로운 점은 한 사람 안에도 여러 모습이 공존한다는 것입니다. 당신은 어떤 신하에 가까우신가요? 완벽한 육정이 되기는 어렵겠지만, 육사는 피하고 싶지 않으신가요?

제5편

인간관계의 갈림길

제1장. 우정의 두 얼굴
관중과 포숙
염파와 인상여

제2장. 충성의 두 모습
굴원과 관고
예양과 형가

제3장. 질투와 배신의 길목에서
이사와 한비자
손빈과 방연

제4장. 갈라선 동지들
소진과 장의
장이와 진여

사람과의 관계는 늘 예측할 수 없습니다.

친했던 사이가 한순간에 적이 되기도 하고, 아무 인연 없던 이가 생의 가장 큰 은인이 되기도 합니다.

역사 속 인물들도 예외는 아니었습니다.

이 편에서는 《사기》 열전에 등장하는 인물들을 통해 인간관계의 복잡한 속내를 들여다보려 합니다.

관중과 포숙처럼 서로를 알아본 진정한 우정, 염파와 인상여처럼 자존심을 내려놓은 화해, 굴원과 예양처럼 충절을 지키기 위해 목숨까지 바친 이들, 그리고 이사와 방연처럼 시기와 배신으로 파국을 맞은 이들의 이야기까지….

어떤 관계는 서로를 살리고, 어떤 관계는 함께 무너집니다. 그리고 그 갈림길에는 언제나 '어떤 선택을 하느냐'가 있습니다.

그렇다면 우리는 스스로에게 질문하게 됩니다.

"진정한 친구란 어떤 사람일까?"

"충성은 누구를 위한 것인가?"

"질투는 왜 가장 가까운 사이에서 피어나는가?"

"권력 앞에 선 우정은 어떻게 달라지는가?"

이 인물들의 선택을 따라가며, 여러분도 자신만의 해답을 찾아보시기 바랍니다. 어쩌면 그 답은 지금 여러분의 인간관계 안에 이미 숨어 있을지도 모릅니다.

제1장

우정의 두 얼굴

친구란 어떤 사람일까요?

성공했을 때 손뼉 쳐 주는 사람일까요, 실패했을 때 곁에 있어 주는 사람일까요?

관중과 포숙, 염파와 인상여.

이 두 쌍의 이야기는 서로를 알아본 우정, 그리고 자존심을 내려놓은 용기를 보여줍니다.

흥미롭게도 두 쌍은 완전히 다른 방식으로 우정을 완성했습니다. 가장 가까운 사이에서도 오해는 생기고, 때로는 희생이 우정을 지켜냅니다.

이들의 선택은 우리에게 조용히 묻습니다.

"진정한 친구란 누구일까?"

《관중과 포숙 : 진정한 우정의 표본》

기원전 7세기, 춘추시대 초기. 주 왕조의 권위가 쇠퇴하며 제후국들이 패권을 놓고 치열한 경쟁을 벌이던 격동의 시대였습니다.

나만 아는 친구의 진짜 모습

친구라면 누구나 있지만, 진정한 친구는 흔하지 않습니다. 관중(管仲)과 포숙(鮑叔)의 우정이 2천 년이 넘도록 회자하는 이유는 무엇일까요?

관중은 어릴 때부터 포숙과 깊은 우정을 나누었습니다.

관중의 이름은 이오(夷吾)로 포숙과 같은 영상(潁上, 오늘날 안휘성 서북부) 출신이었습니다. 하지만 두 사람의 처지는 달랐습니다. 관중은 가난한 집안에서 태어났고, 포숙은 비교적 넉넉한 환경에 있었습니다.

당시는 엄격한 신분제 사회였지만, 두 사람은 이런 차이를 넘어서 진정한 교분을 나누었습니다. 성인이 되어 함께 장사를 할 때, 관중의 행동은 다른 사람들 눈에는 이상해 보였습니다.

이익을 나눌 때 관중이 더 많이 가져갔습니다. 사람들은 "관중이 욕심쟁이다."라고 수군거렸습니다. 관중이 세 번이나 벼슬에 나갔다가 세 번 모두 쫓겨났을 때도 "능력이 없는가 보다"고 했습니다. 전쟁에 나가서는 세 번이나 도망쳤습니다. 사람들은 그를 '겁쟁이'라고 비웃었습니다.

그런데 포숙만은 달랐습니다. 그는 친구의 겉모습이 아닌 속사정을 들여다보고 있었습니다. 관중이 돈을 더 가져가는 것은 집이 가난하기 때문이고, 벼슬에서 쫓겨나는 것은 때를 만나지 못해서이며, 전쟁에서 도망치는 것은 집에 홀로 계신 늙은 어머니 때문이라는 것을 알고 있었습니다.

특히 관중이 전쟁에서 도망친 일은 당시로서는 용서받기 어려운 치욕이었습니다. 춘추시대에 전사는 죽음보다 도망을 더 부끄럽게 여겼기 때문입니다. 하지만 포숙은 관중이 효자라는 것을, 그리고 무모한 죽음보다는 어머니를 모시는 것을 택한 현명함을 알아봤습니다.

관중은 훗날 이런 감동적인 고백을 남겼습니다.

"날 낳아주신 분은 부모지만 날 알아준 사람은 포숙이다!"

여러분 주변에는 이런 친구가 있나요? 겉으로 드러나는 행동이 아닌 내면의 사정을 이해해 주는 친구 말입니다.

운명을 바꾼 한 발의 화살

세월이 흘러 두 사람은 예상치 못한 시련을 맞았습니다. 제나라에서 복잡한 왕위 계승 분쟁이 벌어졌습니다. 제 희공이 세상을 떠난 후 장남 제아가 왕위에 올랐지만, 근친상간과 폭정으로 물의를 일으켜 결국 죽임을 당했습니다. 이제 희공의 다른 아들 중 둘째 공자 규와 셋째 공자 소백이 왕위를 놓고 경쟁하게 되었습니다.

당시 제나라는 내정이 매우 불안했습니다. 그래서 공자 규는 노나라에, 공자 소백은 거나라에 각각 피해 있었습니다. 관중은 공자 규를,

포숙은 공자 소백을 각각 보좌하고 있었습니다. 평생 친구였던 두 사람이 정치적으로는 경쟁자가 된 것입니다.

공자 소백이 거나라에서 제나라로 먼저 귀국하여 왕위에 오르려 했습니다. 관중에게는 절체절명의 순간이었습니다. 소백이 먼저 도착하면 자신이 모시는 공자 규는 죽게 되고, 자신도 무사하지 못할 것이었기 때문입니다.

관중은 결단을 내렸습니다. 활을 당겨 공자 소백을 향해 화살을 쐈습니다. 그러나 화살은 공교롭게 소백의 허리띠 쇠 장식을 맞췄고, 소백은 즉시 수레에서 굴러떨어졌습니다. 관중은 소백이 죽었다고 생각했습니다.

하지만 소백은 죽지 않았습니다. 충격으로 쓰러졌지만 죽은 척하며 기회를 노렸습니다. 관중의 일행이 지나간 후, 소백은 몰래 일어나 빠른 속도로 제나라에 도착하여 환공으로 즉위했습니다.

결국 공자 규는 노나라 군대와 함께 제나라를 공격했지만 패배해서 자결했습니다. 관중은 사로잡혀 죄인이 되었습니다. 자신이 모시는 주군에게 화살을 쏜 관중을, 포숙은 과연 어떻게 대했을까요?

원수를 재상으로 추천한 친구

포숙의 선택은 놀라웠습니다. 그는 환공에게 관중을 적극 추천했습니다.

"천하에 관중만 한 인재는 없습니다. 패업을 이루려면 그를 등용하셔야 합니다."

환공은 당연히 망설였습니다. "그자가 나를 죽이려 했는데 어떻게 믿을 수 있겠소?"

하지만 포숙은 끝까지 설득했습니다. "대왕, 관중이 공자 규를 위해 화살을 쏜 것은 주군에 대한 충성심 때문이었습니다. 그런 충성심을 가진 사람이야말로 진정으로 믿을 수 있는 신하가 아니겠습니까?"

개인적인 감정이나 진영 논리를 완전히 초월한 판단이었습니다. 포숙은 관중의 능력을 누구보다 잘 알고 있었고, 제나라의 미래를 위해서는 그가 꼭 필요하다고 확신했습니다.

더욱 놀라운 것은 포숙의 겸손함이었습니다. 환공이 "그렇다면 그대와 관중 중 누가 재상을 맡는 것이 좋겠소?"라고 묻자, 포숙은 주저 없이 답했습니다.

"신은 관중만 못합니다. 관중은 관대하고 깊이 있으며 백성을 사랑할 줄 압니다. 신은 그저 한 사람의 친구를 알아볼 줄 아는 정도입니다."

결국 환공은 관중을 오늘날 국무총리 격인 재상으로 임명했고, 포숙은 기꺼이 관중 아래에서 일했습니다. 과거 자신이 모시던 주군에게 화살을 쏜 원수를 최고 지위에 추천하고, 자신은 그 아래에서 일하는 것입니다.

이런 일이 가능할까요?

이에 세상 사람들은 관중의 현명함보다 포숙의 안목을 더 칭송했습니다. 원수를 친구로 만들고, 경쟁자를 재상으로 추천하는 포용력은 어디서 나오는 것일까요? 포숙은 개인의 감정보다 나라의 장래를, 자신의 출세보다 친구의 재능 발휘를 더 중요하게 여겼던 것입니다.

백성을 먼저 생각하는 정치

관중은 포숙의 기대에 부응했습니다. 그는 바닷가에 있는 제나라의 지리적 이점을 살려 소금과 어업, 상업을 적극 장려하여 나라를 부유하게 만들었습니다.

관중의 정치 철학은 매우 실용적이었습니다.

"창고가 가득 차야 예절을 알고, 입고 먹는 것이 풍족해야 명예와 치욕을 안다.(倉廩實而知禮節, 衣食足而知榮辱)." 쉽게 말해 민생의 안정이 도덕과 예의의 바탕이라는 뜻입니다. 관중은 정치와 경제의 기본 원리를 '부국안민(富國安民)'이라는 네 글자로 압축했습니다.

기본적인 욕구가 충족되지 않는 상황에서 높은 도덕을 요구하는 것이 합리적일까요? 관중은 백성의 의식주 문제를 먼저 해결해야 예의와 도덕이 생긴다고 보았습니다.

그는 또한 "주는 것이 곧 얻는 것"이라고 통찰하고 있었습니다. 가(柯)에서 제후들과 회맹할 때, 환공은 노나라 조말과의 약속을 어기려 했지만, 관중은 신의를 지킬 것을 권했습니다. "작은 땅을 돌려주어 천하의 신뢰를 얻는 것이 더 큰 이득"이라는 것이었습니다.

이런 현명한 정치와 외교 덕분에 제 환공은 춘추시대 첫 번째 패주가 되어 아홉 차례나 제후들을 회맹하며 천하를 호령할 수 있었습니다.

마지막까지 공정했던 판단

관중이 병들어 위독해지자 환공이 찾아와 후계자에 관해 물었습니다. 환공은 평소 총애하던 신하들을 거론했습니다.

"역아는 어떻소? 그는 나를 위해 자기 아들까지 삶아서 바쳤는데?"

관중은 고개를 저었습니다. "대왕, 사람이 자식보다 더 사랑하는 것은 없습니다. 자식도 아끼지 않는다면 어찌 임금을 진심으로 사랑하겠습니까?" "그러면 개방은 어떻소? 15년간 고향에 돌아가지도 않고 나만 섬겼는데?" "아버지의 상도 치르지 않는 사람이 어찌 임금을 진심으로 사랑하겠습니까?" "수조는? 자신을 거세해서까지 나를 섬기는데?" "자기 몸도 아끼지 않는다면 어찌 임금을 진심으로 사랑하겠습니까? 폐하, 극단적인 행동을 하는 사람들을 조심하십시오. 진심은 자연스러운 것입니다."

그러면 그대의 절친인 포숙은 어떤가? 환공이 기대하며 물었지만, 놀랍게도 관중은 이렇게 답했습니다.

"포숙은 군자라서 정치를 할 수 없습니다. 그는 선을 좋아하는 만큼 악을 미워하는 성격입니다. 그런 사람 밑에서는 완벽하지 못한 사람들이 견디기 어려울 것입니다. 정치는 다양한 사람들을 포용해야 하는 일인데, 포숙은 너무 순수합니다."

대신 관중은 습붕을 후계자로 추천했습니다. 평생을 함께한 친구였지만, 인사에 있어서는 냉정함을 잃지 않았습니다. 우정보다 공정함을, 개인적 정보다 나라의 장래를 우선했던 것입니다.

누군가 이 말을 듣고 포숙에게 달려가 이런 상황을 전했습니다. "관중이 당신을 정치에 부적합하다고 했습니다!"

이를 듣고 포숙은 어떻게 반응했을까요? 그는 태연하게 웃으며 답했습니다. "내가 그런 점을 알고 관중을 추천한 것이네. 그가 나보다 뛰어난 정치가라는 것을 누가 모르겠는가?"

이간질에도 끝까지 친구를 믿는 포숙, 우정보다 공정함을 택한 관중. 두 사람의 마지막 모습도 일관되었습니다. 진정한 우정은 서로를 객관적으로 평가할 수 있는 성숙함에서 나오는 것이 아닐까요?

우정의 본질

관중이 세상을 떠난 뒤에도 제나라는 그의 정책을 유지했고, 계속해서 강국으로 남을 수 있었습니다. 하지만 환공이 관중의 당부를 무시하고 역아 등을 중용하자 제나라는 내란에 휩싸였습니다.

후세 사람들은 이들의 우정을 '관포지교(管鮑之交)'라고 불렀습니다. 오늘날에도 진정한 친구 관계를 표현할 때 이 말을 쓰는 것은 바로 이런 이유 때문입니다.

관중과 포숙이 보여준 것은 단순한 개인적 정이 아니었습니다. 서로의 장단점을 정확히 알면서도 인정하고, 개인의 이익보다 더 큰 가치를 추구하며, 끝까지 신뢰를 잃지 않는 성숙한 관계였습니다.

사마천은 "천하에 관중의 현명함을 칭송하지 않는 사람이 없다. 그러나 포숙이 그를 알아본 것이야말로 더욱 어려운 일이다(天下不多管仲之賢而多鮑叔能知人也)." 때로 우리에게 필요한 것은 더 나은 능력이 아니라, 우리를 믿어주는 단 한 사람일지도 모릅니다.

진정한 친구란 내 편에 서서 맞장구쳐주는 사람이 아니라, 나를 정확히 알고 올바른 길로 이끌어주는 사람이 아닐까요? 여러분에게는 그런 친구가 있으신가요?

《염파와 인상여 : 자존심을 넘어선 나라 사랑》

기원전 3세기, 전국시대 후기. 진나라가 강력한 통일 의지를 드러내며 각국을 위협하던 시기였습니다. 조나라에서는 두 명의 걸출한 인재가 나라의 운명을 좌우하고 있었습니다.

화씨벽과 완벽한 귀환

염파(廉頗)는 전국시대 조나라의 명장으로, 제나라를 크게 무찔러 최고위 신하인 상경의 지위에 오른 인물입니다. 반면 인상여(藺相如)는 당시 환관의 우두머리 무현(繆賢)의 사인(私人)으로 시작한 평범한 사람이었습니다.

조나라는 초나라의 보물인 화씨벽(和氏璧)을 소유하게 되었습니다. 이 화씨벽은 초나라의 변화(卞和)라는 사람이 발견한 보옥으로, 그 가치를 인정받기까지 비참한 역경을 겪었습니다.

변화는 이 옥을 발견하고 초나라 여왕(厲王)에게 바쳤으나 가짜라는 판정을 받아 왼발이 잘렸고, 이후 무왕에게 다시 바쳤으나 또다시 오른발마저 잘렸습니다. 훗날 문왕 시대에 이르러서야 마침내 진품 보석으로 인정받았습니다. 이처럼 슬픈 사연을 담고 있는 화씨벽은 가치를 매길 수 없는 국보였습니다.

강대국 진(秦)나라는 사신을 보내 성 열다섯 개와 화씨벽을 교환하자고 제안했습니다. 조나라는 이 제안을 받아들이기로 하고, 인상여를 사신으로 파견했습니다. 그러나 진나라 왕은 화씨벽만 받고 약속한 성을 넘겨줄 의도가 없었습니다.

이를 간파한 인상여는 기지를 발휘했습니다. "이 화씨벽에는 작은 흠이 하나 있는데, 가르쳐 드리겠습니다."라는 말로 화씨벽을 다시 손에 쥔 그는 궁궐의 기둥 앞에 서서 진나라의 불성실한 태도에 분노하며, 수일 내에 정식 절차를 거쳐 화씨벽을 건네주겠다고 했습니다.

이 사이에 인상여는 화씨벽을 안전하게 조나라로 돌려보냈습니다. 진나라가 성과 화씨벽을 바꾸자고 했지만, 진나라의 속셈이 드러나자, 인상여는 꾀를 써서 화씨벽을 무사히 조나라로 되돌려 보냈습니다. 여기에서 '완벽귀조(完璧歸趙)'라는 말이 생겼습니다. 흠집 없이 제자리를 지켜낸다는 뜻으로, 오늘날 우리가 말하는 '완벽하다'의 어원도 여기서 비롯됐습니다.

결국 진나라 왕은 인상여를 죽이면 화씨벽을 영영 얻을 수 없고, 양국 관계가 악화할 것을 우려해 오히려 그를 극진히 대접하고 돌려보냈습니다.

진나라와의 대결에서 보인 용기

몇 년 후, 진나라와 조나라 간 화친을 위한 두 나라 왕의 회담이 이루어졌습니다. 이 자리에서 진나라 왕은 조나라 왕에게 거문고 연주를 요청하는 등 여러 무례한 요구를 했고, 진나라 신하들은 조나라의 땅을 요구했습니다. 인상여는 이 위기 상황에서도 목숨을 걸고 당당하게 대응해 조나라의 위신을 지켰습니다.

회담을 마치고 돌아온 조나라 왕은 인상여의 공로를 크게 인정하여 상경으로 삼았고, 이로써 인상여의 지위는 염파보다 높아졌습니다. 이에 염파는 불만을 품고 “인상여는 겨우 혀와 입을 놀렸을 뿐인데 지위가 나보다 높다. 또한 그는 본래 미천한 출신이니, 부끄러워서 차마 그의 밑에 있을 수 없다. 그를 만나면 반드시 모욕을 주리라.” 라고 공언했습니다.

이 말을 들은 인상여는 염파와 마주치는 것을 피했습니다. 조회나 외출 시 염파의 수레가 보이면 숨거나 길을 돌아갔습니다. 인상여의 가족과 주변 사람들은 이런 행동에 불만을 표했습니다.

인상여는 왜 염파에게 당당하게 맞서지 않았을까요? 그는 진나라 왕의 위세에도 굴하지 않았던 사람 아니었습니까?

국가를 위한 사심 없는 선택

인상여는 식솔들을 모아놓고 이렇게 말했습니다:

“진나라 왕의 위세에도 불구하고 나는 그를 꾸짖고 그 신하들을 부끄럽게 하였소. 내가 염장군을 겁내겠소? 강한 진나라가 감히 조나라를 치지 못하는 까닭은 나와 염파 두 사람이 있기 때문이오. 만일 지금 호랑이 두 마리가 어울려서 싸우면 결국은 둘 다 살아남지 못할 것이오. 내가 염파를 피하는 까닭은 나라의 위급함을 먼저 생각하고 사사로운 원망을 뒤로하기 때문이오.”

이 말은 개인의 감정보다 국가의 안위를 우선시하는 인상여의 신념을 잘 보여줍니다. 그는 자신의 체면과 자존심보다 조나라의 안전을 더 중요하게 여겼던 것입니다.

염파는 인상여의 말을 전해 듣고 크게 감동했습니다. 그는 웃옷을 벗고 가시 채찍을 등에 짊어지고 인상여의 문 앞에 이르러 사죄했습니다. 이것은 '부형청죄(負荊請罪)'라는 행동으로, 자기 잘못을 인정하고 직접 벌을 청한다는 의미였습니다.

이 일을 통해 마침내 두 사람은 화해했고, 서로 목숨을 걸 만큼 가까운 벗이 되었습니다. 이처럼 목을 내놓고라도 지킬 정도로 굳은 우정을 가리켜 '문경지교(刎頸之交)'라고 부릅니다. 오늘날에도 변치 않는 의리와 신의를 뜻할 때 쓰는 말입니다.

여러분은 자신의 잘못을 인정하고 사과할 수 있는 용기가 있으신가요? 그리고 진정한 친구를 위해 자신의 자존심을 내려놓을 수 있으신가요?

장평대전의 비극과 인재의 중요성

그들의 이야기는 여기에서 끝나지 않습니다. 기원전 260년, 조나라와 진나라는 장평에서 대치하게 되었습니다. 조나라는 처음에 염파를 장군으로 삼아 진나라에 대적했습니다. '수비의 달인'인 염파는 신중한 전략을 택해 방어 태세만 갖추고 적극적인 전투는 피했습니다.

이때 진나라는 교묘한 심리전을 펼쳤습니다. 진나라 첩자들은 "진나라가 두려워하는 것은 오직 마복군 조사의 아들 조괄이 장군이 되는 일뿐이다."는 소문을 퍼뜨렸고, 조나라 효성왕은 이 이간계에 넘어갔습니다.

인상여는 이를 말리며 조언했습니다. "조괄은 그저 자기 아버지가 남긴 병법 책을 읽었을 뿐 사태 변화에 대처할 줄 모릅니다.” 이것이 바로 ‘지상담병(紙上談兵)’ 즉 ‘종이 위에서만 병법을 논한다’는 말의 유래입니다. 지상담병은 이론에 갇혀 현실을 읽지 못하는 태도를 가리킵니다. 책 속 지식이 많아도 현장의 흐름을 모르면 판단이 빗나갈 수 있다는 뜻입니다. 오늘날에도 말보다 실천이 필요한 순간을 일깨워 주는 표현입니다.

조괄의 어머니 역시 반대했습니다. “일찌기 괄의 아버지는 상을 받으면 병사들과 나누었고, 출전 명령을 받으면 그날부터 집안일을 돌보지 않고 군무에 몰두했습니다. 그러나 제 아들은 장군이 되어 받은 재물로 이익이 될 만한 땅이나 집을 사들일 궁리만 합니다. 아버지와 자식은 마음 씀씀이부터 다릅니다.”

유능한 부모의 자녀가 반드시 부모의 능력을 물려받는 것일까요? 지위와 명성은 물려줄 수 있어도 경험과 지혜는 쉽게 전해지지 않는 법입니다.

그러나 조왕은 주변의 만류를 거부하고 끝내 조괄을 장수로 삼았습니다. 조괄은 염파를 대신해 장군이 되자마자 군령을 바꾸고 군대의 주요 직위를 모조리 교체했습니다. 진나라의 명장 백기는 이러한 상황을 이용해 교묘한 작전을 펼쳤고, 조괄은 전사했으며 그의 45만 대군은 진나라에 항복한 후 모두 생매장되는 비참한 최후를 맞았습니다.

장평대전은 전국시대의 판도를 바꾼 결정적인 전투였습니다. 이 전투의 승리로 진나라는 천하통일의 기반을 다졌고, 조나라는 급격히 쇠락하게 되었습니다.

충신의 말년과 인간관계의 본질

장평대전 이후 염파의 운명은 어떻게 되었을까요?

염파가 파면되어 권세를 잃자, 예전에 알고 지내던 빈객들이 모두 떠났습니다. 그러나 그가 연나라와의 전투에서 공을 세워 다시 등용되자 빈객들이 다시 모여들었습니다. 이에 염파가 서운함을 표하자 한 빈객이 말했습니다.

"사람들은 시장에서 이익을 좇는 것처럼 교류합니다. 당신에게 권세가 있으면 따르고, 권세가 없어지면 떠나갑니다."

이 말은 인간관계의 본질에 대한 냉정한 통찰입니다. 오늘날에도 권력과 부에 따라 달라지는 인간관계를 보면 이 말이 더욱 와닿지 않습니까?

아쉽게도 염파의 불운은 계속되었습니다. 조나라 효성왕이 죽고 도양왕이 즉위하자, 조나라는 염파 대신 악승을 장군으로 삼았습니다. 이에 분노한 염파는 악승을 내치고 위나라로 도피했습니다. 훗날 조나라에서 염파를 다시 부르려 했으나, 간신 곽개가 사자를 매수하여 염파가 늙고 쇠약해져 더 이상 쓸모가 없다고 모함했습니다.

결국 염파는 초나라로 이주해 그곳에서 생을 마감했습니다. 인상여는 비교적 평온하게 생을 마감한 반면, 염파는 고국을 그리워하며 타국에서 외롭게 죽은 비극적 결말이었습니다. 두 사람은 조나라 역사에서 가장 빛나는 동반자였지만, 말년의 운명은 서로 달랐습니다.

우정과 충성의 의미

이 이야기에서 우리는 조괄의 부모에게서도 주목할 점을 발견할 수 있습니다. 청렴한 세무 관료였던 조괄의 아버지 조사는 명문가인 평원군의 집에서 조세를 내지 않으려 하자, 당시 법에 따라 그 집에서 일하는 사람 아홉 명을 처형했습니다.

평원군이 조사를 죽이려 하자 그는 "당신은 조나라의 귀공자입니다. 당신 집에서 납세 의무를 다하지 않으면 국법이 손상될 것입니다. 귀한 분이 의무를 다하면 공평해지고, 공평해지면 나라가 강해질 것입니다"라고 당당히 맞섰습니다.

조괄의 어머니 역시 나라를 위해 자식의 부족한 점을 거침없이 지적했습니다. 아들이 장군이 되는 것을 반대하면서 "아버지와 자식은 마음 씀씀이부터 다릅니다"라고 했을 때, 그녀는 개인적인 모정보다 국가의 안위를 우선시했습니다.

높은 지위에 있는 사람일수록 법과 원칙을 더 잘 지켜야 한다는 조사의 신념, 그리고 자식의 부족함까지 솔직히 인정하는 어머니의 공정함. 이런 모습들을 보면서 어떤 생각이 드시나요?

인상여는 자존심을 버리고 나라를 선택했고, 염파는 자신의 잘못을 인정하며 가시나무를 짊어졌습니다. 두 사람이 보여준 것은 개인의 명예보다 더 큰 가치를 위한 희생이었습니다.

진심과 이해가 만든 우정의 길

관중과 포숙, 염파와 인상여.

이 두 쌍의 친구는 전혀 다른 방식으로 우정을 지켜냈습니다. 관중과 포숙은 처음부터 서로를 이해하고 믿었고, 염파와 인상여는 갈등을 겪은 후 마음을 나눴습니다.

포숙은 친구 관중의 상황을 이해하고 그를 진심으로 믿었습니다. 관중이 벼슬에서 밀려난 것을 탓하기보다, 관중의 뜻과 실력을 꿰뚫어 보았고, 오히려 제나라 군주에게 관중을 추천하며 물러섰습니다.

이러한 포숙의 결단 덕분에 관중은 제나라를 춘추의 패권국가로 만들 수 있었고, 두 사람의 우정은 '관포지교'라는 말로 지금까지 전해지고 있습니다.

반대로 염파와 인상여는 처음부터 좋은 친구는 아니었습니다. 무공을 앞세운 염파는 말 잘하는 인상여를 불신했고, 대놓고 모욕하려 했습니다. 그러나 인상여는 개인의 감정보다 나라의 안정을 더 중요하게 여겼고, 끝내 염파는 자신의 오만을 인정하고 진심으로 사과하며 두 사람은 진정한 친구가 되었습니다.

흥미롭게도, 관중과 포숙이든 염파와 인상여든 모두 공동체를 위한 결단을 내렸습니다. 개인의 자존심이나 감정보다 나라와 친구를 먼저 생각했던 그들의 모습, 어떠세요?

하지만 이들 덕분에 나라가 강해졌음에도, 결국 제나라와 조나라는 훗날 쇠락의 길을 피하지 못했습니다. 탁월한 개인의 우정과 능력도 역사 전체의 흐름을 바꾸기엔 한계가 있었던 걸까요?

그런데도 이들의 우정을 보면서 생각해 보게 됩니다. 상대를 이해하려고 노력하는 것, 그리고 진심으로 대하는 것. 이런 모습들이 결국 사람과 사람을 이어주는 것은 아닐까요?

여러분은 어떤 친구를 원하시나요?

그리고, 누군가에게 그런 친구가 되어줄 준비는 되어 있으신가요?

한편 우정과 충성의 가치는 언제나 평화로운 관계에서만 빛나는 것은 아닙니다. 때로는 죽음을 각오한 선택 앞에서 더욱 선명해지기도 합니다.

쉬어가는 이야기

친구란 무엇일까요?

여러분에게는 어떤 친구가 있나요? 매일 만나는 친구, 가끔 연락하는 친구, 힘들 때 생각나는 친구…중국 **명나라의 사상가 이탁오**(李卓吾)**는** 《**분서**(焚書)》에서 친구를 **여덟 단계**로 나누어 설명했습니다.

친구의 여덟 가지 종류

시정지교(市井之交) - 길에서 우연히 만나 인사하는 사이입니다. 오늘날 같은 동네에 사는 이웃이나 지나가다 만나면 반가워하는 정도의 관계죠.

오유지교(遨遊之交) - 함께 어울려 노는 친구입니다. 게임이나 취미활동을 같이 즐기는 친구들을 생각하면 됩니다.

주식지교(酒食之交) - 밥과 술을 함께 나누는 사이입니다. "밥 한번 먹자"라고 자연스럽게 말할 수 있는 친구들이죠.

좌담지교(座談之交) - 서로 이야기를 나누는 친구입니다. 수다를 떨거나 진지한 대화를 나눌 수 있는 관계입니다.

문묵지교(文墨之交) - 글을 읽고 학문을 논하는 친구입니다. 요즘으로 치면 같이 공부하거나 책 이야기를 나누는 사이죠.

쉬어가는 이야기

골육지교(骨肉之交) - 내 몸처럼 가깝고 친한 친구입니다. 가족만큼 소중하게 여기는 관계입니다.

심담지교(心膽之交) - 마음을 털어놓을 수 있는 친구입니다. 비밀도 털어놓고, 고민도 상담할 수 있는 절친이죠.

생사지교(生死之交) - 죽음까지 함께할 수 있는 친구입니다. 서로를 위해서라면 목숨도 바칠 수 있는 최고 단계의 우정입니다.

그럼, 나의 친구는?

여러분의 친구들을 떠올려보세요. 어떤 친구는 함께 노는 오유지교일 수도 있고, 어떤 친구는 진심을 털어놓는 심담지교일 수도 있습니다. 모든 친구가 생사지교가 될 필요는 없습니다. 각각의 관계가 모두 소중하고 의미가 있으니까요.

진정한 친구란 무엇일까요? 아마도 서로를 있는 그대로 받아들이고, 좋을 때나 힘들 때나 변함없이 곁에 있어 주는 사람이 아닐까요? 여러분도 누군가에게 그런 친구가 되어 보시기 바랍니다.

제2장

충성의 두 모습

충성은 언제 빛이 날까요?

자기 나라를 위해 몸을 던진 이들이 모두 환영받는 것은 아닙니다.

굴원과 관고, 예양과 형가는 모두 충성심 하나로 움직였지만, 그 결말은 외롭고 쓸쓸했습니다.

그들의 충성은 인정받지 못했고, 때로는 나라조차 지키지 못했습니다. 하지만 그들의 이야기는 실패가 아니라, 무엇을 위해 목숨을 걸었는가라는 질문을 남깁니다.

어쩌면 진정한 충성은 결과보다 진정성에서 시작되는 것인지도 모르겠습니다.

《굴원과 관고 : 충절의 두 얼굴》

기원전 3-2세기, 중국 역사의 격변기. 전국시대 말기부터 한나라 초기까지, 서로 다른 시대를 살았지만, 같은 고민을 품었던 두 명의 충신이 각자의 방식으로 충절의 의미를 보여주었습니다.

문학으로 저항한 이상주의자 굴원

굴원(屈原)은 초나라 왕실과 성이 같은 명문 출신으로, 초 회왕의 보좌관인 좌도로서 뛰어난 재능을 인정받았습니다. 특히 국정과 외교 협상에 탁월한 능력을 보였으며, 회왕의 두터운 신임을 받았습니다.

하지만 상관대부는 굴원을 질투하여 "법령이 하나씩 나올 때마다 굴원이 스스로 '내가 아니면 할 수 없지'라며 공을 자랑하고 있습니다."라고 헐뜯었고, 회왕은 이 말에 현혹되어 굴원을 멀리하기 시작했습니다.

굴원은 한쪽 말만 듣는 왕의 어리석음과 아첨하는 신하들을 보며 깊은 절망에 빠졌습니다. 하지만 그는 포기하지 않았습니다. 대신 문학이라는 무기를 선택했습니다. 그가 지은 『이소(離騷)』는 당시 정치 현실에 대한 날카로운 비판이었습니다.

'이소'란 '걱정스러운 일을 만나 고민에 빠졌다'는 의미로, 굴원의 고뇌가 고스란히 담겨 있었습니다.

결국 굴원이 쫓겨난 후 초나라에 닥친 위기가 그의 우려가 얼마나 정확했는지 보여줍니다. 진나라 장의의 교묘한 기만술에 넘어간 회왕은 제나라와의 동맹을 파기했다가 큰 손실을 보았습니다. 8만

명의 군사가 목숨을 잃고 한중 땅까지 빼앗겼습니다. 굴원이 제나라에서 돌아와 "어째서 장의를 죽이지 않으셨습니까?"라고 간언했지만, 이미 때는 늦었습니다.

이후 진 소왕이 혼인 관계를 빌미로 만남을 제안했을 때, 굴원은 "진나라는 호랑이와 같으니 절대 가지 마십시오."라고 간언했습니다. 하지만 회왕의 아들 자란은 "진나라의 호의를 어찌 거절하겠습니까?"라며 아버지를 설득했습니다. 결국 회왕은 진나라 무관에서 억류되어 그곳에서 객사하고 말았습니다.

굴원의 예언이 그대로 들어맞은 것입니다.

굴원의 마지막 선택과 신념

굴원은 강가에서 어부와 나눈 대화에서 자신의 신념을 분명히 밝혔습니다. 머리를 풀어 헤치고 초췌한 모습으로 물가를 거닐고 있던 굴원을 본 어부가 물었습니다. "그대는 삼려대부가 아닙니까? 어쩐 일로 이런 곳까지 오셨습니까?"

굴원은 "온 세상이 혼탁한데 나 홀로 깨끗하고, 모든 사람이 취해 있는데 나 홀로 깨어 있어서 쫓겨났소."라고 답했습니다.

어부는 "세상이 혼탁하다면 왜 그 흐름을 따르지 않습니까? 모두가 취했다면 왜 그 술을 함께 마시지 않습니까?"라고 물었습니다. 굴원은 "새로 머리를 감은 사람은 반드시 관을 털어서 쓰고, 막 목욕한 사람은 반드시 옷을 털어서 입는다고 들었습니다. 깨끗한 몸에 누가 오물을 묻히려 하겠습니까?"라고 답했습니다.

굴원은 마지막 작품 <회사(懷沙)>에서 "세상이 혼탁하여 나를 알지 못하니 내 마음을 말해 무엇 하랴? 죽음을 사양할 수 없음을 알기에, 나를 위해 슬퍼하지 말라. 세상 군자들에게 분명히 밝히노니, 내 장차 이로써 군자들이 본받을 선례를 남기고자 하노라!"라고 했습니다.

이 선언 후, 그는 돌을 품에 안고 멱라수에 몸을 던져 자신의 이상을 지켰습니다.

굴원은 불완전한 세상에서는 살 수 없다고 판단했고, 자신의 순수함을 지키기 위해 죽음을 택했습니다. 과연 이런 선택이 옳은 것일까요?

행동으로 증명한 현실주의자 관고

조나라의 재상 관고(貫高)와 조오(趙午)는 모두 예순이 넘은 노장이었지만, 본래 조왕의 아버지 장이의 빈객으로서 평소에 기개를 중시하던 인물들이었습니다.

한나라 7년(기원전 200년), 고조 유방은 흉노와의 전쟁에서 큰 패배를 당한 후 북쪽 평성으로부터 귀환하는 길에 조나라를 지나게 되었습니다. 이때 조왕 장오는 사위(고조의 딸 노원공주의 남편)로서, 그리고 황제에 대한 예를 다하기 위해 소매를 걷어 올리고 앞치마를 두른 채 직접 음식을 올리는 등 극진히 대접했습니다. 그러나 고조는 두 다리를 뻗고 앉아 조왕을 꾸짖는 등 매우 불손한 태도를 보였습니다.

이에 관고와 조오는 조왕에게 "왕을 위해 고조를 죽이겠습니다."라고 제안했습니다. 장오는 자기 손가락을 물어 피를 내면서 강력히 반대했습니다.

"선왕께서 나라를 잃었을 때 고조의 힘으로 다시 찾았으며, 그 덕이 후손에게까지 미치고 있으니, 털끝만 한 것도 모두 고조의 힘입니다. 다시는 이런 말을 입 밖에 내지 마십시오!"

하지만 관고와 조오는 끝내 결단을 내렸습니다.

"우리 왕은 덕행이 있어 남의 은덕을 배반하지 못합니다. 우리가 고조를 원망하여 죽이려는 것이지, 어찌 왕을 더럽히려 하겠습니까? 일이 성사되면 공을 왕께 돌리고, 실패하면 우리가 책임지겠습니다."

굴원의 이상주의와는 정반대의 현실주의적 접근이었습니다. 관고는 완벽한 세상을 꿈꾸기보다는 눈앞의 구체적인 상황에서 할 수 있는 최선을 다하려 했습니다.

그런데 이듬해 그들의 암살 시도는 기묘하게 실패했습니다. 고조가 박인(柏人)이라는 곳에 머물려고 하다가 갑자기 가슴이 떨리기 시작한 것입니다. "이 고을의 이름이 무엇인가?"라고 물었고, "박인(柏人)입니다"라는 대답을 들은 고조는 "박인(迫人)이란 곧 남에게 협박을 받는다는 뜻이 아닌가!"라고 말하며 그대로 떠났습니다. 운명이 개입한 것일까요, 아니면 고조의 예감이 뛰어났던 것일까요?

관고의 마지막 충성과 죽음

훗날 이전의 음모가 발각되어 체포되었을 때, 공모자들이 앞다투어 자살하려 하자 관고는 그들을 꾸짖었습니다. "공들이 모두 죽어버리면 누가 왕께서 반란을 일으킨 것이 아니라고 밝히겠소?" 그는 자신의 목숨보다 왕을 지키는 것을 우선시했습니다.

관고는 장안으로 압송되면서도 끝까지 "이것은 단지 우리들이 한 일이며, 왕은 정말로 모르는 일입니다"라고 진술했습니다. 수천 대의 곤장과 쇠로 찌르는 고문을 당해도 끝내 다른 말을 하지 않았습니다.

마침내 중대부 설공이 고조의 명으로 관고를 만났습니다. 설공이 "장오가 정말 역모를 계획했습니까?"라고 물었을 때, 관고는 "어찌 자기의 부모와 처자를 아끼지 않는 사람이 있겠습니까? 지금 나는 삼족이 모두 사형을 선고받았는데, 어찌 왕과 나의 육친을 바꿀 수 있겠습니까? 진실로 조나라 왕은 모반하지 않으셨으며, 우리들이 한 것입니다"라고 답했습니다.

설공이 이를 고조에게 보고했고, 고조는 마침내 조왕을 풀어주었습니다. 관고의 충성이 결국 왕을 구해낸 것입니다.

신의를 잘 지키는 관고의 인품에 감명받은 고조는 그도 용서하겠다고 했습니다. 하지만 관고의 마지막 대답은 그의 인품을 완벽하게 보여주었습니다.

"내가 죽지 않은 것은 조왕께서 모반하지 않았다는 사실을 밝히기 위해서였습니다. 지금 왕께서 이미 풀려났으니, 나의 책임은 다한 것이므로, 이제는 죽어도 여한이 없습니다. 또한 신하로서 황제를 시해하려 했으니 무슨 면목으로 다시 황제를 섬기겠습니까? 설령 황제께서 나를 죽이지 않는다 하더라도 내 마음에 어찌 부끄러움이 없겠습니까?"

이 말을 마친 그는 고개를 들어 스스로 목숨을 끊었습니다. 마지막까지 왕에 대한 충성과 자신의 신의를 지킨 것입니다. 관고는 현실적인 목표를 달성한 후 자신만의 방식으로 마무리했습니다.

이상과 현실, 두 가지 충절

굴원과 관고는 모두 죽음으로써 자신의 신념을 증명했지만, 그 모습은 완전히 달랐습니다. 굴원은 이상과 현실 사이의 괴리에 절망하여 세상 전체를 거부했습니다. 그는 완벽하지 않은 세상에서는 살 수 없다고 생각했습니다.

반면 관고는 불완전한 현실을 인정하면서도 그 안에서 자신이 할 수 있는 최선을 다했습니다. 그는 추상적인 이상보다는 구체적인 대상에 대한 충성을 택했습니다.

굴원의 죽음은 후대에 문학적 유산으로 남았습니다. 중국 사람들은 굴원을 기리기 위해 단오절을 만들었고, 용선 시합과 같은 풍습이 오늘날까지 이어지고 있습니다. 굴원의 부(賦)는 중국 문학사에서 그 시초를 이루는 중요한 위치를 차지하며, 한부(漢賦), 당시(唐詩), 송사(宋詞), 원곡(元曲)으로 이어지는 문학 전통의 출발점이 되었습니다.

관고의 충성도 깊은 인상을 남겼습니다. 고조는 조나라 왕 빈객들의 충성심을 높이 평가하여, 관고와 함께 조왕을 따라온 사람들을 제후의 재상이나 군수 등의 요직에 임명했습니다. 관고는 실제 행동을 통해 무언가를 증명해 보였습니다.

두 사람 모두 후세에 길이 전해졌습니다. 어느 쪽이 더 나은 선택이었을까요? 시대와 상황에 따라, 그리고 개인의 성격과 가치관에 따라 다른 길이 있을 수도 있습니다.

세상과 타협하며 현실적으로 살아갈 것인가, 아니면 자신의 원칙을 끝까지 지킬 것인가? 불완전한 현실을 받아들이고 그 안에서 최선을 다할 것인가, 아니면 완벽한 이상을 추구하며 타협하지 않을 것인가? 여러분은 굴원과 관고 중 누구의 길에 더 마음이 끌리시나요?

《예양과 형가 : 의리의 두 모습》

기원전 5-3세기, 전국시대 중기부터 말기. 춘추전국의 혼란 속에서 의리와 충절을 목숨보다 소중히 여겼던 두 명의 자객이 각자 다른 신념으로 역사에 길이 남을 이야기를 만들어냈습니다.

서로 다른 출발점, 같은 자객의 길

예양(豫讓)은 진(晉)나라 사람으로, 처음에는 범씨(范氏)와 중항씨(中行氏)를 섬겼지만 이름이 알려지지 않았습니다. 그가 지백(智伯)을 섬기게 되면서 상황은 완전히 달라졌습니다. 지백은 그를 매우 존중하고 총애했기 때문입니다.

지백은 예양을 부하가 아닌 국사(國士)로 대우했습니다. 오늘날로 치면 단순한 직원이 아닌 핵심 인재로 인정받은 것이었죠. 예양에게 이런 대우는 처음이었습니다. 범씨와 중항씨 밑에서 일할 때는 그저 평범한 부하 중 하나였는데, 지백만은 달랐습니다.

한편, 형가(荊軻)는 위(衛)나라 출신으로, 독서와 검술을 좋아했지만 인정받지 못했습니다. 그는 방랑하는 검객의 삶을 살았는데, 갑섭이라는 사람과 검술을 논하다가 그가 노려보자 즉시 그곳을 떠났습니다. 진정한 용기란 무엇일까요? 형가에게 그것은 때로는 물러나는 지혜이기도 했습니다. 형가가 연나라로 가서 개잡는 백정과, 축(筑)이라 불리는 악기를 잘 타는 고점리(高漸離)와 친구가 되었습니다.

그들은 날마다 저잣거리에서 술을 마시고, 고점리가 축을 타면 형가는 노래를 불렀습니다. 비록 술꾼들과 어울렸지만, 그의 사람됨은 침착하고 독서를 좋아했습니다. 연나라의 은사 전광도 그를 보통 사람이 아니라고 인정하고 잘 대접했습니다.

두 사람은 전혀 다른 배경과 성격을 가졌습니다. 예양은 주군에게 인정받는 기쁨을 알고 있었고, 형가는 인정받지 못하는 서러움을 견뎌왔습니다. 하지만 운명은 이 두 사람을 모두 자객의 길로 이끌었습니다. 과연 무엇이 이들을 그 길로 내몰았을까요?

복수의 결심과 대의의 선택

기원전 453년 지백이 조양자(趙襄子)를 공격하자, 조양자는 한씨·위씨와 공모하여 지백을 제거했습니다. 이들은 지백의 영토를 셋으로 나누었고, 조양자는 지백에 대한 극도의 원망을 담아 그의 머리뼈에 옻칠해서 술잔으로 사용하는 잔혹함까지 보였습니다.

주군의 비참한 최후를 목격한 예양은 산속으로 숨어들며 결심했습니다.

"일찌기 '남자는 자기를 알아주는 사람을 위해서 죽고, 여자는 자기를 좋아하는 사람을 위해서 얼굴을 단장한다'라고 했다. 이제 지백이 나를 알아주었으니, 내 반드시 원수를 갚고 죽어 지백에게 보답한다면, 내 혼백이 부끄럽지 않을 것이다."

한편, 연나라 태자 단은 진나라의 인질로 있다가 도망쳐 돌아온 상태였습니다. 그는 진나라 왕 정(훗날 진시황)과 어릴 적 친구였지만, 진왕이 그를 잘 대우하지 않자 원망하며 도망쳤습니다. 국무의 소개로 태자 단은 전광을 만났고, 전광은 다시 형가를 추천했습니다. 태자 단은 형가에게 진왕 암살을 부탁했고, 형가는 결국 태자의 간곡한 부탁에 승락했습니다.

예양에게 충성이란 자신을 알아준 주군에게 목숨을 바쳐 보답하는 것이었습니다. 반면 형가에게는 조국을 구하기 위한 희생이었습니다. 같은 자객의 길이지만 동기는 전혀 달랐습니다.

복수의 서막

예양은 이름을 바꾸고 죄수로 위장하여 조양자의 궁에 들어가 뒷간의 벽을 발랐습니다. 몸속에 비수를 품고 기회를 틈타 조양자를 죽이려 했지만, 조양자는 직감적으로 위험을 느끼고 그를 붙잡아 심문했습니다. "지백을 위해서 원수를 갚으려 했다!"는 예양의 고백에, 좌우의 신하들은 그를 즉시 죽이려 했습니다.

그러나 조양자의 반응은 의외였습니다.

"저 사람은 의로운 사람이다. 단지 내가 그를 조심하고 피하면 된다. 게다가 지백이 죽고 후사가 없는데, 그의 원수를 갚으려 하니, 이 사람이 천하의 현인이로다."

한편, 형가는 번오기(樊於期)의 목과 연나라 독항의 지도를 이용해 진왕에게 접근하는 계획을 세웠습니다. 번오기는 일찍이 진나라의 장군으로, 진왕에게 죄를 짓고 연나라로 망명한 인물이었습니다. 태자는 번오기를 희생시키는 것을 꺼렸지만, 형가는 직접 번오기를 찾아가 설득했습니다.

"제가 왼손으로 그의 소매를 잡고, 오른손으로 그의 가슴을 찌르겠습니다. 그렇게 되면 장군의 원수를 갚고 연나라가 당한 모욕도 씻을 수 있습니다."

결국 번오기는 자신의 원수를 갚을 기회라고 생각해 스스로 목숨을 끊었고, 태자는 그의 죽음을 슬퍼하면서도 이미 어쩔 수 없는 상황이었습니다.

극한의 변신과 장엄한 이별

예양의 두 번째 시도는 더 극단적이었습니다. 그는 몸에 옻칠해 문둥이처럼 꾸미고, 숯을 삼켜 목소리를 변조해 알아볼 수 없게 만든 후 저잣거리에서 구걸했습니다. 그의 변신은 너무나 완벽해서 심지어 그의 아내조차 그를 알아보지 못할 정도였습니다.

그러나 그의 벗은 그를 알아보고 울면서 다른 방법을 제안했습니다.

"자네의 재능으로 예물을 바치고 신하가 되어 조양자를 섬긴다면, 그는 반드시 자네를 가까이하고 총애할 것일세."

이에 예양은 단호하게 대답했습니다.

"남의 신하가 되어 섬기면서 그를 죽이려 한다면, 이는 두 마음을 품고서 군주를 섬기는 짓이네. 또한 지금 내가 하고자 하는 바는 지극히 어려운 일이라네. 그러나 이를 하는 까닭은 장차 천하 후세에 남의 신하가 되어 두 마음을 품고 군주를 섬기는 자들로 하여금 부끄럼을 알게 하려는 것일세."

같은 시기 형가가 떠나는 날, 태자와 빈객들은 모두 상복을 입고 그를 배웅했습니다. 역수(易水)에서 제사를 지낸 후, 고점리가 축을 타고 형가가 화답해 노래를 불렀습니다.

"바람 소리 쓸쓸하고, 역수는 차갑구나. 장사가 한번 가면, 다시 돌아오지 못하리."

이 노래를 들은 사람들은 모두 눈물을 흘리고, 머리카락이 관을 뚫고 솟을 만큼 감동했습니다. 형가는 수레를 타고 떠나며 끝내 뒤를 돌아보지 않았습니다.

어떤 장면이 더 마음에 와닿으시나요? 혼자서 극한의 변신을 감행하는 예양의 처절함일까요, 아니면 동지들과 함께 장엄하게 이별하는 형가의 비장함일까요?

마지막 시도와 장렬한 죽음

예양은 마지막으로 다리 밑에 숨어 조양자를 기다리다 조양자의 말이 놀라자 이상하게 여긴 그가 수색해 붙잡혔습니다. 조양자는 "그대는 범씨와 중항씨를 섬기고도 복수하지 않았으면서, 왜 지백만을 위해 기필코 복수하려 하는가?"라고 물었습니다.

예양은 담담히 대답했습니다. "그들은 저를 보통 사람으로 대했으니 보통으로 보답했고, 지백은 저를 국사로 대했으니 국사로서 보답하려 합니다." 이 말에 조양자는 감탄하며 울었지만, 이번엔 놓아줄 수는 없었습니다.

예양은 마지막 청을 올렸습니다. "당신의 옷을 빌려 그 옷을 치게 해주십시오. 원수를 갚으려는 제 뜻만 이루어주신다면 죽어도 한이 없습니다." 조양자가 허락하자 예양은 칼을 뽑아 옷을 세 번 치고 "이제 지백에게 보답했구나!"라 외친 뒤 스스로 목숨을 끊었습니다.

진나라에 도착한 형가는 천금이나 되는 예물을 진왕의 총신 몽가에게 주어 자신을 소개하게 했습니다. 진왕은 연나라가 항복하고 번오기의 목을 바친다는 소식에 크게 기뻐하며 예를 갖추어 형가를 맞이했습니다. 형가는 번오기의 목이 든 함을, 진무양은 독항의 지도가 든 상자를 받들고 나아갔습니다. 그러나 진무양은 공포에 떨며 안색이 변했고, 형가는 이를 보고 웃으며 "북방 오랑캐 땅에 천하게 살던 사람이라 천자를 뵌 적이 없어 두려워한다"라며 변명했습니다.

진왕이 지도를 펼치자, 형가는 왼손으로 진왕의 옷소매를 붙잡고 오른손의 비수로 진왕을 찔렀습니다. 그러나 미처 비수가 몸에 닿기 전에 진왕이 놀라 몸을 피하면서 소매만 잘렸습니다. 형가는 계획대로 진왕을 제거하려 했지만, 황급한 상황에서 진왕은 칼을 뽑지 못하고 기둥을 돌며 달아났습니다. 여러 신하도 놀라 어찌할 바를 몰랐습니다.

당시 궁정의 법에 따라 어전의 신하들은 무기를 지닐 수 없었기에, 맨손으로 형가를 내리쳤습니다. 어의 하무저는 약주머니를 형가에게 던졌고, 진왕은 신하들의 도움으로 칼을 뽑아 형가의 왼쪽 다리를 끊었습니다. 쓰러진 형가는 비수를 진왕에게 던졌으나 구리기둥에 맞았고, 진왕은 다시 그를 쳐서 여덟 군데나 상처를 입혔습니다. 결국 신하들이 몰려와 형가를 죽였고, 진왕은 크게 노하여 연나라를 공격했습니다.

은혜와 대의, 두 가지 의리

예양과 형가는 모두 목적을 달성하지 못했지만, 그들이 보여준 충절의 의미는 완전히 달랐습니다. 예양은 개인적 은혜에 대한 보답으로서의 충절을, 형가는 국가적 대의를 위한 희생으로서의 충절을 보여주었습니다.

예양의 이야기는 개인적 관계에서 비롯된 충성의 순수함을 보여줍니다. 그는 지백이 죽은 후에도 2번이나 암살을 시도하며 끝까지 의리를 지켰습니다. 심지어 적이었던 조양자조차 그의 의로움을 인정할 정도였습니다.

형가의 이야기는 나라를 위한 희생정신의 숭고함을 보여줍니다. 역수에서의 장엄한 이별은 중국 역사상 가장 감동적인 장면 중 하나로 기억되고 있습니다.

한 사람의 용기와 결단이 역사를 바꿀 수 있을까요? 두 사람의 암살 시도는 모두 실패했지만, 그들의 이야기는 중국 역사에서 가장 유명한 일화로 남았습니다. 2000년이 넘는 세월이 흘렀지만, 예양의 의리와 형가의 노래는 여전히 사람들의 마음을 울리고 있습니다.

충성은 누구를 위한 것인가?

이 장에서 만난 굴원, 관고, 예양, 형가는 모두 충절이라는 같은 가치를 추구했지만, 그 실천 방법과 대상은 완전히 달랐습니다.

굴원은 문학을 통해 이상적 정치를 꿈꾸며 타협하지 않는 절개를 지켰고, 관고는 주군을 위해 목숨을 바치는 실천적 충성을 택했습니다. 예양은 개인적 은혜에 대한 보답으로서의 의리를, 형가는 조국을 위한 희생으로서의 대의를 각각 완성하려 했습니다.

흥미롭게도 네 사람의 공통점은 모두 자신이 믿는 가치를 위해 목숨을 바쳤다는 것입니다. 하지만 그들이 추구한 충절의 대상과 방법은 뚜렷하게 달랐습니다.

굴원과 예양은 더 개인 차원에서 충절을 실천했다면, 관고와 형가는 더 큰 공동체를 염두에 두었습니다. 또한 굴원과 형가는 문학과 무력이라는 방법을 택했고, 관고와 예양은 더 직접적이고 실용적인 방법을 택했습니다.

놀랍게도 네 사람 모두 당대에는 실패했지만, 후세에는 길이 기억되었습니다. 굴원의 『이소』는 중국 문학의 출발점이 되었고, 관고의 신의는 충성의 모범으로 칭송받았습니다. 예양의 의리는 절대적 보답의 상징이 되었고, 형가의 결기는 비장한 희생정신의 대명사가 되었습니다.

네 사람의 삶을 보면서 어떤 생각이 드시나요? 개인의 신념과 공동체의 이익이 충돌할 때, 우리는 어떤 선택을 해야 할까요?

이상과 현실, 의리와 대의 사이에서 우리는 무엇을 기준 삼아 살아가야 할까요?

충성과 의리를 위해 목숨을 바친 이들의 이야기, 어떠셨나요?

하지만 인간관계는 언제나 이렇게 고결하기만 한 것은 아닙니다. 같은 스승에게 배웠음에도 질투와 배신으로 서로를 해치게 된 이들도 있었습니다.

준비되셨나요? 이제 인간 마음의 어둠과 빛이 교차하는 이야기를 만나보겠습니다.

쉬어가는 이야기

죽을 때까지 최선을 다한다는 것

"국궁진췌 사이후이(鞠躬盡瘁 死而後已)"라는 말을 들어보셨나요? '온 힘을 다해 나랏일에 힘쓰고 죽은 뒤에나 그칠 뿐이다'라는 뜻으로, 공직자나 지도자들이 취임사나 연설에서 자주 인용하는 유명한 구절입니다.

이 여덟 글자는 제갈량이 서기 227년 1차 북벌을 떠나기 전 위나라를 공격하기 위해 쓴 <후출사표> 가운데 나오는 말입니다. 제갈량은 유비의 뜻을 받들어 한나라 부흥이라는 꿈을 이루기 위해 다섯 차례나 북벌을 시도했지만 결국 뜻을 이루지 못하고 서기 234년 오장원에서 세상을 떠났습니다. 말 그대로 죽을 때까지 최선을 다한 것이죠.

흥미롭게도 이 구절은 중국 현대사에서도 큰 의미를 갖습니다. 중국의 초대 총리였던 주은래가 평생 좌우명으로 삼았던 말이기 때문입니다. 주은래는 실제로 이 말처럼 온몸을 바쳐 국정에 헌신했고, 중국인들은 그를 현대판 제갈량이라고 부르며 존경했습니다.

우리나라에서도 많은 정치인들이 이 구절을 인용합니다. 하지만 정말 중요한 것은 말이 아니라 실천이겠죠. 제갈량처럼, 주은래처럼 진정으로 국민을 위해 헌신하는 지도자는 어떤 모습일까요? 여러분은 이 말을 실천하며 살아가고 계신가요?

쉬어가는 이야기

포기하지 않는 의지

"봉산개도 우수가교(逢山開道 遇水架橋)" 라는 말을 들어보셨나요? '산을 만나면 길을 내고, 물을 만나면 다리를 놓는다'는 뜻으로, 어떤 어려움이 있어도 포기하지 않고 방법을 찾아 나간다는 의미입니다.

이 말은 《삼국지연의》의 적벽대전에서 나왔습니다. 유비와 손권 연합군에게 대패한 조조가 도망가던 중, 부하들이 "길이 좁은 데다 새벽 비로 진흙 구덩이에 말발굽이 빠져 앞으로 나아갈 수 없습니다"라고 보고했습니다. 이때 조조는 호통을 치며 "군대는 산을 만나면 길을 만들고 물을 만나면 다리를 놓아 행군하는 법이다. 진흙 구덩이쯤 만났다고 행군을 못 한다는 것이 말이 되느냐!"라고 외쳤습니다.

흥미롭게도 조조는 이렇게 의지를 불태우며 도망갔지만 결국 관우에게 붙잡히고 말았습니다. 다행히 과거 관우가 조조에게 신세를 진 적이 있어서 목숨만은 건질 수 있었죠. 그래서 이 고사성어는 때로 "무모한 의지"나 "현실을 무시한 고집"이라는 부정적 의미로도 쓰입니다.

하지만 현대에는 주로 긍정적인 의미로 활용됩니다. 2011년 힐러리 클린턴 미국 국무장관이 미·중 경제 전략대화에서 이 말을 인용하면서 유명해졌고, 우리나라에서도 많은 정치인과 기업인들이 어려운 상황을 극복하겠다는 의지를 표현할 때 자주 사용합니다. 패배 속에서도 포기하지 않는 조조의 모습, 여러분에게는 어떻게 보이시나요?

제3장

배신과 질투의 길목에서

배신은 어디서 시작될까요?

우리는 종종 "배신자"를 나쁜 사람이라 단정하지만, 그 배신이 어디서 시작됐는지는 좀처럼 들여다보지 않습니다.

이 장에서 만날 인물들은 질투, 경쟁, 오해, 정치적 이용이라는 복잡한 감정의 소용돌이 속에서 서로에게 상처를 주고, 결국 파국을 맞은 이들입니다.

이사와 한비자, 손빈과 방연. 이들은 모두 같은 스승 아래에서 학문을 익혔고, 함께 성장했던 동료이자 경쟁자였습니다. 그러나 한 사람은 권력의 유혹에 흔들렸고, 다른 한 사람은 끝내 말을 잃었습니다.

우정과 신뢰로 시작된 관계는 어째서 배신과 파멸로 끝났을까요?

우리는 이제 질투가 어떻게 신뢰를 무너뜨리고, 배신이 어떻게 인간을 파멸로 이끄는지 살펴보려 합니다.

《이사와 한비자 : 스승은 같아도 길은 달랐다》

기원전 3세기, 전국시대 후기. 진나라가 천하통일을 눈앞에 두고 있던 시기에, 두 명의 법가 사상가가 각자 다른 길을 걸으며 역사의 명암을 만들어냈습니다.

환경이 운명을 결정한다는 깨달음

여러분은 한 번쯤 자신의 인생이 환경에 의해 좌우된다고 생각해 본 적이 있으신가요?

이사는 진시황의 핵심 측근으로서 중국 최초의 통일 제국을 건설하는 데 결정적인 역할을 한 인물입니다. 그의 삶은 마치 한 편의 드라마처럼 찬란한 성공과 비극적 몰락이 교차하는 극적인 서사를 보여줍니다.

이사(李斯)는 초나라 상채(오늘날 하남성 駐馬店시) 출신의 평범한 청년이었습니다. 지방 관청에서 낮은 직책으로 일하던 중 우연히 본 광경에서 인생의 중요한 깨달음을 얻었습니다. 그것은 무엇이었을까요?

변소의 쥐들은 더러운 것을 먹으며 사람이나 개를 두려워했지만, 창고의 쥐들은 곡식을 마음껏 먹으며 사람이나 개조차 두려워하지 않았습니다. 이 광경을 본 이사는 탄식했습니다. "사람의 현명함과 어리석음이라는 것은 이 쥐들과 같아서, 결국 자신이 처한 환경에 달려 있을 뿐이구나!"

이 깨달음을 통해 이사는 자신의 운명을 바꾸기로 결심했습니다.

그는 당대 유명한 학자 순자에게 배움을 구했습니다. 학업을 마치고 스승과 헤어질 때 그는 이렇게 말했습니다.

"저는 '때를 얻으면 게으르지 말라'고 들었습니다. 비천한 지위에 머물며 아무런 대책도 세우지 않는 것은, 새나 짐승이 고기를 보고도 사람들이 지켜본다며 억지로 참고 지나가는 것과 같습니다. 비천함보다 큰 치욕은 없고, 곤궁함보다 심한 슬픔은 없습니다."

한편, 한비(韓非)는 전국시대 한(韓)나라의 공자로 태어났습니다. 말을 더듬는 장애가 있어 언변은 좋지 않았으나, 문장으로 자신의 사상을 명확히 표현하는 능력이 뛰어났습니다. 한비는 한나라의 국력이 약해지는 현실을 목격하며 여러 차례 왕에게 간언했으나 받아들여지지 않았습니다.

같은 스승 순자 밑에서 배웠지만, 이사는 개인의 출세를, 한비는 국가의 개혁을 꿈꾸고 있었습니다. 이사와 한비는 모두 현실에 대한 깊은 불만에서 출발했지만, 그 해결책은 완전히 달랐습니다.

이사는 환경을 바꾸기 위해 더 좋은 환경으로 이동하려 했고, 한비는 제도와 법을 통해 환경 자체를 개혁하려 했습니다. 이런 차이가 훗날 두 사람의 서로 다른 운명을 결정하게 됩니다.

진나라에서 피어난 야망

이사는 큰 뜻을 품고 진(秦)나라로 향했습니다. 진나라에서 그는 재상 여불위의 가신으로 시작해 마침내 진왕에게 천하통일의 계책을 제시했습니다.

"지금 진나라의 강성함과 대왕의 현명함이라면 '부뚜막 위의 먼지를 닦듯' 손쉽게 제후국을 멸망시키고 천하를 통일할 수 있으니, 이는 만년에 한 번 있을 기회입니다. 지금 게으름을 피우면서 서둘러 성취하지 않으면, 제후들이 다시 강해지고 합종을 약속할 테니, 비록 왕의 현명함이 있어도 천하를 손에 넣을 수 없습니다."

진왕은 이사의 계책을 듣고 그를 장사(長史, 궁궐 사무 총괄)로 임명했습니다. 이사의 출세 가도가 시작된 것입니다. 하지만 위기도 찾아왔습니다.

한(韓)나라의 정국(鄭國)이 대규모 운하 건설로 진나라의 국력을 약화시키려는 계략이 탄로 나자, 일부 대신들이 타국 출신 인재들을 모두 내쫓아야 한다고 주장했습니다. 이때 초나라 출신인 이사도 추방 대상이 되었습니다. 이에 그는 단호하게 역사적인 글, 〈간축객서(諫逐客書)〉를 올려 자신의 의견을 밝혔고, 타국 인재들을 존중하고 기용해야 한다는 강력한 논리를 펼쳤습니다.

이 글에서 이사는 진나라의 강대함이 외국 인재들을 적극 등용한 덕분임을 강조했습니다. "폐하는 희귀한 보물을 많이 가지고 계십니다. 이러한 수많은 보물은 진나라에서 하나도 생산되지 않았건만, 폐하께서 그것을 좋아하시는 것은 무슨 까닭입니까?" 그는 탁월한 비유로 자신의 주장을 강화했습니다.

마지막으로 그는 이렇게 말했습니다.

"태산은 한 줌의 흙도 사양하지 않았기에 그 높음을 이루었고, 하해는 작은 물줄기도 가리지 않았기에 그 깊음을 이룰 수 있다"(태산불양토양, 하해불택세류 - 太山不讓土壤, 河海不擇細流). 이를 통해 그는 개방적 인재 등용의 중요성을 강조했습니다.

이 글은 오늘날까지도 명문장으로 평가받고 있습니다. 진나라가 승상 제도를 도입한 이래 대부분을 외국 출신으로 임명했다는 사실은 그들의 인재 등용 방식이 얼마나 개방적이었는지 보여줍니다. 개방적 인재 등용은 오늘날에도 여전히 중요한 과제가 아닐까요?

한비의 법가 이론과 유세의 어려움

한비는 국가 통치에 있어 명확한 원칙을 제시했습니다. 첫째, 법제를 명확히 하여 통치의 기준을 확립할 것. 둘째, 군주가 권력을 확고히 장악하고 신하들을 효과적으로 통제할 것. 셋째, 실질적 공적보다 명분만 중시하는 유학자들을 경계하고, 실력과 공적에 따라 인재를 등용할 것. 아울러 한비는 유학자들이 글로써 법을 혼란스럽게 하고, 협객들은 무력으로 법을 어긴다고 비판했습니다.

한비는 자신의 정치철학을 「고분(孤憤)」, 「오두(五蠹)」, 「내외저(內外儲)」, 「설림(說林)」, 「세난(說難)」 등 10여만 자에 달하는 방대한 저술로 남겼습니다

한비의 가장 유명한 저술은 「세난(說難)」입니다. 이는 군주에게 조언하는 어려움에 관한 글로, 유세의 기술과 위험성을 상세히 분석했습니다. 한비는 유세의 어려움이 지식이나 말재주의 부족이 아니라 "상대방의 본심을 정확히 파악하고 그에게 맞게 말하는 데 있다"라고 지적했습니다. 명성을 추구하는 이에게 이익을 강조하면 저급하다고 여겨 거부당하고, 이익을 원하는 이에게 명성을 강조하면 현실성 없다고 무시당한다는 것입니다.

한비는 여러 역사적 사례를 통해 유세의 위험성을 보여주었습니다. 비가 와서 담장이 무너지자, 아들과 이웃이 똑같이 "담장을 쌓지 않으면 도둑이 들 것"이라 경고했지만, 실제로 도둑이 들자, 부자는 아들은 똑똑하다고 칭찬하면서 이웃은 의심했습니다. 동일한 조언도 관계와 신뢰에 따라 다르게 받아들여진다는 사실입니다.

위나라에서 군주의 총애를 받던 미자하는 어머니가 병들자 군주의 마차를 무단으로 타고(당시 법에 따르면 발을 자르는 형벌에 해당) 문병을 갔습니다. 또한 과수원에서 자신이 먹던 복숭아를 군주에게 건넸습니다. 총애받을 때는 이러한 행동이 효성과 사랑으로 칭송받았으나, 총애를 잃자 같은 행동이 "마차를 훔쳤고, 먹다 남은 음식을 군주에게 바쳤다"며 비난받았습니다. 이는 군주의 감정 변화에 따라 동일한 행위의 해석이 완전히 달라질 수 있음을 보여줍니다.

가장 유명한 것은 '용의 역린(逆鱗)' 비유입니다.

"용은 목 아래에 역린이라 불리는 거꾸로 난 비늘이 있어 이를 건드리면 반드시 사람을 죽인다. 군주에게도 건드려서는 안 될 역린이 있으니, 유세자가 이를 피하면 거의 성공했다 할 수 있다."라고 경고했습니다.

한비는 이론가답게 권력의 속성을 정확히 분석했지만, 정작 자신은 그 이론을 실천에 옮기지 못했습니다.

운명적 재회와 한비의 죽음

한비의 저작이 진나라에 전해지자 진왕은 그를 만나고 싶어 했습니다.

"이런 글을 쓴 사람과 교유할 수 있다면 죽어도 한이 없겠다"라고 말할 정도였습니다.

진왕이 한나라를 공격해 오자 위기에 처한 한나라는 한비를 진나라 사신으로 파견했습니다. 이렇게 같은 스승 밑에서 수학했던 이사와 한비가 운명적으로 재회하게 됩니다.

하지만 이사는 한비를 시기했습니다. 한비의 뛰어난 이론적 능력이 자신의 지위를 위협할 수 있다고 판단한 것입니다. 이사는 진왕에게 "한비는 한나라 공자로서 결국 한나라를 위할 것이니 트집을 잡아 죽이는 것이 좋겠다"라고 모함했습니다. 진왕은 이를 받아들여 한비를 옥에 가두었고, 이사는 한비에게 독약을 보내 자살하게 했습니다.

진왕이 후회하여 사면령을 내렸을 때는 이미 한비가 세상을 떠난 후였습니다. 역설적으로 한비는 「세난」에서 유세의 어려움을 상세히 분석했음에도, 자신은 그 어려움을 극복하지 못했습니다. 아이러니하게도 한비는 '군주의 역린을 건드려서는 안 된다'라고 경고했지만, 정작 그는 동문이자 권력자인 이사의 질투심을 자극해 비극적인 최후를 맞았습니다.

이렇게 이론가와 실무자, 이상주의자와 현실주의자의 만남은 결국 비극으로 끝났습니다. 한비는 자신이 분석한 권력의 논리에 의해 희생되었고, 이사는 동문을 죽이는 냉혹한 선택을 했습니다.

이사의 권력 정점과 분서갱유의 어둠

이사는 성공적으로 진시황의 조정에서 최고의 관직인 승상의 자리까지 올랐습니다. 그의 아들들은 모두 진나라 공주와 혼인을 맺으며 가문의 지위도 최고에 달했습니다. 맏아들 이유가 삼천군의 태수가 되어 휴가차 왔을 때, 이사는 성대한 연회를 열었습니다. 많은 고위 관료가 참석했고, 그의 대문과 뜰에는 수레와 말이 수천 대나 모이는 상황을 돌아보며 이사는 두 번째 한숨을 내쉬었습니다.

"아! 나는 순자에게 '사물이 지나치게 성대해지는 것을 경계해야 한다'라고 배웠다. 만물이 극에 이르면 쇠하거늘, 내가 어디에서 멈추어야 할지 모르겠구나."

그러나 이사의 이런 통찰력 있는 자각에도 불구하고, 끝내 그는 권력에서 물러나지 않았습니다.

이사의 경력에 가장 큰 오점이 된 정책이 있었습니다.

바로 분서갱유(焚書坑儒)였습니다. 학자들이 과거 사례를 들어 현재 정책을 비판하자, 이사는 "사람들은 저마다 자기가 배운 것을 옳다고 여기고, 조정에서 만든 법과 제도를 비난했습니다."라며 극단적인 정책을 제안했습니다. 이사는 시경, 서경을 비롯한 제자백가의 저서들을 불태우고, 이를 어기는 자는 처벌하자고 했습니다.

진시황은 이 제안을 받아들여 결국 수많은 책이 불태워지고 학자들이 탄압받는 비극적 사건이 발생했습니다. 정권의 안정을 위해 지식과 사상의 자유를 희생시킨 것입니다. 이는 이사가 현실적 성공을 위해 얼마나 많은 도덕적 타협을 했는지 보여주는 대목입니다.

이사의 선택과 몰락의 길

진시황이 사구(沙丘, 오늘날 하북성 邢臺)에서 갑작스럽게 사망하자, 이사는 인생 최대 선택의 기로에 섰습니다. 권력 투쟁이 벌어지는 상황에서 이사는 어떤 선택을 해야 할까요?

맏아들 부소를 지지하는 것이 도덕적으로는 옳았지만, 어린 호해를 황제로 세우는 것이 자신의 권력 유지에는 유리했습니다. 이사는 평생 추구해 온 권력과 지위를 포기할 수 없었습니다.

처음에 이사는 거부했지만, 결국 권력욕에 굴복하고 말았습니다. "아! 홀로 어지러운 세상을 만나 죽을 수도 없으니, 도대체 어디에 이 목숨을 맡긴단 말인가?" 이사의 세 번째 탄식은 그의 도덕적 타락과 비극적 결말의 시작을 알렸습니다.

이는 순자에게서 배운 도덕적 가르침을 완전히 저버리는 순간이었습니다. 환경이 사람을 만든다고 믿었던 그는, 결국 자신이 만든 권력의 환경에 갇혀버린 것입니다.

권력의 대가와 마지막 탄식

이세 황제 호해가 즉위한 후, 권력 투쟁은 더욱 치열해졌습니다. 이사는 자신이 선택한 길의 대가를 치르게 되었습니다. 황제를 잘못 선택한 것일까요, 아니면 권력 자체가 그를 파멸로 이끈 것일까요? 결국 이사는 모반 혐의로 투옥되었습니다. 감옥에 갇힌 이사는 하늘을 우러러보며 네 번째 탄식을 내뱉었습니다.

"아, 슬프구나! 도리를 모르는 군주에게 무슨 계책을 말할 수 있겠는가! 옛날 하 걸왕은 관용봉을 죽였고, 은 주왕은 왕자 비간을 죽였으며, 오왕 부차는 오자서를 죽였다. 이 세 신하가 어찌 충성을 바치지 않았겠는가? 그럼에도 죽음을 면치 못한 것은 충성을 받을 만한 군주가 못 되었기 때문이다."

이사는 마침내 권력의 본질을 깨달았지만, 이미 너무 늦었습니다.

수천 번의 매질과 고문 끝에, 이사는 결국 모반을 꾸몄다는 허위 자백을 할 수밖에 없었습니다. 이후 이세 황제 2년 7월, 이사는 수도 함양의 시장에서 허리가 잘리는 형벌을 받았습니다.

아들에게 던진 그의 마지막 말은 "너와 함께 다시 한번 누런 개를 끌고서 고향 상채의 동쪽으로 가서 토끼 사냥하려고 했는데, 이젠 어쩔 수 없게 되었구나!"였습니다. 권력의 정점에서 꿈꿨던 화려함 대신, 그가 그리워한 것은 아들과 함께하는 소박한 일상이었습니다.

끝내 아버지와 아들은 서로 울음을 터뜨렸고, 결국 이사의 일족은 모두 사형을 당했습니다. 그가 열망했던 권력은 결국 그를 파멸로 이끌었습니다. 그가 진시황을 위해 구축한 중앙집권적 전제주의 체제가 결국 자신을 죽인 것입니다. 이것이 바로 역사의 아이러니였습니다. 환경이 사람을 만든다고 믿었던 이사는, 결국 자신이 만든 환경의 희생양이 되었습니다.

이사와 한비, 두 법가 사상가의 삶은 극명한 대조를 이룹니다. 이사는 권력의 정점에 올랐지만, 도덕적 타락을 피하지 못했고, 한비는 순수한 이론가로 남았으나 현실의 벽을 넘지 못했습니다.

높이 올라갈수록 추락의 위험도 커진다는 사실을, 두 사람의 삶은 묵직하게 전해주고 있습니다.

《손빈과 방연 : 질투가 죽인 재능》

기원전 4세기, 전국시대 중기. 각국이 부국강병을 위해 군사 기술과 전략을 중시하던 시기에, 병법의 대가들이 활약하며 전쟁의 양상을 바꾸어 놓고 있었습니다.

동문수학에서 싹튼 질투

손자(孫子)는 춘추전국시대의 전략가로, 본명은 손무(孫武)이며 제나라 출신입니다. 오왕 합려에게 등용되어 오자서와 함께 초나라를 무찌르는데 큰 공을 세웠고, 그 유명한 《손자병법》의 저자입니다.

그런 손무가 세상을 떠난 후 백여 년이 흐른 뒤, 전쟁의 신이라 불릴 새로운 병법의 대가가 등장했습니다. 그는 손무의 후손인 손빈(孫臏)입니다. 그런데 손빈은 어떻게 불구의 몸으로 전쟁의 신이 되었을까요?

손빈은 방연(龐涓)과 함께 전국시대의 신비로운 병법가인 귀곡자라는 스승에게서 병법을 배웠습니다. 같은 스승 밑에서 학문을 익힌 두 사람이 왜 서로 원수가 되었을까요? 그 답은 바로 인간의 어두운 감정 중 하나인 질투에 있습니다.

방연은 전국시대 초기 강대국이었던 위(魏)나라에서 혜왕의 장군이 되었습니다. 하지만 그는 늘 손빈의 재능이 자신보다 뛰어나다고 생각했습니다. 이런 열등감이 결국 비극적인 사건으로 이어졌습니다. 방연은 몰래 사람을 보내 손빈을 불렀고, 손빈이 도착하자마자 그를 질투한 나머지 죄를 뒤집어씌워 두 발을 자르는 형벌인 빈형과 얼굴에 먹물을 새기는 형벌인 경형을 가했습니다.

방연의 이 잔인한 계략은 손빈이 평생 숨어 살도록 만들기 위한 것이었습니다. 여러분이라면 이런 상황에서 어떻게 대응하셨을까요? 절망하고 포기하셨을까요, 아니면 복수를 다짐하셨을까요?

제나라에서 피어난 새로운 희망

손빈의 삶에 전환점이 찾아왔습니다. 제나라의 사신이 위나라를 방문했을 때, 손빈은 그를 몰래 만나 자신의 재능을 알아주길 설득했습니다. 사신은 손빈의 지혜에 감탄하여 그를 위나라에서 빼내어 제나라로 데려갔습니다. 제나라의 장수 전기는 손빈의 진가를 알아보고 그를 귀한 객으로 대접했습니다.

그렇다면 손빈은 어떻게 자신의 가치를 증명했을까요? 바로 탁월한 지략을 통해서였습니다.

전기는 제나라의 공자들과 자주 경마 내기를 했습니다. 어느 날 손빈이 전기에게 이렇게 말했습니다. 손빈은 말의 달리는 능력에는 별 차이가 없으나 말에는 상, 중, 하 등급이 있는 것을 알았습니다.

"당신은 내기를 크게 거십시오. 제가 당신이 이기는 방법을 알려 드리겠습니다."

전기는 이 말을 믿고 왕과 여러 공자에게 천금이라는 큰돈을 내기에 걸었습니다. 시합 전 손빈은 전기에게 특별한 전략을 알려주었습니다.

"이제 당신의 하등 말과 저들의 상등 말을 붙이고, 당신의 상등 말을 저들의 중등 말과 붙이고, 당신의 중등 말을 저들의 하등 말과 붙이십시오."

이 기발한 전략의 결과는 어땠을까요? 세 판을 달려 시합이 끝나자, 전기는 2승 1패로 왕의 천금을 땄습니다! 이것이 바로 '손빈의 경마(孫臏賽馬)'라 불리는 유명한 전략 이야기입니다. 오늘날에도 약한 쪽이 강한 상대와 맞설 때 전략적 배치로 역전을 노리는 상황에서 이 말을 씁니다.

손빈의 뛰어난 전략적 사고는 전기가 그를 제나라 위왕에게 추천하게 했고, 위왕은 그의 재능을 인정하여 군사(軍師)로 삼았습니다.

첫 번째 복수의 성공

기원전 354년, 위나라가 조나라를 공격했습니다. 위기에 처한 조나라는 제나라에 도움을 요청했습니다. 제나라 위왕이 손빈을 장군으로 삼으려 하자 손빈은 사양하여 말했습니다. "죄를 지은 사람은 장군이 될 수 없습니다."

이에 위왕은 전기를 장군으로 손빈을 군사로 임명했고, 손빈은 휘장을 친 수레 안에 앉아 계략을 짰습니다. 전기가 군대를 이끌고 조나라로 가려 하자 손빈이 말했습니다.

보통 같은 편을 도우러 간다면 어떻게 하시겠습니까? 당장 조나라로 달려가서 위나라 군대와 맞서 싸우는 것이 일반적인 생각일 것입니다. 하지만 손빈의 생각은 달랐습니다.

그는 어떤 전략을 제시했을까요?

손빈은 이렇게 말했습니다. "무릇 엉킨 실을 풀려고 주먹으로 쳐서는 안 되며, 싸우는 사람을 말릴 때 그 사이에 끼어들어 손으로 밀쳐서는 안 됩니다. 적의 급소를 공략하고 빈틈을 노려 형세를 불리하게 만들면 저절로 해결됩니다."

이 말은 무슨 의미였을까요? 손빈은 직접 조나라를 구하러 가는 대신, 위나라의 수도인 대량(오늘날 하남성 개봉)을 공격하라고 조언했습니다. 그 이유는 위나라의 정예병이 조나라와의 전쟁에 투입되어 위나라에 남은 자는 노약자와 지친 병사뿐으로 본국의 방비가 허술할 것으로 판단했기 때문입니다.

이 전략은 성공적이었을까요? 물론입니다! 위나라는 즉시 조나라 포위를 풀고 본국으로 귀환했으며, 제나라는 계릉에서 위나라 군대를 대파했습니다. 이를 '위위구조(圍魏救趙, 위나라를 포위하여 조나라를 구한다)'라고 합니다. 오늘날에도 문제를 정면으로 해결하기보다 원인이 되는 곳을 먼저 공략할 때 이 말을 씁니다.

운명적 재회와 완벽한 복수

그로부터 13년 뒤(기원전 341년), 위나라와 조나라가 함께 한나라를 공격하자, 한나라가 제나라에 도움을 요청했습니다. 제나라는 전기를 대장으로 해 곧장 위나라 수도 대량으로 진격했습니다. 이번에도 손빈은 탁월한 전략을 세웠습니다. 특히 이번 전쟁은 오랜 원수 방연을 다시 상대할 기회였기 때문입니다.

손빈이 전기에게 강조해서 말했습니다.

"저들은 원래 사납고 용맹스러울 뿐 아니라, 제나라를 얕잡아 보고 있으며 제나라 군사를 가리켜서 겁쟁이라고 부르고 있습니다. 전쟁을 잘하는 사람은 그 형세를 잘 이용하여 유리하게 이끌어 가야 합니다."

그럼 13년 전의 일을 방연은 기억하고 있었을까요? 물론 기억하고 있었습니다. 그래서 이번에는 손빈의 전략에 넘어가지 않겠다고 다짐했습니다. 하지만 손빈의 지략은 그가 상상하는 것보다 훨씬 깊고 교묘했습니다.

손빈은 이번에 어떤 계략을 썼을까요? 그는 매우 심리적인 전략을 구사했습니다. 제나라 군대가 위나라 땅으로 들어간 후, 매일 취사용 아궁이의 수를 줄여나갔습니다. 첫날에는 10만 개, 둘째 날에는 5만 개, 셋째 날에는 3만 개로 줄인 것입니다. 이는 '감조지계(減竈之計)'라는 솥의 개수를 줄여 적을 속이는 전략으로, 상대방을 자만심에 빠뜨려 곤경에 빠뜨리는 것입니다.

이것은 무엇을 의미했을까요? 마치 군사들이 무서워서 도망가고 있는 것처럼 보이게 만드는 위장 전술이었습니다. 방연은 이를 보고 자만심에 빠졌습니다.

방연은 제나라 군대를 추격한지 사흘째에 이르자 크게 기뻐하며 말했습니다.

"제나라의 군대가 비겁하다는 것은 잘 알고 있었다. 우리 땅에 들어온 지 사흘 만에 도망간 병졸이 절반을 넘었구나."

자만심에 빠진 방연은 대부분의 보병을 뒤로하고 정예병만 데리고 빠르게 추격했습니다. 손빈은 방연의 행군 속도를 정확히 계산하여 그가 마릉(馬陵)이라는 곳에 도착할 것을 예상했습니다. 마릉은 길이 좁고 양옆이 험준한 곳으로 매복하기에 최적의 지형이었습니다.

손빈은 나무 껍질을 벗겨내고 "방연이 이 나무 아래에서 죽으리라."

라고 새겼습니다. 그리고 활을 잘 쏘는 병사 만 명을 좁은 길 양옆에 매복시켰습니다. 그리고 그들에게는 "불빛이 보이면 일제히 활을 쏘아라."라는 특별한 지시를 내렸습니다.

과연 손빈의 예상대로 방연은 밤중에 그 나무 아래 도착했습니다. 나무에 새겨진 글자를 보려고 부싯돌로 불을 밝히는 순간, 사방에서 화살이 빗발치듯 날아왔습니다. 패배를 인정한 방연은 이렇게 말했습니다. "이 풋내기 촌놈의 명성을 떨치게 했구나!"라고 말하고 자결했습니다.

제나라는 승세를 몰아 위나라 군대를 격파하고 태자 신(申)까지 포로로 잡았습니다. 이로써 손빈은 천하에 명성을 떨쳤으며, 그의 병법은 '손빈병법'이라는 이름으로 대대로 전해졌습니다.

손빈의 인내와 인간 승리

혹독한 시련을 감내하며 손빈은 자신의 재능을 발휘할 기회를 찾아냈습니다. 불구의 몸으로 숨어 살아야 했지만, 그는 관찰과 계산을 멈추지 않았습니다. 경마 전략과 전쟁 전략에서 그는 단순히 기술적 승리뿐 아니라 상대의 심리를 읽는 능력까지 보여주었습니다.

손빈은 자신이 처한 상황을 어떻게 돌파했을까요? 경마에서 그는 말의 능력이 아닌 배치 순서를 바꿨습니다. 계릉 전투에서는 조나라로 가는 대신 위나라의 수도를 공격했습니다. 마릉 전투에서는 아궁이 수를 줄여가며 방연에게 거짓 정보를 흘렸습니다.

손빈과 방연, 두 사람은 같은 스승 밑에서 병법을 배웠습니다.

하지만 방연은 동문의 재능을 시기하여 다리를 자르고 얼굴에 먹칠을 했습니다. 손빈은 불구가 되었지만 지혜로 복수했고, 방연은 건강한 몸으로도 결국 스스로 목숨을 끊었습니다. 두 사람의 결말을 어떻게 보시나요?

손빈의 병법서는 오랫동안 전해지다가 사라졌습니다. 그러다 1972년 산동성 임기현의 한나라 무덤에서 죽간본 《손빈병법》이 발견되어 2천 년 만에 세상에 다시 나왔습니다. 놀랍지 않나요?

여러분은 손빈의 어떤 모습이 가장 인상적이었나요?

질투와 배신이 갈라놓은 운명

이사와 한비, 손빈과 방연은 모두 같은 스승 귀곡자에게 배운 인재들이었습니다. 그러나 그들은 전혀 다른 길을 걸었습니다.

이사와 한비는 법가라는 사상을 공유했지만, 이사는 출세를 향해 적극적으로 달려갔고, 한비는 말더듬이라는 약점을 안고 이론가의 길을 택했습니다. 아이러니하게도 이사는 권력의 중심에 있었지만 끝내 조고의 계략에 희생되었고, 한비는 시기심에 가득 찬 이사에게 독살당했습니다. 둘 다 권력과 인간관계의 함정에서 벗어나지 못한 채 비극을 맞이한 것입니다.

손빈과 방연의 이야기는 질투와 인내의 극명한 대조를 보여줍니다. 방연은 같은 스승 아래에서 병법을 배운 손빈을 질투한 나머지, 그의 두 다리를 자르고 모욕을 가했습니다. 하지만 손빈은 절망 속에서도 인내했고, 결국 마릉대전에서 방연을 꺾는 복수를 이루었습니다. 방연은 자만과 질투로 스스로 무너졌고, 손빈은 인내와 지혜로 명장을 넘어 역사의 승자가 되었습니다.

네 사람 모두 탁월한 재능을 가졌지만, 감정을 어떻게 다루느냐에 따라 전혀 다른 결말을 맞았습니다. 시기와 질투, 권력에 대한 집착은 관계를 무너뜨렸고, 절제와 기다림은 승리를 안겨주었습니다.

여러분은 이들 중 누구의 선택에 더 마음이 가시나요? 재능과 명예도 중요하지만, 그것을 지켜낼 수 있는 그릇은 감정과 인격에서 비롯되는 것이 아닐까요? 스승은 같았지만, 선택은 달랐고, 결과는 더욱 달랐습니다.

질투와 배신의 어둠을 보셨습니다. 이제 힘들게 지켜낸 우정과 신뢰조차도 권력 앞에서 어떻게 무너질 수 있는지를 만나러 가겠습니다.

제4장

갈라선 동지들

함께 시작한 길이라 해도, 끝은 같지 않을 수 있습니다.

소진과 장의는 책략과 외교로 전국시대를 움직였던 책사들이었고, 장이와 진여는 개혁과 권력의 중심에 섰던 동지였습니다.

그러나 두 쌍 모두, 결국 서로 다른 길을 걷게 되었습니다. 경쟁이 심해질수록, 권력이 가까워질수록, 함께였던 이들은 갈등하고 멀어졌습니다.

그 과정에서 드러나는 것은 단지 정치적 선택의 차이만이 아니라, 인간관계의 본질입니다.

이제 같은 지향점을 가졌던 사람들이 왜 어긋났는지, 그 틈에 어떤 감정과 계산이 숨어 있었는지를 들여다보려 합니다.

《소진과 장의 : 같은 전략, 다른 선택》

기원전 4-3세기, 전국시대 중기. 진나라의 강력한 동진 정책에 맞서 각국이 생존 전략을 모색하던 시기에, 두 명의 종횡가가 역사를 바꾸는 대담한 외교전을 펼쳤습니다.

굴욕에서 시작된 운명

소진(蘇秦)은 동주 낙양 출신의 평범한 젊은이였습니다. 제나라에서 귀곡자라는 스승을 모시며 유세와 외교술을 익혔지만, 몇 년간의 유세 여행은 참담한 실패로 끝났습니다.

고향으로 돌아온 그를 맞이한 것은 주변의 차가운 비웃음이었습니다. "주나라 사람들은 농사나 상업에 종사해도 2할의 이익을 얻는데, 당신은 근본을 버리고 입과 혀를 놀리는 일만 했으니 곤궁해진 것도 당연하지 않겠느냐?" 형제와 형수, 누이와 아내, 심지어 첩까지도 그를 조롱했습니다.

이런 절망적인 상황에 소진은 부끄러움에 방문을 걸어 잠그고 나오지 않았습니다. 하지만 그는 여기서 포기하지 않았습니다. 태공의 《음부(陰符)》를 비롯한 병법서들을 꺼내 밤낮으로 연구했습니다. 졸음이 올 때면 송곳으로 자신의 허벅지를 찔러 정신을 차렸습니다. 이것이 바로 '추자고(錐刺股)'라는 고사성어의 유래입니다. 오늘날에도 "뼈를 깎는 노력"을 말할 때 이 표현을 씁니다.

1년간 이렇게 엎드려 공부한 끝에 마침내 상대의 마음을 헤아리는 방법을 깨달았습니다. 이것은 단순한 공부가 아니라, 모든 것을 걸고 다시 일어서려는 마지막 승부였습니다.

한편, 장의(張儀)는 위(魏)나라 출신으로, 소진과 함께 귀곡 선생 밑에서 종횡술을 배웠습니다. 초나라에서 재상의 벽옥이 사라지는 사건에 연루되어 큰 치욕을 당했습니다. "장의는 가난하고 행실이 좋지 않으니, 틀림없이 재상의 벽옥을 훔쳤을 것"이라며 수백 대의 매질을 당했지만 자백하지 않아 풀려났습니다.

아내가 "당신이 책 읽고 유세하지 않았더라면, 어찌 이런 치욕을 당했겠소?"라며 꾸짖자, 장의는 담담하게 답했습니다.

"내 혀가 아직 그대로 있는지 봐주시오(오설상재, 吾舌尙在)."

장의의 이 한 마디에는 혀끝 하나로 세상을 움직일 수 있다는 자신감이 배어 있었습니다.

두 사람 모두 굴욕적인 경험을 했지만, 소진은 모든 것을 걸고 재기하려는 집념을, 장의는 혀끝 하나로 세상을 움직이려는 자신감을 보여주었습니다. 이런 성격 차이가 훗날 그들이 선택한 서로 다른 전략을 결정하게 됩니다.

약자들의 연합을 꿈꾼 소진

소진은 여러 번의 유세 실패 끝에 연나라에서 전환점을 맞았습니다. 소진은 연 문후와 조 숙후를 차례로 설득했습니다. "진이 한(韓), 위(魏)를 공격하면 누에가 뽕잎을 갉아 먹듯 서서히 나라의 도성에까지 이르게 될 것"이라며 진나라의 위험성을 경고했습니다. 당시 약소국이 강대국에 맞서는 방법은 하나뿐이었습니다. 바로 '약자들의 연합'인 합종이었습니다.

소진이 제시한 6국 합종은 매우 구체적이었습니다. 6국이 상호방위 조약을 체결하여 진나라의 침공에 공동으로 대응한다는 것이었습니다. 오늘날로 치면 NATO와 같은 군사동맹이었죠. 소진은 각국의 특성에 맞는 맞춤형 설득을 펼쳤습니다. 한(韓)나라에는 자존심을, 위나라에는 경제력을, 제나라에는 지리적 안전성을, 초나라에는 패권국으로서의 자부심을 강조했습니다.

결국 이 전략이 성공했습니다. 6국 합종이 성사되자 소진은 합종의 장이 되어 6국의 재상을 겸하게 되었습니다. 한 사람이 동시에 여러 나라의 재상직을 맡는다는 것은 전대미문의 일이었습니다. 북쪽으로 조왕에게 보고하러 가다가 낙양을 지날 때의 모습은 따르는 마차와 각국의 호송 사신들이 얼마나 많은지 왕인가? 의심할 정도였습니다.

합종의 효과는 즉시 나타났습니다. "진나라 군대가 함곡관을 15년 동안 감히 넘보지 못했다"는 기록이 이를 증명합니다. 소진의 평생 노력이 마침내 결실을 맺은 순간이었습니다.

하지만, 이 성공이 영원할 수 있을까요?

소진과 장의의 운명적 만남

이때 소진은 놀라운 계책을 세웠습니다. 진나라가 다른 제후국을 공격하여 합종이 깨질 것을 우려한 소진은 진나라에 보낼 인재를 물색하고 있었습니다. 그 대상이 바로 옛 동문 장의였습니다.

소진은 사람을 시켜 장의를 자극하게 했습니다.

"그대는 당초 소진과 잘 지냈고, 지금 소진은 이미 탄탄대로를 걷고 있소. 어째서 그를 찾아가지 않는 것이오?"

마침내 장의가 조나라로 찾아오자, 소진은 냉랭하게 응대했습니다. 며칠 동안 만나주지도 않다가 겨우 만났을 때는 아랫자리에 앉게 하고 초라한 음식을 내주었습니다. 이렇게 소진은 장의에게 모욕을 주고 떠나보냈습니다. 화가 난 장의는 "진나라만큼은 조나라를 힘들게 할 수 있다"라는 생각으로 서쪽 진나라로 향했습니다.

사실 이것이 바로 소진의 계책이었습니다. 소진은 측근에게 은밀히 말했습니다.

"나는 그가 작은 이익에 안주하여 큰 뜻을 이루지 못할까 걱정이 되어서 일부러 모욕을 주어 그 뜻을 자극한 것이다."

소진은 자신의 경쟁자를 스스로 키워낸 셈이었습니다. 실제로 소진은 조나라 왕에게 돈과 마차를 얻어 장의를 몰래 도와주게 했습니다. 이로써 장의는 마침내 진 혜왕을 만날 수 있었고, 혜왕은 그를 외국인 고위 관료인 객경으로 삼았습니다. 소진은 장의라는 강력한 경쟁자를 의도적으로 만들어냄으로써 자신의 합종을 더욱 견고하게 만들려 했던 것입니다.

장의의 분열 전략

재상이 된 장의는 본격적으로 연횡 정책을 펼쳤습니다.

연횡이란 각국이 강국인 진나라와 개별적으로 동맹을 맺는 전략으로, 6국이 연합하는 합종과는 정반대의 방식입니다. 오늘날로 치면 국가 간

상호 안보 조약이나 전략적 동맹과 같은 외교적 수단에 비유할 수 있습니다. 장의는 이 전략을 통해 각국을 분리·제압하며, 진나라의 패권을 굳건히 하는 기반을 마련했습니다.

그럼, 장의는 어떤 방법으로 6국 연합을 깨뜨렸을까요? 바로 교묘한 외교술이었습니다.

가장 유명한 사례가 초나라에서 벌어진 '600리 거짓말 사건'입니다. 장의는 초왕에게 "제나라와 단교하면 상나라와 오나라 땅 600리를 주겠다"고 약속했습니다. 초왕이 제나라와 관계를 끊자, 장의는 "신의 봉읍 6리를 바치겠다"고 말을 바꿨습니다. 600리가 아니라 6리였던 것입니다!

초왕이 분노하여 "장의가 나를 속였다!"고 하자, 장의는 뻔뻔하게 대답했습니다. "대왕께서 제나라와 단교하신 것은 현명한 판단이었습니다. 하지만 저는 처음부터 6리라고 말씀드렸는데, 대왕께서 잘못 들으신 것이 아닌지요?"

장의는 이렇게 뻔뻔하게 자신의 거짓말을 상대방의 착각으로 둔갑시키는 놀라운 언변 능력을 보여주었습니다.

이후 장의는 각국을 돌며 맞춤형 설득을 펼쳤습니다. 위나라에는 지정학적 취약성을, 한(韓)나라에는 군사력 격차를, 제나라에는 지리적 고립을, 조나라에는 소진의 실패를 들어 합종의 허상을 폭로했습니다. 각국은 장의의 달콤한 약속에 하나씩 넘어갔습니다. 진나라와 개별 동맹을 맺으면 더 큰 이익을 얻을 수 있다는 환상에 빠진 것입니다.

한마디로 장의의 연횡술은 "나누어 정복하라"는 전략이었습니다.

6국이 각개격파 당하며 진나라만 강해지는 결과를 낳았습니다. 장의의 외교술은 개별적으로는 완벽했지만, 전체적으로는 진나라의 이익에만 충실했던 것입니다.

두 전략가의 최후

소진의 합종이 깨지기 시작했습니다. 진나라가 이간계를 써서 제나라와 위나라가 조나라를 공격하게 했기 때문입니다. 합종의 근본적 한계가 드러난 것입니다. 각국의 이해관계가 서로 다르고, 단기적 이익에 따라 언제든 배신할 수 있는 구조였던 것입니다.

결국 소진은 연나라로 가서 새로운 활동을 시작했습니다. 하지만 연 역왕의 어머니와 간통을 저지르는 위험천만한 도박을 감행했습니다. 이 사실이 공공연히 알려졌지만, 연왕은 오히려 소진을 더 후하게 대우했습니다. 불안감을 느낀 소진은 제나라로 잠입하여 국정을 혼란스럽게 시킨다는 핑계로 연나라를 떠났습니다.

하지만 제나라 대부 중 소진과 총애를 다투는 자들이 생겨났고, 결국 누군가가 소진을 암살하려 했습니다. 다친 소진은 죽음을 앞두고 마지막 계책을 세웠습니다. 자신의 죽음까지도 전략으로 활용하는 놀라운 발상이었습니다.

"신을 거열형에 처해 저잣거리에서 돌리며 '소진이 연을 위해 제에서 난리를 일으켰다'고 말하게 하십시오. 이렇게 하면 신을 죽이려던 적을 틀림없이 잡을 수 있을 것입니다."

자기 죽음까지도 마지막 한 수로 활용하는 이 계책은 성공했고,

소진을 죽인 자가 제 발로 나타났습니다.

소진의 일생은 절망에서 시작해 최고의 영광을 거쳐 다시 죽음으로 끝나는 극적인 드라마였습니다. 그는 평생에 걸쳐 약자들의 연대를 꿈꾸었고, 마지막 순간까지도 모든 것을 계산하는 전략가의 면모를 보여주었습니다.

한편, 장의의 운명도 순탄치 않았습니다. 진나라 혜문왕이 죽고 무왕이 즉위하자 장의의 입지가 흔들렸습니다. 무왕은 태자 때부터 장의를 좋아하지 않았고, 신하들이 "믿음이 없고 여기저기 나라를 팔아 가면서 환심을 사려는 자"라며 헐뜯었습니다. 장의는 위기를 느끼고 마지막 계책을 제안했습니다.

장의는 자신이 위나라로 가는 것만으로도 제나라가 반응할 것을 계산했습니다. 장의가 위나라로 가자 과연 제나라는 위나라를 공격했고, 장의는 몰래 사람을 보내 제왕을 설득하여 군사를 철수시켰습니다. 장의의 이 마지막 계략도 치밀했습니다. 장의는 위나라의 재상으로 1년을 있다가 그곳에서 죽었습니다.

소진과 장의, 두 전략가는 모두 성공했지만, 동시에 그들의 한계도 드러냈습니다. 소진의 합종은 이상적이었지만 구조적으로 불안정했고, 장의의 연횡은 현실적이었지만 약소국의 신뢰를 파괴했습니다.

한 사람은 약자들의 연대라는 이상을 위해 평생을 바쳤고, 다른 사람은 강자의 논리에 따라 냉철한 전략을 펼쳤습니다. 두 사람이 추구한 길은 달랐지만, 그들이 시대를 움직인 전략가였다는 사실은 부정할 수 없습니다. 어떻게 보시나요?

《장이와 진여 : 권세 앞에 무너진 약속》

기원전 3세기, 진나라 말기. 진시황 사후 천하가 혼란에 빠지며 각지에서 영웅들이 일어나던 격동의 시대였습니다.

빈천 속에서 피어난 우정

장이(張耳)와 진여(陳餘)는 모두 대량(오늘날 하남성 개봉시) 출신으로, 중국 역사상 가장 격동적인 시기였던 진나라 말기에 등장한 인물들입니다. 두 사람의 만남은 운명적이었다고 할 수 있습니다.

장이는 젊은 시절 위나라 공자 무기의 빈객으로 있다가 죄를 지어 외황에서 떠돌이 생활을 했습니다. 그곳에서 한 부잣집 딸과 결혼하게 되었고, 장인의 후원으로 위나라에서 외황의 현령이 되어 명성을 얻게 되었습니다. 진여 역시 대량 사람으로 유가 학술을 좋아하고 조나라의 고형 지역을 자주 드나들었습니다. 그곳의 부자 공승씨는 진여가 범상치 않은 인물임을 알아보고 딸을 그에게 시집보냈습니다.

두 사람은 나이 차이가 있었지만, 서로를 깊이 신뢰하며 목숨을 내놓아도 아깝지 않은 문경지교(刎頸之交)를 맺었습니다. 이는 진나라 말기 혼란한 시대적 상황에서 더욱 빛을 발하는 우정이었습니다. 과연 장이와 진여는 어떻게 신분과 나이의 차이를 뛰어넘어 이토록 깊은 망년지교(忘年之交)의 우정을 맺을 수 있었을까요?

두 사람 모두 혼란한 시대에 자기 능력을 발휘하고자 했고, 서로의 재능을 인정하며 신뢰를 쌓아갔던 것입니다. 이는 단순한 이해관계를 넘어선 진정한 동지애였다고 볼 수 있습니다. 그들은 함께 큰 뜻을 품고 세상을 바꿔보려는 이상을 공유하고 있었습니다.

흥미롭게도 앞서 본 소진과 장의가 처음부터 전략적 라이벌 관계였다면, 장이와 진여는 진정한 개인적 유대에서 출발한 경우였습니다.

생존을 위한 협력

진나라가 위나라를 멸망(기원전 228년)시킨 후, 장이와 진여의 명성을 듣고 장이에게는 천금, 진여에게는 오백 금의 현상금을 걸었습니다. 이들은 성과 이름을 바꾸고 함께 진현으로 가서 마을 문지기로 생활했습니다. 이 시기에 두 사람은 서로를 의지하며 생존해 나갔습니다.

어느 날 마을 관리가 진여를 매질하려 하자 진여가 대들려 했지만, 장이가 그의 발을 밟아 참게 했습니다. 이후 장이는 진여를 꾸짖으며 "작은 모욕 때문에 하찮은 관리의 손에 죽으려 하오?"라고 했고, 진여도 이 말이 옳다고 인정했습니다.

이 일화는 무엇을 시사하는 걸까요? 이는 후일 장량이 유방의 발을 밟으며 모욕을 참게 한 일화나 한신의 '과하지욕(胯下之辱)'과 유사한 고사로, 큰 뜻을 위해 작은 굴욕을 참는 지혜를 보여줍니다. 때로는 당장의 분노와 자존심을 내려놓고 더 큰 목표를 위해 인내하는 것이 현명한 선택일 수 있다는 것입니다.

이때까지 두 사람의 관계는 순수했습니다. 권력도 명예도 없이 오직 서로만을 의지하며 살아가던 시기여서, 서로에 대한 절대적 신뢰가 있었습니다. 하지만 이런 순수한 우정이 과연 권력 앞에서도 계속 지켜질 수 있을까요?

현명한 조언과 계속되는 우정

기원전 209년, 진승과 오광의 봉기 이후 각지에서 반란이 일어났습니다. 진섭(陳涉, 진승의 자)이 진현에 이르렀을 때 그의 군사는 수만 명에 달했고, 장이와 진여는 진섭에게 만나기를 요청했습니다. 진섭과 그 측근들은 두 사람의 현명함에 대해 들어 알고 있었기에 기뻐했습니다.

진의 호걸들이 진섭에게 왕이 되기를 권했을 때, 장이와 진여는 이에 반대하는 전략을 제시했습니다. "이곳 진에서 왕이 되신다면, 천하에 사욕을 보이는 것입니다. 왕위에 오르지 마시고 급히 군사를 이끌고 서쪽으로 가시고, 여섯 나라들의 후계자를 세우십시오. 그러면 장군은 같은 편을 얻고, 진나라에는 적을 더하는 것입니다."

하지만 진섭은 이 현명한 조언을 무시하고 진나라 왕이 되었습니다. 이는 후에 진섭이 빠르게 몰락하는 원인이 되었습니다.

장이와 진여의 조언은 단순히 힘의 우위를 점하는 것이 아니라, 동맹의 중요성과 적의 힘을 분산시키는 지혜를 보여줍니다. 오늘날의 국제 정치나 비즈니스 전략에서도 이러한 원칙은 여전히 유효하지 않을까요?

두 사람은 이후 조나라로 가서 조왕 헐을 보좌하며 활동하게 되었습니다. 이 시기까지만 해도 그들의 우정은 여전히 견고했고, 서로를 신뢰하며 같은 목표를 향해 나아가고 있었습니다.

거록성 포위와 우정의 균열

조나라에서의 활동 끝에 장이는 조왕 헐과 함께 거록성(오늘날 하북성 거록현)에 들어갔는데, 진나라 장수 왕리에게 포위되었습니다. 장이에게 생사의 기로에 선 절체절명의 상황이었습니다.

진여는 북쪽으로 가서 상산의 병력을 모아 거록성 북쪽에 주둔했지만, 진나라의 강한 군대를 대적할 수 없다고 판단하여 진격하지 못했습니다. 하지만 포위된 장이의 심정은 어떠했을까요? 그는 크게 노하여 진여에게 사람을 보내 책망했습니다.

"처음에 나는 그대와 문경지교를 맺었소. 지금 왕과 내가 아침 저녁으로 죽을 지경인데도, 그대는 수만 명의 병사를 끼고 앉아서 우리를 구원하려 하지 않으니, 어디에 서로를 위해 목숨을 버리자는 의리가 있단 말이오?"

이에 진여는 다음과 같이 답했습니다. "내가 당신과 함께 죽기를 각오하고 싸우지 않는 것은 조나라 왕과 당신을 위해 진나라에 복수하기 위해서입니다. 지금 만일 함께 죽고자 한다면, 이는 굶주린 범에게 고기를 던지는 것과 같으니 무슨 이로움이 있겠습니까?"

진여의 입장에서 보면 그의 판단에는 나름의 논리가 있었습니다. 그는 정말 장이를 배신한 것일까요? 아니면 더 큰 그림을 보고 있었던 것일까요? 하지만 이러한 판단의 차이가 두 친구 사이의 신뢰에 균열을 가져오게 되었습니다. 앞서 본 소진과 장의가 처음부터 전략적 계산에 따라 움직였다면, 여기서는 진정한 감정의 상처가 시작된 것입니다.

결국 진여는 5천 명의 군사를 보내 진나라에 맞섰으나 모두 몰살당했습니다. 다행히 후에 항우의 군대가 도착하여 진나라 군대를 격파하고 왕리를 사로잡아 거록성의 포위는 풀렸습니다. 하지만 이미 두 사람의 관계에는 돌이킬 수 없는 상처가 생겨버렸습니다.

원수가 된 친구들

거록성에서 벗어난 후, 장이는 진여를 만나 그가 조나라를 구원하지 않은 것을 꾸짖고, 파견한 부하들의 소재를 캐물었습니다. 진여는 그들이 모두 몰살당했다고 설명했지만, 장이는 그 말을 믿지 않고 진여가 그들을 죽였다고 의심했습니다.

이에 화가 난 진여는 장군의 인수(印綬)를 풀어 장이에게 내밀었습니다. 장이는 당황했지만, 한 빈객의 조언으로 결국 장군의 인장을 받고 진여의 군대를 접수했습니다. 진여는 이에 크게 원망하며 그곳을 떠났고, 이로써 두 사람의 우정은 완전히 깨졌습니다.

이후 항우가 제후들을 봉할 때, 장이는 많은 사람들의 추천으로 상산왕이 되었습니다. 반면 진여는 남피 부근의 세 현만을 분봉받았습니다. 이에 진여는 더욱 분노하여 "장이와 나는 공이 같은데 장이는 왕이 되고, 나는 후(侯)가 되었으니, 이는 항우가 공평하지 못한 것이다"라고 말했습니다.

마침내 진여는 제나라 왕 전영의 도움을 받아 병사를 모으고 상산왕 장이를 공격했습니다. 장이는 패하여 한(漢)나라로 도주했고, 한왕 유방은 그를 후하게 대우했습니다. 이후 한나라와 초나라의 대립 속에서 장이와 진여는 각자의 이익을 위해 움직였습니다.

한나라가 동쪽으로 초나라를 공격할 때 조나라에 동맹을 제안하자, 진여는 "한나라가 장이를 죽인다면 따르겠다"고 했습니다.

한왕은 장이를 닮은 사람을 죽여 그 머리를 진여에게 보냈고, 진여는 그제서야 한나라를 도왔습니다. 그러나 한나라가 팽성 전투에서 패하고 진여도 장이가 살아있음을 알게 되자 진여는 다시 한나라를 배반했습니다.

기원전 204년, 한신이 위나라를 평정한 후 장이와 함께 정형에서 조나라를 격파하고 진여와 조왕 헐을 죽였습니다. 한나라는 장이를 조나라 왕으로 세웠습니다.

한편 이 정형 전투는 한신을 역사의 전면에 등장시킨 중요한 전투였으며, 그의 군사적 재능을 세상에 알리는 계기가 되었습니다.

권력은 인간관계를 어떻게 변화시키는 걸까요? 한때는 목숨을 서로 위해 바치겠다던 두 사람이 어떻게 서로의 죽음을 원하는 사이가 되었는지, 그 과정을 보면 권력과 이익이 인간의 본성에 미치는 영향을 깊이 생각하게 됩니다.

권력 앞에 무너진 약속

장이와 진여는 빈천할 때는 서로 죽음을 무릅쓰고 신의를 지켰으나, 권력과 명예를 쟁탈하게 되자 서로를 멸망시키는 비극적 결말을 맞았습니다. 예전에는 서로를 깊이 신뢰하던 두 사람이 결국 서로를 배반하게 된 것은, 권세와 이익 앞에서 인간관계가 얼마나 취약한지를 보여줍니다.

그들이 거록성 전투에서 보여준 판단의 차이는 단순한 우정의 배신이라기보다는 각자가 처한 상황과 책임에서 비롯된 전략적 선택일 수 있습니다. 그러나 그 과정에서 생긴 불신과 오해가 결국 돌이킬 수 없는 균열로 이어진 것은 인간관계의 연약함을 보여줍니다.

진정한 우정이란 무엇일까요? 그리고 그것은 어떤 조건에서 지켜질 수 있을까요? 어쩌면 우정과 정치적 이해관계는 본질적으로 양립하기 어려운 것인지도 모릅니다.

장이와 진여의 이야기는 2천 년이 지난 오늘날에도 권력과 우정, 신뢰와 의심, 그리고 인간의 본성에 관해 여러 생각들을 떠올리게 합니다. 그들의 비극적 종말은 권력이라는 유혹 앞에서 우정이 얼마나 취약한지를 묵직하게 전해주고 있습니다.

권력이 드러낸 인간의 본성

소진과 장의, 장이와 진여. 이 네 사람은 모두 뛰어난 재능을 바탕으로 시대를 움직인 전략가였지만, 권력이라는 무대에서 서로 다른 방식으로 부딪히고 갈라졌습니다.

소진과 장의는 같은 스승 밑에서 유세술을 배우고, 각기 합종과 연횡이라는 전략으로 대립했습니다. 소진은 6국의 약자를 규합해 진나라를 견제하려 했고, 장의는 진나라 중심의 질서를 주장하며 반대편에 섰습니다. 놀랍게도 소진은 장의를 진나라로 보내기 위해 모욕을 주는 계략까지 세웠고, 장의는 그 모욕을 견디며 결국 진의 명재상으로 성장했습니다. 적이었지만 서로를 인정한 이들의 관계는 아이러니하게도 전략적 존중 위에 세워졌습니다.

반면 장이와 진여는 정반대였습니다. 한때 목숨을 건 의리로 맺어진 문경지교의 두 사람은 권력 앞에서 완전히 등을 돌렸습니다. 서로를 의심하고, 기회를 놓치고, 결국 칼을 겨눈 사이가 되었습니다. 정치적 계산이 아닌 감정에 의존한 관계는 외부의 압력과 내부의 불신에 쉽게 무너졌습니다.

두 쌍의 이야기를 보면서 어떤 생각이 드시나요? 약속보다 전략이 강했던 관계는 지속되었고, 우정보다 오해가 컸던 사이는 파국을 맞았습니다. 권력은 그 자체보다도, 그것을 대하는 사람의 태도를 통해 진정한 모습을 드러내는 것 같습니다.

과연 우리는 언제 동지를 믿고, 언제 의심해야 할까요? 함께 걷던 길이 어느 순간 갈라질 수 있다면, 그 갈림길에서 우리는 어떤 선택을 해야 할까요?

그렇다면 이 복잡한 인간관계 속에서, 우리는 어떤 선택을 해야 할까요? 누군가에게 충성을 바칠지, 적당히 거리를 두며 자신을 지킬지, 아니면 때를 보아 물러날지를 어떻게 결정해야 할까요?

5편에서 우리는 인간관계의 갈림길을 지나왔습니다. 이제 6편에서는 권력과 충성, 개혁과 물러남 사이에서 인물들이 어떤 판단을 내렸고, 그 결과는 어떠했는지를 살펴보겠습니다.

쉬어가는 이야기

때로는 바보인 척하는 지혜

"사람은 총명하기도 평범하기도 어렵다. 그런데 총명한 사람이 평범한 것처럼 보이기는 더더욱 어렵다." 청나라 시인 정판교의 이 말은 중국인들이 사랑하는 문구 중 하나입니다. 난득호도(難得糊塗), 즉 '흐리멍텅한 척 하기 어렵다'는 뜻입니다.

사람은 누구나 잘난 척하고 싶은 욕구와 동시에 잘난 체하는 타인을 싫어하는 본능을 가지고 있습니다. 역사는 이 두 본능이 어떤 결과를 가져오는지 생생하게 보여줍니다.

양수(楊脩)는 조조의 참모로서 뛰어난 능력을 자랑했습니다. 그는 조조의 일거수일투족을 살펴 그의 마음을 꿰뚫어 보고 미리 준비하는 탁월한 재능을 가졌습니다. 하지만 바로 이 똑똑함이 화근이 되었습니다. 조조는 "양수는 매사에 내 속을 정확하게 간파하니 참으로 위험한 인물이구나"라고 생각했고, 결국 양수는 젊은 나이에 목숨을 잃었습니다.

반면 가후(賈詡)는 정반대의 방식을 택했습니다. 말년의 조조가 후계 문제로 고민하며 장남 조비와 삼남 조식 중 누구를 세워야 하는지 신하들에게 물었을 때, 다른 신하들은 각자의 이해관계에 따라 명확한 답을 했습니다. 하지만 가후는 어떻게 했을까요?

그는 질문에 대답하지 않고 멍한 표정만 지었습니다. 답답해진 조조가 재차 묻자, 가후는 "문득 원소와 유표가 생각납니다"라고만

쉬어가는 이야기

했습니다. 조조는 즉시 깨달았습니다. 장자가 아닌 다른 아들에게 상속해서 가문이 분열된 두 사례를 떠올린 것이죠.

가후는 왜 직접적으로 설명하지 않았을까요? 그는 상대에게 자신의 똑똑함을 뽐내는 것보다는, 상대가 스스로 생각하고 판단할 수 있도록 돕는 것이 진정한 지혜임을 알고 있었습니다. 자신의 주장을 드러내기보다는 상대의 깨달음을 이끌어낸 것입니다.

결과는 어땠을까요? 양수는 재능을 과시하다 목숨을 잃었고, 가후는 '호도'한 척하며 천수를 누렸습니다.

오늘날에도 회의장에서 자신의 똑똑함을 과시하려는 사람과 상대방이 스스로 답을 찾도록 돕는 사람 중 누가 더 환영받는지 생각해 보세요. 때로는 바보인 척하는 것이야말로 가장 현명한 선택일지도 모릅니다.

중국에는 '바보'를 뜻하는 독특한 숫자가 있습니다. 바로 '250(二百五)'입니다. 유래는 앞에서 본 소진의 암살 사건입니다. 제왕이 '소진을 죽인 자에게 천금을 주겠다'는 함정 공고를 내자, 네 명의 자객이 나타났습니다. '천금을 넷이서 나누면 얼마냐?'는 질문에 그들은 '250냥씩'이라 답했고, 제왕은 이 '네 명의 250'을 참수했습니다.

양수는 너무 똑똑해서 죽었고, 이들 네 명은 생각이 없어서 죽었습니다. 지혜의 스펙트럼은 참으로 넓지 않습니까?

제6편

선택의 지혜

제1장. 충심과 변심의 기로
- 한신과 팽월
- 오자서와 악의

제2장. 인재를 알아보는 자, 잃는 자
- 맹상군과 신릉군
- 평원군과 춘신군

제3장. 개혁의 두 방향
- 상앙과 진승
- 조 무령왕과 연 소왕

제4장. 내려놓음의 미학
- 범저와 채택
- 계찰과 범려

역사는 선택의 연속입니다.

누구를 따를 것인가, 무엇을 바꿀 것인가, 언제 물러날 것인가? 그 선택 하나하나가 한 나라의 운명을 바꾸고, 한 사람의 삶을 결정짓습니다.

이 편에서는 다양한 선택의 기로에 선 인물들을 만나봅니다. 공을 세우고도 죽임을 당한 한신과 팽월, 충성했으나 끝내 버림받은 오자서와 악의, 신하의 역할과 인재의 한계를 보여주는 맹상군과 춘신군, 위에서 아래까지 개혁을 시도했던 조 무령왕과 연 소왕, 그리고 스스로 물러남으로써 더 많은 것을 이룬 계찰과 범려의 이야기까지.

이들의 이야기는 한 시대의 정치, 충성, 권력, 개혁, 은퇴를 통해 삶의 지혜를 되묻습니다.

과연 언제 나서고, 언제 물러설 것인가?

무엇을 위해 바꾸고, 무엇을 지켜야 할 것인가?

마지막 편에서는, 《사기》 속 인물들의 다양한 선택을 통해 여러분이 마주하게 될 수많은 갈림길에서 어떤 판단을 내릴 것인지 돌아볼 기회를 갖고자 합니다.

제1장

충심과 변심의 기로

누군가는 나라를 세우는 데 앞장섰고, 누군가는 목숨을 걸고 주군을 도왔습니다. 그러나 그들은 끝까지 인정받지 못했고, 결국 버려졌습니다.

한신과 팽월, 오자서와 악의. 모두 충성을 다했지만, 마지막엔 냉혹한 결말을 맞이했습니다.

그들의 이야기는 우리에게 묻습니다. 성공 이후에 진짜 시험이 시작되는 것은 아닐까요?

공로보다 두려움이, 의리보다 의심이 앞서는 권력의 세계 속에서 이들은 어떤 선택을 했고, 그 선택은 어떤 결말을 낳았을까요?

《한신과 팽월 : 공신의 몰락과 처세》

기원전 3세기 말~2세기 초, 진한교체기. 진시황 사후 천하가 크게 어지러워지며 영웅호걸들이 한 시대를 풍미하던 격동의 시기에, 유방의 천하통일을 도운 두 명의 걸출한 군사가가 있었습니다.

굴욕을 참은 인내와 기회를 잡은 지혜

한신(韓信)은 회음(오늘날 강소성 회안시) 출신으로, 젊은 시절 매우 가난했습니다. 그는 관리가 될 만한 품행이나 상업적 재능도 없어서 다른 사람들의 호의에 의존해 살았습니다.

한신의 삶에서 가장 유명한 일화는 바로 '백정의 가랑이 밑을 기어가는 굴욕'입니다. 회음 땅의 백정 중에 한신을 멸시하는 젊은이가 "네가 용기가 있으면 나를 찌르고, 용기가 없다면 내 가랑이 밑으로 기어 나가라"고 했습니다. 이에 한신은 그를 한동안 쳐다보다가 몸을 구부려 가랑이 밑으로 기어 나갔습니다.

사람들은 한신을 비겁하다고 여겼지만, 훗날 사람들은 이런 굴욕을 감수한 일을 '과하지욕(跨下之辱)'이라 부르며 큰 뜻을 품은 사람의 인내를 표현할 때 쓰게 되었습니다. 오늘날에도 성공을 위해 일시적인 굴욕이나 어려움을 참고 견디는 상황을 이렇게 표현합니다.

한편, 팽월(彭越)은 창읍(오늘날 산동성 위방시) 출신으로, 물고기를 잡으며 도적질하는 사람이었습니다. 진승과 항량의 봉기가 일어났을 때, 한 젊은이가 팽월에게 진나라에 반항하는 호걸들처럼 일어날 것을 권유했습니다. 그때 팽월의 대답은 매우 인상적이었습니다. "지금은 두 마리 용이 싸우고 있으니 잠시 기다려 봅시다."

이 말을 듣고 보면 팽월에게도 정치적 안목이 엿보이지 않으세요? 약 1년 후, 거야택 연못 주변의 젊은이 100여 명이 팽월을 찾아와 우두머리가 되어달라고 요청했습니다. 처음에는 거절했지만, 지속적인 요청에 마침내 수락한 팽월은 이튿날 아침 해 뜰 무렵에 만나기로 약속하며 늦게 오는 자는 목을 베겠다고 선언했습니다.

이튿날, 해가 뜨고 10여 명이 늦게 도착했는데, 가장 늦은 사람이 해가 중천에 떴을 때 도착하자, 팽월은 실제로 그 사람을 끌어내어 목을 베고 단을 만들어 제사를 지냈습니다. 이 행동에 무리들은 매우 놀라 두려움에 떨었습니다.

한신과 팽월, 두 사람 모두 어려운 환경에서 인내하며 기회를 기다렸다는 공통점이 있습니다. 하지만 그 방식은 달랐습니다. 한신은 개인적 굴욕을 감수하며 더 큰 목표를 향해 나아갔고, 팽월은 엄격한 리더십으로 권위를 확립했습니다. 여러분은 어떤 방식이 더 현명했다고 생각하시나요?

난세의 영웅으로 부상하다

초나라의 후예인 항량이 회수(淮水)를 건너자, 한신은 칼 한자루에 의지해 그를 따랐으나, 그의 밑에 있을 때는 이름이 알려지지 않았습니다. 항량이 죽자 한신은 항우에 귀속되었으나, 항우는 한신의 조언을 귀담아듣지 않았고, 이것이 한신이 유방에게 귀순하는 결정적인 계기가 되었습니다.

유방 밑에서도 처음에는 곡식 창고를 관리하는 연오라는 낮은 직책을 받았을 뿐이었습니다. 그러나 운명의 순간이 찾아왔습니다. 법을 어겨 목이 잘리는 벌을 받게 되었는데, 한신이 고개를 들어 등공 하후영을 발견하고 "왕께서는 천하를 취하지 않으실 것입니까? 어찌 장사를 죽이려고 하십니까!"라고 외쳤습니다. 하후영은 한신의 말이 기특하고 장하다고 여겨 살려주었고, 이후 한신의 재능을 알아본 소하의 열정적인 추천 덕분에 한신은 마침내 대장으로 임명되었습니다.

한편, 팽월은 한나라 원년 가을(기원전 206년), 제나라 왕 전영이 항우에게 반기를 들었을 때 한왕으로부터 장군의 직인을 받고 남쪽으로 내려와 초나라를 공격하는 임무를 맡았습니다. 초나라가 소공 각에게 팽월을 공격하라 명령했으나, 팽월은 초나라의 군대를 대파했습니다. 이후 팽월은 병사 3만여 명을 이끌고 외황에서 한나라에 투항했고, 한왕은 팽월의 공로를 인정해 위나라의 상국이라는 최고위 관직에 임명했습니다.

한왕이 팽성에서 패해 서쪽으로 도주할 때, 팽월은 한나라의 유격병이 되어 여기저기를 오가며 초나라를 공격하여 후방 위나라 지역의 식량 보급로를 끊었습니다. 팽월의 이러한 '게릴라식 전략'은 항우의 전선을 혼란스럽게 만들어 유방에게 결정적인 도움이 되었습니다.

천재적 전술과 전략적 가치

한신이 대장으로 임명된 후, 그는 유방에게 항우의 약점을 명확하게 분석해 보여주었습니다. "항우가 큰 소리를 지르며 화를 내며 꾸짖으면 모두 엎드리지만, 어진 장수를 믿고 일을 맡기지 못하니, 이는 단지

'보통 사람의 용기'일 뿐입니다. 또한 항우가 사람을 대하는 태도는 공손하고 자애로우며 말씨도 부드럽지만, 공이 있어 벼슬을 주어야 할 때에는 인장이 닳아 깨질 때까지 만지작거리며 차마 내주지 못합니다. 이것은 이른바 '아녀자의 인자함'일 뿐입니다."

한신은 전쟁에서 항상 창의적인 전략으로 승리를 거두었습니다. 그의 가장 유명한 전술은 바로 '배수진'입니다. 병법에 역행하는 이 전술은 도망칠 길을 스스로 차단함으로써 오히려 승리를 거두는 역설적 방법이었습니다. 한신은 "죽을 곳에 빠진 뒤에야 살아나고, 절망의 경지에 놓인 뒤에야 생존한다"는 병법의 원리를 실제로 적용했습니다.

팽월의 가치는 다른 방식으로 드러났습니다. 한 5년(기원전 202년) 가을, 항우가 남쪽 양하로 물러나자 팽월은 창읍 부근의 20여 개 성을 함락시키고 많은 곡식을 얻어 한왕의 군량으로 삼아 공급하였습니다. 그러나 한왕이 여러 차례 사람을 보내 팽월을 불러 함께 초나라를 공격하자고 했으나, 팽월은 "위나라 지역을 막 평정한 터이고 아직 초나라를 두려워하고 있으니 갈 수 없습니다"라고 거절했습니다.

한왕이 초나라를 추격하다가 항우에게 고릉에서 패하자, 유후 장량은 중요한 조언을 했습니다. "팽월은 본래 위나라 땅을 평정하여 공이 많음에도 당초 왕께서 위표 때문에 팽월을 위나라의 상국으로 삼았을 뿐입니다. 팽월을 왕으로 삼으면, 그는 지금 당장 달려올 것입니다." 한왕은 이 조언에 따라 팽월에게 영토를 주고 양왕으로 삼았습니다. 그러자 팽월은 모든 병사를 이끌고 회하에서 싸워 마침내 초나라를 격파했습니다.

성공이 가져온 위험한 변화

성공이 한신에게는 오만함을 가져다주었습니다. 한신이 일찍이 유방의 동서이자 오랜 고향 친구인 장군 번쾌의 집에 들렀는데, 번쾌가 무릎을 꿇고 절하면서 마중하고 배웅했습니다.

그런데 한신이 문을 나와서 쓴웃음을 지으며 "내가 살아서 번쾌 같은 자와 같은 반열이 되다니!"라고 말했습니다. 사람들은 이런 한신의 태도를 '수여쾌오(羞與噲伍)'라고 불렀는데, 이는 번쾌와 함께하는 것을 부끄러워한다는 뜻입니다. 성공한 후 과거의 동료들을 업신여기는 오만한 태도를 비판할 때 지금도 이 말을 씁니다.

한신의 자만심은 황제 앞에서도 드러났습니다. 어느 날 한 고조가 한신과 대화를 나누며 슬쩍 떠보는 질문을 던졌습니다. "나와 같은 사람은 얼마나 되는 군대를 거느릴 수 있겠소?" 이는 황제 자신의 능력을 묻는 것 같지만, 실제로는 한신의 마음을 떠보는 질문이었습니다. 한신이 "폐하는 그저 10만을 거느릴 수 있을 뿐입니다"라고 답했습니다.

고조가 웃으며 다시 물었습니다. "그렇다면 그대는 어떠한가?" 이때 눈치 없는 한신은 주저 없이 대답했습니다. "신은 많으면 많을수록 좋습니다." 고조가 "그렇다면 어찌하여 나에게 사로잡혔느냐?"고 묻자, 한신은 "폐하는 병사를 잘 부리지는 못하지만 장수를 잘 부리십니다. 이것이 하늘이 주신 재능입니다"라고 말을 바꿨지만 이미 늦었습니다.

이 대화에서 한신의 솔직함과 동시에 위험한 자신감을 엿볼 수 있습니다. 군사적 능력만으로는 자신이 황제보다 뛰어나다고 공공연히 말한 것입니다. 이때부터 사람들은 많으면 많을수록 좋다는 뜻으로 '다다익선(多多益善)'이라는 말을 쓰게 되었습니다. 하지만 이런 발언들이 훗날 한신에게 어떤 결과를 가져올지, 그는 미처 깨닫지 못했습니다.

팽월의 경우는 달랐습니다. 한나라 10년(기원전 197년) 가을, 진희가 대나라 땅에서 반란을 일으켰을 때 한 고조가 직접 가서 진압하기로 하고, 한단에 이르러 양왕 팽월에게서 병사를 징발하려 했습니다. 그런데 팽월은 병을 핑계로 다른 장수에게 병사를 이끌고 한단으로 가게 했습니다. 이에 고조가 화가 나서 사람을 보내 팽월을 꾸짖었고, 양왕은 두려워하며 직접 가서 사죄하려 했습니다.

그때 장수 호첩이 "왕께서 처음부터 가지 않으셨는데 꾸지람을 들었다고 가신다면 사로잡힐 것입니다. 차라리 이 기회에 군대를 일으켜 반란하는 것이 낫습니다"라고 조언했으나, 양왕은 이 말을 듣지 않고 여전히 병을 핑계로 삼았습니다.

한신과 팽월, 두 사람의 성공 이후 모습은 대조적이었습니다. 한신은 자신의 능력을 과시하며 오만해졌고, 팽월은 여전히 신중함을 유지했습니다. 그런데 아이러니하게도 두 사람 모두 비슷한 운명을 맞게 됩니다.

토사구팽의 비극

한신의 죽음은 그가 평소 보여준 의리 없는 행동의 결과였습니다. 항우에게서 도망한 장수 종리매가 평소 한신과 사이가 좋아, 항우가 죽은 뒤에 도망쳐 한신에게 왔습니다. 한왕이 종리매에게 원한이 있었으므로 그가 초나라에 있다는 말을 듣고 초나라에 조서를 내려 종리매를 잡아들이라고 했습니다.

종리매는 "한나라가 초나라를 공격해 빼앗지 못하는 까닭은 내가 그대 밑에 있기 때문이오. 만일 그대가 나를 잡아서 한나라에 잘 보이고 싶다면 나는 오늘이라도 죽겠소. 다만 그대도 의심을 받아 뒤따라서 망할 것이오"라고 욕을 하고 자기 목을 찔러서 죽었습니다.

팽월의 경우는 더욱 억울했습니다. 팽월이 왕의 마차를 관리하는 태복에게 화가 나 그를 죽이려 했습니다. 태복이 한나라로 도망쳐 팽월과 호첩이 반란을 꾀한다고 밀고했고, 이에 고조는 기습적으로 공격해 팽월을 붙잡아 낙양에 가두었습니다. 관련 기관에서 반란을 조사하니 반란의 조짐이 있었으므로 법대로 처리하길 요청했습니다. 그러나 고조는 그를 용서하고 서인으로 강등시켜 촉나라로 유배를 보냈습니다.

그런데 공교롭게도 팽월의 일행이 서쪽으로 가는 길에 장안에서 오던 여후와 마주쳤습니다. 팽월은 여후에게 울면서 자신이 무죄라고 말하고, 고향 창읍에서 살게 해달라고 애원했습니다. 여후는 허락하고 함께 동쪽 낙양에 이르렀습니다. 그러나 여후는 고조에게 "팽월을 촉 땅으로 옮겨 후환을 남기느니 죽이는 것이 나을 것입니다. 그래서 제가 데리고 왔습니다."라고 말했습니다.

한편 종리매의 예언대로 한신도 얼마 지나지 않아 모반 혐의로 체포되었습니다. 그제에서야 한신은 "과연 사람들이 '교활한 토끼가 죽으면 훌륭한 사냥개가 삶아지고, 높이 나는 새가 없어지면 좋은 활도 치워 버린다'라고 하더니 천하가 이미 평정되었으니 내가 삶아져 죽는 것은 당연하다."고 말했습니다.

여기에서 '토사구팽(兎死狗烹)'이 유래했고, 오늘날 프로젝트가 끝나면 핵심 인력을 해고하거나, 선거 후 공신들을 홀대하는 경우를 이렇게 표현하기도 합니다.

처세의 어려움

한신과 팽월, 두 사람 모두 뛰어난 재능과 큰 공로를 세웠지만 비극적인 최후를 맞았습니다. 한신은 군사적 천재였지만 황제 앞에서의 솔직함과 동료에 대한 오만함이 화를 불렀습니다. 팽월은 신중하게 처신했지만, 주변 인물들의 의심과 밀고로 인해 예상치 못한 불행을 겪었습니다.

공교롭게도 앞에서 살펴본 한신, 팽월, 그리고 또 다른 공신 경포(黥布)까지, 세 사람의 '개국공신' 모두 가장 가까운 부하의 배신으로 몰락했습니다. 작은 의심과 질투에서 시작된 불신이 커져 결국 실제 반란으로 이어지는 악순환의 고리였습니다. 측근 관리와 아랫사람에 대한 포용력 부족이 그들의 치명적 약점이었던 것입니다.

두 사람의 죽음은 모두 여후와 관련이 있었다는 점도 흥미롭지 않나요? 한신은 전쟁터에서는 뛰어났지만 정치적 처세에서는 부족했고, 팽월은 상황 판단과 신중함에서 강점을 보였지만 결국 두 사람 모두 같은 운명을 맞이했습니다.

성공 이후에 진짜 시험이 시작된다는 말이 있습니다. 한신과 팽월의 이야기는 바로 그 시험에서 실패한 사례가 아닐까요?

여러분이라면, 같은 능력과 기회를 가진 위치에서 어떤 선택을 하겠습니까? 성공과 권력 뒤에 숨은 위험을 어떻게 관리하고, 주변 사람들과의 신뢰를 어떻게 지킬 것인가를 스스로 질문하게 만드는 이야기가 아닐까요?

《오자서와 악의 : 공로는 왜 잊혀지는가》

기원전 6~3세기 춘추전국시대. 왕조의 흥망과 권력 교체가 빈번했던 격동의 시기에, 뛰어난 재능으로 나라를 구한 두 충신이 있었습니다. 하지만 그들을 등용한 왕이 죽고 새로운 왕이 즉위하면서, 두 사람은 전혀 다른 운명을 맞게 됩니다.

은인을 만나 꽃피운 재능

오자서(伍子胥)는 초나라 사람으로 이름은 원(員)이었습니다. 그의 아버지 오사는 초나라 평왕의 태자 건의 스승인 태부였지만, 비무기의 모함으로 태자와 함께 처형되었습니다. 오자서는 태자 건의 아들 승과 함께 오나라로 도망쳤고, 아버지와 형의 원수를 갚겠다는 복수심에 불타고 있었습니다.

오나라에서 오자서는 공자 광을 통해 오왕 요에게 접근했지만, 그의 계략이 쉽게 받아들여지지 않았습니다. 공자 광은 "오자서가 초나라를 치자고 권하는 것은 자신의 원수를 갚고 싶어서일 뿐"이라며 거절했습니다. 하지만 오자서는 공자 광의 숨겨진 야심을 간파했습니다. 그가 오나라의 왕위를 노리고 있다는 사실을 알게 된 오자서는 때를 기다리며 조용히 지냈습니다.

5년 후, 공자 광이 전제를 시켜 오왕 요를 암살하고 왕위에 올라 오왕 합려가 되었습니다. 이제 오자서의 운명은 새로운 전환점을 맞게 됩니다. 합려는 오자서를 외교를 담당하는 행인(行人)으로 삼고 함께 나랏일을 도모했습니다. 오자서는 오나라를 강하게 만들기 위해 손무를 추천하여 병법을 가르치게 했고, 오나라 군대는 날로 강해졌습니다.

한편, 악의(樂毅)는 위나라에서 태어나 조나라에서 그 재능을 인정받은 인물이었습니다. 그는 선조 악양(樂羊)의 피를 이어받아 타고난 군사적 재능과 병법에 대한 깊은 이해를 갖추고 있었습니다. 악양은 위나라의 명장으로 중산국을 멸망시킨 공로로 유명했는데, 악의는 그런 집안의 전통을 물려받았습니다. 기원전 295년 조나라 무령왕이 사구의 난으로 사망하자 조나라를 떠나 다시 위나라로 돌아갔지만, 진정한 기회를 찾지 못하고 있었습니다.

당시 연 소왕은 자지(子之)의 난으로 인해 제나라에 크게 패배한 후 깊은 원한을 품고 있었습니다. 하지만 작은 변방 국가였던 연나라는 강대국 제나라를 제압할 역량이 부족했습니다. 연 소왕은 현명하게도 자기 몸을 낮추고 인재를 존중하는 전략을 택했습니다. 먼저 곽외(郭隗)를 극진히 예우함으로써 다른 유능한 인재들을 끌어모으는 초석을 마련했고, 이를 알고 악의는 의도적으로 연나라에 사신으로 가 소왕의 신하가 되고자 했습니다. 연 소왕은 그를 차관급 고위직인 아경으로 임명했습니다.

오자서와 악의, 두 사람 모두 망명자나 다름없는 처지에서 자신의 재능을 알아본 새로운 군주를 만났습니다. 오자서에게 오왕 합려는 복수를 이룰 수 있게 해준 은인이었고, 악의에게 연 소왕은 자기 뜻을 펼칠 수 있게 해준 지음(知音)이었습니다.

대업을 이루며 쌓은 공훈

기원전 506년, 오자서와 손무가 이끄는 오나라 군대는 초나라 군대를 크게 물리치고 초나라의 수도 영(오늘날 호북성 형주)을 함락시켰습니다. 초 소왕은 급히 도망쳐야 했고, 오나라 군이 쏜 화살에 상처를 입었습니다. 오자서는 마침내 자신의 복수를 실현할 수 있게 되었습니다.

오나라의 병사들이 수도 영에 들어갔을 때, 오자서는 소왕을 잡으려 했지만, 그는 이미 도망친 후였습니다. 그래서 그는 대신 초나라 평왕의 무덤을 파헤쳐 그 시신을 꺼내 300번 채찍질했습니다. 죽은 자의 무덤을 파헤쳐 시신에 채찍질을 가하는 이런 극단적인 복수는 후세 사람들에게 큰 충격을 주었습니다. 이 행위는 '굴묘편시(掘墓鞭屍)'라는 성어로 남게 되었고, 지나친 복수를 상징하는 말이 되었습니다. 오늘날에도 이미 끝난 일에 대해 지나치게 집착하며 복수하려는 행위를 비판할 때 이 말을 사용합니다.

친구 신포서가 이 소식을 듣고 "자네의 복수가 이렇게 심하다니! 어찌 하늘의 도를 어기는 행동이 아니리오!"라고 따져 물었을 때, 오자서는 "날은 저물고 갈 길이 멀어, 이치에 어긋나지만 일을 거꾸로 할 수밖에 없다(日暮途遠, 倒行逆施)"고 답했습니다. 이때 오자서가 한 말을 '일모도원(日暮途遠)'이라고 불렀습니다. 마치 해가 질 때까지 먼 길을 가야 하는 여행자가, 어둠 속에서 방향을 잃고 거꾸로 걸어가는 것처럼, 오자서는 복수의 길이 정의롭지 못함을 알고 있었지만 이미 너무 멀리 와버려서 돌이킬 수 없다고 생각했습니다.

기원전 284년, 악의의 기회가 왔습니다. 당시 제나라는 민왕 치하에서 강성한 국력을 바탕으로 주변국들을 압도하고 있었습니다. 권력에 도취한 제 민왕의 교만함과 폭정은 백성들의 원망을 샀습니다. 연 소왕이 제나라 정벌에 대한 의견을 물었을 때, 악의는 냉철한 분석을 제시했습니다.

"제나라는 패권을 잡았던 나라의 후예로 땅이 넓고 인구도 많아, 연나라 혼자서 공격하기란 쉽지 않습니다. 왕께서 제나라를 정벌하시려면 조나라와 초나라, 그리고 위나라와 함께하는 것이 좋을 것입니다." 이 조언에 따라 연 소왕은 5국 연합을 성사시켰고, 악의를 최고 사령관인 상장군으로 임명했습니다.

악의는 조나라, 초나라, 한나라, 위나라, 연나라의 연합군을 이끌고 제나라를 공격했고, 제수 서쪽에서 결정적인 승리를 거두었습니다. 다른 제후국들의 군대는 승리 후 철수했지만, 악의와 연나라 군대는 끝까지 추격하여 제나라의 수도 임치까지 점령했습니다. 그 후 5년 동안 악의는 제나라의 70여 개 성을 함락시켜 연나라의 영토로 편입시켰습니다.

두 사람 모두 자신을 알아본 군주를 위해 놀라운 업적을 달성했습니다. 하지만 역사의 아이러니는 바로 이 성공이 그들의 비극적 운명의 씨앗이 되었다는 점입니다. 성공한 공신을 기다리고 있는 것은 과연 무엇이었을까요?

새로운 왕과 변화하는 관계

오왕 합려는 기원전 496년 월나라와의 전쟁에서 부상으로 죽게 되었고, 그의 아들 부차가 왕위에 올랐습니다. 부차는 백비를 태재로 삼아 정사를 맡겼습니다. 2년 뒤 오나라는 월나라를 공격하여 승리를 거뒀고, 월왕 구천은 대부 문종을 오나라에 보내 항복을 요청했습니다.

이때 오자서는 강력히 반대했습니다. "월왕이란 사람은 고생을 잘 견딥니다. 지금 왕께서 없애지 않으면 훗날 틀림없이 후회하실 겁니다." 하지만 오왕 부차는 오자서의 충고를 무시하고 백비의 계책대로 월나라와 화친을 맺었습니다. 이것이 오자서와 새로운 왕 사이의 첫 번째 갈등이었습니다.

5년 뒤, 오왕은 오자서의 반대에도 불구하고 제나라를 토벌하러 갔습니다. 오자서는 절박하게 간언했습니다. "구천이 한 가지 반찬만 올리고, 조문하고 문병하는 것은 그들을 요긴하게 이용하려는 것입니다. 이 사람을 죽이지 않으면 틀림없이 오나라의 걱정거리가 될 것입니다. 지금 오나라에게 월나라는 사람 뱃속에 들어있는 질병과 같습니다."

한편, 기원전 279년, 연 소왕이 사망하고 그의 아들 혜왕이 즉위했습니다. 혜왕은 태자 시절부터 악의를 달가워하지 않았는데, 이 상황을 간파한 제나라의 장군 전단은 치밀한 계획을 세웠습니다. 그는 연나라에 첩자를 보내 이간질을 시도했습니다.

"제나라의 성으로 함락되지 않은 곳은 거와 즉묵 두 곳뿐입니다. 악의가 이 두 성을 함락시키지 않는 이유는 연나라의 새 왕과 사이가 좋지 않아 군대를 제나라에 남겨두고 스스로 제나라의 왕이 되려는 야망 때문이라고 합니다."

이미 악의를 의심하고 있던 연 혜왕은 이 말을 곧이곧대로 믿고 즉시 기겁을 새 장수로 임명했으며 악의를 소환했습니다. 위기를 직감한 악의는 자신이 연 혜왕과의 불화로 교체되었음을 알고, 처형될 것이 두려워 조나라로 도망쳤습니다.

오자서와 악의, 두 사람 모두 새로운 왕과의 관계에서 어려움을 겪기 시작했습니다. 하지만 그들이 선택한 대응 방식은 완전히 달랐습니다.

위기와 서로 다른 선택

오자서는 끝까지 자신의 신념을 굽히지 않았습니다. 부차가 제나라를 대패시킨 후 오자서의 계책을 더욱 멀리했을 때도, 그는 계속해서 월나라의 위험성을 경고했습니다. 태재 백비는 오자서를 헐뜯으며, 오자서가 제나라에 사신으로 가면서 그 아들을 제나라의 포씨(鮑氏)에게 맡겼다고 모함했습니다.

오왕은 "그대의 말이 아니더라도 나도 그를 의심하고 있었소"라 하고는, 오자서에게 촉루라는 검을 내리며 자결토록 했습니다. 오자서는 탄식하며 "내 무덤 위에 가래나무를 심어 그것으로 관을 짜도록 하고, 내 눈알을 파내 오나라의 동문에 매달아 월나라가 쳐들어와 오나라를 멸망시키는 것을 볼 수 있게 하라"하고는 죽었습니다.

기원전 473년, 월왕 구천은 오나라를 멸망시키고 부차를 죽였습니다. 오자서의 예언은 현실이 되었습니다.

반면 악의는 전혀 다른 길을 택했습니다. 연 혜왕이 사신을 보내 자신을 꾸짖으면서도 진심 어린 사과의 말을 전했을 때, 악의는 분노하거나 원망하지 않았습니다. 대신 그는 연 혜왕에게 보연왕서

(報燕王書)라는 유명한 답신을 보냈습니다. 이것이 바로 악의가 보여준 현명함이었습니다.

두 사람의 선택은 극명하게 대비됩니다. 오자서는 자신의 신념을 끝까지 관철하려다 죽음을 맞았고, 악의는 현실을 받아들이고 품격 있는 대응을 선택했습니다. 과연 어느 쪽이 더 현명한 선택이었을까요?

품격 있는 마지막 편지

악의의 답신은 지혜와 충성심이 깃든 명문이었습니다. 그는 이렇게 시작했습니다.

"신이 듣기에 '어질고 성스러운 군주는 사사로운 관계로 녹봉이나 벼슬을 주지 않고, 공이 많은 사람에게 상을 주고 능력 있는 사람에게 그 자리를 맡긴다'고 들었습니다."

그는 자신이 연나라에 온 이유부터 선왕과의 관계, 제나라 원정의 성공, 그리고 그 과정에서 자신의 역할에 대해 상세히 설명했습니다. 하지만 가장 인상적인 부분은 다음과 같은 대목이었습니다.

"신이 듣기에 '옛날 군자는 그 사람과 사귐을 끊더라도 그 사람의 단점을 말하지 않으며, 충신은 그 나라를 떠나도 자기의 결백을 밝히려고 군주에게 허물을 돌리지 않는다'고 들었습니다."

악의는 자신이 비록 영리하지는 못하지만, 여러 차례 군자의 가르침을 받았다고 했습니다. 그리고 왕이 가까운 신하들의 말만 듣고 멀리 있는 자신의 언행을 제대로 살피지 못할까 염려되어 감히 편지를 올린다고 했습니다.

이 편지에서 우리가 주목해야 할 점은 악의가 자신을 의심하고 교체한 연 혜왕을 원망하거나 비난하지 않았다는 것입니다. 오히려 그는 "신은 왕의 총애를 입었으니 감히 왕의 근심을 자신의 근심으로 여기지 않을 수 없고, 왕의 치욕을 자신의 치욕으로 여기지 않을 수 없습니다"라고 말했습니다.

오자서의 일모도원과 악의의 보연왕서는 완전히 다른 가치관을 보여줍니다. 오자서는 "날은 저물고 갈 길이 멀어 어쩔 수 없이 거꾸로 갈 수밖에 없다"며 자신의 극단적 선택을 정당화했습니다. 반면 악의는 "충신은 나라를 떠나도 군주에게 허물을 돌리지 않는다"며 품격 있는 충성의 모범을 보여주었습니다.

악의의 진심 어린 답변에 감동한 연 혜왕은 악의의 아들 악간을 창국군으로 봉했습니다. 악의는 다시 조나라와 연나라를 오가며 양국의 타국 출신 고위 관리인 객경으로 활동하게 되었고, 조나라에서 생을 마감했습니다.

충성의 두 얼굴

오자서와 악의의 이야기는 충성에도 여러 가지 형태가 있다는 것을 보여줍니다. 오자서는 자신의 신념과 원칙을 끝까지 고수하는 강직한 충성을 보여주었습니다. 그는 옳다고 생각하는 바를 굽히지 않았고, 그 결과 죽음을 맞았지만, 역사는 그의 예언이 옳았음을 증명했습니다.

악의는 상황을 받아들이면서도 품격을 잃지 않는 현명한 충성을 보여주었습니다. 그는 자신을 의심한 군주를 원망하지 않았고, 오히려 이해하려고 노력했습니다. 그 결과 그는 존경받으며 생을 마감할 수 있었습니다.

끝까지 자신의 신념을 관철할 것인가, 아니면 현실을 받아들이며 새로운 관계를 만들어갈 것인가. 두 사람의 선택은 오늘날 우리에게도 여전히 유효한 질문을 던집니다.

《사기》를 쓴 사마천은 두 사람의 이야기를 모두 기록했지만, 어느 한쪽을 옳다거나 그르다고 평가하지 않았습니다. 다만 조용히 보여줄 뿐이었습니다. 시대와 상황이 다르면 요구되는 지혜도 달라지는 법이니까요.

성공 이후가 진짜 시험이다

한신과 팽월, 오자서와 악의는 모두 한 시대의 흐름을 바꾼 걸출한 인물들이었습니다. 한신은 초한 전쟁의 대세를 뒤바꾼 군사 천재였고, 팽월은 게릴라 전술로 후방을 교란하며 유방의 통일에 큰 공을 세웠습니다. 오자서는 두 왕을 보필하며 복수를 완수했고, 악의는 5국 연합의 전략가로 제나라를 멸망 직전까지 몰아넣었습니다. 이들의 활약은 단순한 공을 넘어서, 그 시대를 규정지었습니다.

그러나 그들의 마지막은 극명하게 갈렸습니다. 한신은 자신의 공로에 대한 과도한 자의식과 방심으로 권력자의 의심을 샀고, 팽월은 신중했지만, 모함과 공포심의 희생양이 되었습니다. 오자서는 강직한 성품과 충성심으로 인해 새로운 군주의 눈 밖에 났고, 오직 악의만이 현실을 인정하고 신중하게 처신하여 비교적 온전한 결말을 맞았습니다.

흥미로운 점은 네 사람 모두 자신만의 방식으로 일관되게 행동했다는 것입니다. 한신은 처음부터 끝까지 자신의 능력을 드러내는 데 주저하지 않았고, 오자서는 평생 복수와 충성 사이에서 타협하지 않았습니다. 팽월은 늘 신중했지만 결정적 순간에 움직이지 못했고, 악의는 처음 연나라에 왔을 때처럼 마지막까지 예를 잃지 않았습니다. 각자의 성품이 그들의 운명을 결정했다고 할 수 있을까요?

《사기》는 이 네 사람의 서로 다른 선택을 나란히 기록했습니다. 한신의 '다다익선'은 자신감의 표현이었고, 오자서의 '일모도원'은 절박함의 고백이었으며, 악의의 '보연왕서'는 품격의 증명이었습니다.

사마천은 이 중 어느 것이 옳다고 말하지 않았습니다. 다만 공을 세운 뒤 맞이한 네 가지 다른 결말을 보여줄 뿐이었습니다.

성공이 끝이 아니라는 사실을 네 사람 모두 각자의 방식으로 증명했습니다. 공을 세운 후 어떤 태도를 보이느냐, 새로운 권력자 앞에서 어떻게 처신하느냐가 그들의 운명을 갈랐습니다.

다음 장에서는 인재를 알아보는 눈이 어떻게 운명을 바꾸었는지 살펴봅니다.

제2장

인재를 알아보는 자, 잃는 자

사람은 누구와 함께하느냐에 따라 전혀 다른 길을 가게 됩니다. 특히 리더의 자리에 있는 사람에게 '인재를 알아보는 눈'은 나라의 운명을 좌우할 만큼 중요합니다.

뛰어난 인재가 있어도 그 능력을 알아보지 못하거나, 알아보더라도 제대로 쓰지 못한다면 그 결과는 어떨까요?

이 장에서 다루는 맹상군, 신릉군, 평원군, 춘신군은 모두 전국시대 최고의 명문가 출신이자, 수많은 인재를 품었던 사람들입니다. 어떤 이는 수천 명의 문객을 거느리며 인심을 얻었고, 어떤 이는 기꺼이 자신의 권한을 내려놓으며 인재에게 기회를 주었습니다. 하지만 모두가 성공한 것은 아니었습니다.

사람을 모으는 것만으로는 부족했습니다. 누가 진짜 인재인지 구별하고, 적절한 때에 적절한 일을 맡기는 것, 그것이 이들 앞에 놓인 진짜 시험이었습니다.

《맹상군과 신릉군 : 현실과 이상》

기원전 3세기 중후반, 전국시대 말기. 진나라가 상앙의 변법으로 급속히 강해지면서 동방 6국을 차례로 위협하기 시작했습니다. 각국이 진나라의 통일 야욕에 맞서 생존을 위해 치열하게 경쟁하던 이 시기에, 제나라의 맹상군과 위나라의 신릉군이 각각 독특한 방식으로 인재를 모으며 자국의 운명을 좌우하고 있었습니다.

버림받은 아이에서 천하의 명사로

맹상군 전문(田文)은 제나라 정곽군 전영의 아들로 태어났습니다. 전영은 제 위왕의 막내아들이자 선왕의 배다른 동생으로, 11년간 재상을 지낸 권세가였습니다. 그런데 전영에게는 무려 40명이 넘는 아들이 있었는데, 그중 천한 첩이 낳은 문이란 아들이 하필 5월 5일에 태어났습니다.

당시 미신에 따르면 5월에 태어난 아이가 자라서 문설주(문 양쪽에 세운 기둥)만큼 커지면 부모에게 해가 된다고 여겨졌습니다. 전영은 아이의 어미에게 단호하게 말했습니다. "거두어 키우지 말라" 하지만 어미는 몰래 아이를 길렀고, 장성한 전문이 형들을 통해 아버지 앞에 나타나자 전영이 화를 내며 따졌습니다.

이때 전문이 보여준 대답은 놀라웠습니다. "사람이 그 명을 하늘에서 받고 태어납니까, 아니면 문설주에서 받습니까? 하늘에서 받는 것이라면 부친께서는 무엇을 걱정하십니까? 문설주에서 받는 것이라면 그 문설주를 높이면 될 일이니 누가 그 높이를 따를 수 있겠습니까."

전영은 아무 말도 하지 못했습니다.

한참 뒤 전문은 기회를 포착해 아버지에게 날카로운 질문을 던졌습니다. "부친께서 제나라의 재상 일을 맡아 지금까지 세 분의 왕이 계셨지만, 제나라는 그 땅을 넓히지 못했고, 집에는 만금의 부가 쌓여 있지만 문하에 유능한 사람 하나 보이지 않습니다."

이에 전영은 마침내 전문의 안목을 인정하고 집안일과 빈객 대우하는 일을 맡겼습니다. 전영이 죽자 전문이 설에서 대를 이어 맹상군이 되었습니다.

하찮은 재능이 구해낸 목숨

맹상군이 설 땅에 있을 때 제후와 빈객, 심지어 도망친 범죄자들까지 모두 그에게로 왔습니다. 맹상군은 출신과 신분을 따지지 않고 모든 이를 포용했으며, 식객이 수천이었지만 귀천 없이 모두 평등하게 대했습니다.

이런 명성을 들은 진 소왕이 그를 재상으로 삼고자 하여 맹상군을 진나라로 초청했습니다. 맹상군이 진나라에 도착하여 소왕을 만났을 때, 처음에는 매우 환대받았습니다.

하지만 누군가가 소왕에게 "맹상군은 어질고 또 제나라 왕실의 일족입니다. 지금 진나라의 재상이 되었으니 틀림없이 제나라를 앞세우고 진나라는 뒤로 미룰 것"이라고 유세했습니다. 마침내 소왕은 맹상군을 가두고 그를 죽이려 했습니다.

위기에 처한 맹상군에게 구원의 손길이 나타났습니다. 바로 그가 평소 차별 없이 대했던 식객들이었습니다. 소왕의 애첩이 맹상군의 흰여우 가죽옷을 갖고 싶어 했는데, 이미 소왕에게 바친 뒤라 다른 가죽옷이 없었습니다. 맹상군이 식객들에게 두루 물었으나 아무도 대답할 수 없었을 때, 가장 아래쪽에 앉아 있던 개 흉내를 잘 내고 물건을 잘 훔치는 사람이 나섰습니다.

"제가 흰여우 가죽옷을 가져오겠습니다."

밤중에 개 흉내를 내서 진나라 궁궐 창고에 잠입하여 흰여우 가죽옷을 가져와 애첩에게 바쳤고, 애첩의 부탁으로 소왕은 맹상군을 석방했습니다.

그런데 감옥에서 빠져 나온 맹상군이 밤중에 함곡관에 이르렀을 때, 닭이 울어야만 성문을 여는 당시 관문법 때문에 진퇴양난에 빠졌습니다. 이때 또 다른 하찮은 식객이 나섰습니다. 닭 울음소리를 낼 줄 아는 식객이 닭 울음소리를 내자 닭들이 일제히 따라 울어 마침내 통행증을 건네고 탈출할 수 있었습니다.

당초 맹상군이 이 두 사람을 빈객 대열에 넣었을 때 다른 식객들이 모두 이들을 부끄러워했었지만, 정작 위기의 순간에는 이들이 모든 문제를 해결했습니다. 여기에서 '계명구도(鷄鳴狗盜)'라는 말이 나왔고, 겉보기에는 하찮아 보이는 재능도 때로는 엄청난 가치를 발휘할 수 있다는 뜻입니다. 오늘날에도 작은 재능이나 특기라도 적절한 때와 장소에서는 큰 도움이 될 수 있다는 의미로 사용됩니다.

풍환의 세 가지 지혜

맹상군의 식객 중 가장 유명한 인물이 풍환(馮驩)입니다. 처음 맹상군을 찾아왔을 때 풍환은 너무 가난하여 검 한 자루밖에 없었는데 그나마 풀로 손잡이를 감은 것이었습니다. 풍환은 검을 두드리며 "장검아, 돌아가자꾸나! 식사에 물고기가 없구나", "수레가 없구나", "집이 없구나"라며 계속 요구했습니다. 맹상군은 기분이 좋지 않았지만 계속 풍환을 대우했습니다.

맹상군이 설 땅에서 돈을 빌려주었으나 수입이 없어 고민하자, 풍환이 빚을 받아오겠다고 나섰습니다. 그런데 풍환은 설 지역에 가서 빚을 받는 대신 소를 잡고 술자리를 벌이며 가난한 사람들의 차용증을 불태워버렸습니다. 맹상군이 노하자 풍환이 설명했습니다. "쓸모없는 차용증을 불태워 받을 수 없는 헛된 돈을 버림으로써 설의 백성들을 당신과 가깝게 하고 당신의 높은 명성을 드러낸 것입니다." 이것이 풍환의 첫 번째 굴(窟, 계책)이었습니다.

제왕이 맹상군의 직위를 빼앗자 풍환은 진나라로 가서 진왕이 맹상군을 맞이하려 한다고 유세하여 예물을 보내게 했습니다. 그런 다음 먼저 제나라로 돌아와 제왕에게 진나라가 맹상군을 모셔 가려 한다고 알려 제왕이 맹상군을 다시 기용하게 했습니다. 이것이 풍환의 두 번째 굴이었습니다.

맹상군이 자리를 회복했을 때 떠났던 식객들이 다시 돌아오자, 맹상군은 화를 내며 그들을 거부하려 했습니다. 이때 풍환이 조언했습니다.

"부귀하면 인재가 많이 모이고, 가난하고 천하면 친구가 적어지는 것은 사물의 이치가 원래 그런 것입니다. 아침에 시장으로 몰려드는 사람들을 보지 못하셨습니까? 날이 밝으면 어깨를 부딪치며 다투어 들어가지만, 날이 저물면 돌아보지 않습니다. 이는 바라는 물건이 거기에 없기 때문입니다." 이것이 세 번째 굴로, 맹상군에게 지혜로운 처세의 도를 가르쳐 준 것이었습니다.

풍환의 이 세 가지 계책을 사람들은 '교토삼굴(狡兎三窟)'이라고 불렀습니다. 영리한 토끼는 세 개의 굴을 파둔다는 뜻으로, 현명한 사람은 위기에 대비해 여러 가지 대책을 마련해 둔다는 의미입니다. 오늘날 여러 방면으로 준비를 철저히 해두거나, 위험을 분산시키는 전략을 세울 때 이 말을 사용합니다.

왕족의 겸손한 예우

신릉군 무기(無忌)는 위 소왕의 막내아들이자 안희왕의 배다른 동생이었습니다. 소왕이 죽고 안희왕이 즉위하여 그를 신릉군에 봉했습니다. 신릉군은 사람이 어질어 인재를 존중했는데, 인재가 어질거나 불초하거나 모두 겸손하게 예로 사귀면서 감히 부귀하다고 인재를 교만하게 대하지 않았습니다. 이 때문에 인재들이 사방 수천 리에서 다투어 달려오니 식객이 3천에 이르렀습니다.

위나라에 후영이라는 70세 노인이 있었습니다. 집은 가난했고 대량의 이문을 지키는 문지기였습니다. 신릉군이 그에 대한 소문을 듣고 후한 예물을 주려고 했지만, 후영은 "제가 몸과 행동을 깨끗하게 닦아온 지 수십 년, 성문을 지키며 곤란하게 산다고 해서 공자의 재물을 받을 수는 없습니다!"라고 거절했습니다.

이에 신릉군은 어떻게 했을까요? 술자리를 베풀어 빈객들을 많이 초청하고, 상석인 왼쪽 자리를 비워둔 채 수레를 타고 직접 이문으로 후영을 맞이하러 갔습니다. 후영은 헤진 의관을 가다듬은 후 바로 사양도 않고 신릉군보다 상석에 앉아 신릉군을 살피고자 했습니다. 신릉군은 말고삐를 쥔 채 더욱 공손했습니다.

이때 후영이 신릉군에게 또 다른 시험을 했습니다. "저의 친구가 시장에서 도축업을 하고 있는데 수레가 가는 김에 그곳을 들렀으면 합니다." 신릉군이 수레를 끌고 시장으로 들어서자 후영은 수레에서 내려 친구 주해(朱亥)를 만나 일부러 오랫동안 서서 이야기하면서 곁눈질로 신릉군을 살폈습니다.

한편 신릉군의 집에서는 위나라의 장상, 종친, 빈객들이 가득 모여 술자리를 기다리고 있었고, 시장 사람들이 모두 말고삐를 쥐고 있는 신릉군을 보았으며, 마차를 따르는 시종들은 모두 가만히 후영의 행동을 욕하고 있었습니다. 하지만 신릉군의 안색은 끝까지 변하지 않았습니다.

의리를 위한 최후의 선택

위 안희왕 20년, 진나라가 장평(長平)에서 조나라 군대를 격파하고 한단(邯鄲)을 포위했습니다. 신릉군의 누이는 조나라 평원군(平原君)의 부인이었는데, 여러 차례 위왕과 신릉군에게 구원을 청했습니다.

위왕은 장군 진비(晉鄙)에게 10만을 이끌고 조나라를 구원하게 했지만, 조나라를 도우면 토벌한다는 진왕의 위협에 겁을 먹고 진비의 군대를 업(鄴) 지역에서 멈추어 주둔하게 했습니다.

신릉군이 위왕의 승낙을 끝내 얻어낼 수 없다고 판단하여 빈객들을 불러 마차 백여 대를 준비하고 본인이 진나라 군대로 직접 가서 조나라와 함께 죽고자 했습니다. 이문을 지나가다 후영을 만나 사정을 말하자, 후영은 묘책을 제시했습니다. "진비의 군대 지휘권을 상징하는 병부를 늘 왕의 침실 안에 둔다고 합니다." 그런데 여희(如姬)는 가장 총애를 받아 왕의 침실 안까지 드나들 수 있으니, 그것을 훔쳐낼 수 있습니다.

후영은 여희의 사정을 잘 알고 있었습니다. 여희의 부친이 누군가에게 피살되어 3년 동안 원수를 갚을 방법이 없었는데, 신릉군이 이를 듣고 식객을 시켜 그 원수의 머리를 베어 여희에게 갖다줘 큰 은혜를 베풀었던 것입니다. 후영의 조언대로 신릉군이 여희에게 도움을 청하자, 여희는 과연 진비의 병부를 훔쳐 신릉군에게 주었습니다.

신릉군이 출발할 때 후영이 마지막 조언을 했습니다. "신의 친구인 백정 주해를 데리고 가십시오. 진비가 들으면 정말 좋은 일이지만 듣지 않으면 주해를 시켜 죽이십시오." 후영은 약속했습니다. "공자께서 진비의 군영에 도착하는 날, 이 늙은 몸을 공자께 바치겠습니다."

이 말을 들은 신릉군이 눈물을 흘리자 후영이 "공자께서는 죽음이 두려우십니까?"라고 물었습니다. 신릉군은 "진비는 백전노장으로 말을 듣지 않을 것이고, 그러면 충신을 죽이지 않을 수 없으므로 우는 것입니다"라고 답했습니다.

업에 도착하여 신릉군이 위왕의 명령이라고 하며 병부를 보여 주었지만, 노련한 장군인 진비가 의심하며 병권 인계를 거절했습니다. 이에 주해가 옷소매에서 40근짜리 철퇴를 꺼내 진비를 때려죽이니 신릉군이 마침내 진비의 병권을 빼앗았습니다. 이렇게 8만 명을 뽑아 진나라 군대를 공격하게 했고, 진군이 포위를 풀고 돌아가니 마침내 한단을 구하고 조나라를 보존했습니다. 후영은 약속대로 북쪽을 향해 스스로 목을 베어 죽었습니다.

현실과 이상, 두 갈래 길

맹상군과 신릉군은 모두 인재에 대한 진정성을 보였지만 그 방식은 완전히 달랐습니다. 맹상군은 철저히 현실적이었습니다. 풍환의 '교토삼굴'에서 보듯 장기적 실리를 추구했고, '계명구도'에서 보듯 하찮아 보이는 재능도 실용적 가치로 평가했습니다. 그의 접근법은 감정보다는 이익을, 형식보다는 실질을 중시했습니다.

반면 신릉군은 이상적 품격을 추구했습니다. 70세 문지기에게 보인 존중과 겸손, 시장에서의 참을성은 신분을 초월한 진정한 예우의 모범이었습니다. 그는 끝까지 왕족으로서의 품격을 잃지 않으려 노력했고, 술과 여자를 가까이하여 비극적 결말을 맞았지만, 그 과정에서 보인 의리와 희생정신은 후세에 길이 전해졌습니다.

두 사람 모두 위기의 순간에 그들의 도움을 받았지만, 그 결과는 달랐습니다. 맹상군은 현실적 지혜로 살아남아 번영을 누렸고, 신릉군은 이상적 의리를 지키다 생을 마감했습니다. 어느 쪽이 더 옳은 길이었을까요?

흥미로운 점은 두 사람이 인재를 대하는 방식만큼이나 그들을 따르던 사람들의 태도도 달랐다는 것입니다. 맹상군의 식객들은 실리를 따라 왔다가 실리를 따라 떠났습니다. 풍환은 "시장은 날이 저물면 비는 것"이라 말했지만, 그 말은 맹상군 자신의 식객 관계에도 그대로 적용되었습니다. 반면 신릉군을 따르던 후영과 주해는 목숨으로 의리를 증명했습니다. 두 사람의 선택이 다른 만큼, 그들이 얻은 것도 달랐습니다.

다음에 만날 두 인물은 또 다른 방식으로 인재를 대했습니다.

《평원군과 춘신군 : 성장과 몰락》

기원전 3세기, 전국시대 후기. 진나라의 강력한 통일 의지가 각국을 위협하던 시기에, 조나라의 평원군과 초나라의 춘신군이 각각 다른 방식으로 인재를 관리하며 자국의 명운을 걸고 있었습니다.

절름발이가 가르쳐 준 리더의 품격

평원군 조승(趙勝)은 조나라 왕실의 공자 중 가장 뛰어난 인물이었습니다. 빈객을 좋아하여 그에게 온 식객들이 수천에 이르렀고, 조 혜문왕과 효성왕 때 재상을 지내며 세 번 재상 자리를 떠났다가 세 번 복위될 만큼 중요한 인물이었습니다.

평원군의 집 누각은 민가를 내려다보고 있었습니다. 민가에 절름발이가 있었는데 절룩거리면서 물을 길었습니다. 평원군의 애첩이 누각 위에서 내려다보며 크게 웃었습니다. 다음날 한 절름발이가 평원군의 집 문 앞에 와서 만나기를 요청했습니다.

"저는 당신께서 선비를 좋아하셔서 선비들이 천 리를 멀다 않고 몰려오는 것은 당신이 선비는 귀하게 여기되 첩은 천하게 여기기 때문이라고 들었습니다. 당신의 애첩이 저를 내려다보며 비웃었습니다. 저를 비웃은 자의 머리를 원합니다."

평원군은 마지못해 "알았다"고 응답했지만, 절름발이가 돌아가자 평원군은 웃으며 말했습니다. "한 번 비웃음을 당했다고 내 애첩을 죽이라고 하니 너무 심하지 않은가?" 그리고는 끝내 죽이지 않았습니다.

그렇게 1년 남짓 지나자, 빈객들이 조금씩 떠나더니 떠난 자가 절반이 넘었습니다. 문하의 한 사람이 "당신이 절름발이를 비웃은 자를 죽이지 않았기 때문에, 여색을 밝히고 선비를 천시한다고 여겨 떠난다고 한 것입니다"라고 답했습니다. 이에 평원군은 바로 애첩의 머리를 베어 직접 절름발이의 집 문 앞까지 가서 사과했습니다.

자루 속 송곳이 깨우친 진리

진(秦)나라가 수도 한단을 포위하자 조나라는 평원군에게 초나라에 가서 구원을 청하고 합종하게 하는 중대한 임무를 맡겼습니다. 이에 평원군은 문하 식객들 중 용기와 문무를 겸비한 20명을 동행시키고자 했습니다. 그러나 19명은 쉽게 뽑았으나 나머지 한 명을 뽑지 못해 고민하고 있었습니다.

이때 문하에 있던 모수(毛遂)라는 자가 나와 자신을 추천했습니다. 평원군이 "선생께서 이곳에 몇 년이나 계셨습니까"라고 물었습니다.

"3년 동안 있었습니다."

그러나 평원군의 대답은 냉정했습니다. "무릇 뛰어난 인재의 처세는 비유컨대 자루 속의 송곳과 같아서 그 끝이 삐져나오기 마련입니다. 지금 선생께서는 3년이나 계셨지만 주변에서 칭찬하는 말이 없고 나도 들은 바가 없으니 이는 선생이 능력이 없다는 것 아닙니까?"

반면 모수의 반박은 당당했습니다. "저는 오늘 당신의 자루 안에 들어가길 청합니다. 자루 안에 넣어주시면 바로 뚫고 나올 것이니 어디 송곳 끝뿐이겠습니까."

마침내 일행에 합류한 모수가 초나라 조정에서 담대하게 초왕을 설득하여 합종이 성사되었습니다. 평원군이 조나라로 돌아와서 한 말은 자신의 인재관에 대한 완전한 성찰이었습니다. "나는 감히 다시는 인재를 고르지 않겠소이다. 모수 선생의 세 치의 혀가 100만 군사보다 강했소."

평원군은 자신의 편견을 깊이 반성했습니다. 뛰어난 인재라면 자루 속의 송곳처럼 그 재능이 자연스럽게 드러날 것이라고 믿었는데, 모수는 기회를 달라고 스스로 나섰던 것입니다. 사람들은 이때부터 재능 있는 사람은 반드시 드러나게 마련이라는 뜻으로 '낭중지추(囊中之錐)'라고 하고, 자신의 능력을 스스로 추천한다는 뜻으로 '모수자천(毛遂自薦)'이라고 하게 되었습니다. 오늘날에도 자신감을 가지고 나서는 사람이나 자신의 능력을 적극적으로 보여주는 경우를 이렇게 표현합니다.

위기에서 빛난 진정한 리더십

한단이 포위되어 위급한 상황에서 평원군은 또 다른 인재를 만났습니다. 한단의 전사(傳舍, 사신이나 손님을 위한 숙소)를 관리하는 자의 아들 이동(李同)이 평원군에게 현실을 직시하게 했습니다. "한단의 백성들은 사람 뼈를 땔감으로 삼고 자식을 서로 바꾸어 먹고 있으니 정말 위급합니다. 그러나 당신의 후궁은 100명이 넘고 비첩들은 비단옷에 쌀밥과 고기반찬을 남깁니다."

이동의 제안은 구체적이었습니다. "부인 이하 모두를 병사들 사이에 편입시켜서 일을 나누어서 하게 하고, 집안의 모든 것을 다 나누어 군대에 베푸십시오. 사람들은 위기와 고난에 처해 있을 때 더 쉽게 감사하게 됩니다." 평원군이 그 말을 따르니 결사대 3천 명을 얻었습니다. 이동이 3천 명과 함께 진나라의 군대로 달려가니 진군이 30리를 퇴각했습니다.

한편, 조나라의 우경이 신릉군이 한단을 구원한 일로 평원군에게 상을 내리도록 요청하려 했을 때, 공손룡이 밤에 수레를 몰고 와 평원군을 만나 조언했습니다. "왕께서 당신을 조나라의 재상으로 천거한 것은 당신의 지혜가 조나라에서 둘도 없기 때문이 아닙니다. 성을 떼어 당신에게 봉해준 것도 당신에게만 공이 있고 나라 사람들은 공이 없어서가 아니라 당신이 왕의 친척이기 때문입니다." 평원군은 공손룡의 충고를 받아들여 우경의 건의를 거절했습니다.

그렇다면 평원군의 인재관은 어떻게 변화했을까요? 처음에는 '낭중지추'의 논리처럼 드러나는 능력만 보았습니다. 뛰어난 인재라면 당연히 그 재능이 눈에 보일 것으로 생각했던 것입니다. 하지만 모수의 활약을 본 후에는 숨겨진 가능성과 상황에 따른 적응력을 중시하게 되었습니다. 또한 절름발이 사건을 통해 리더 자신의 행동과 가치관이 인재 확보에 얼마나 중요한지도 깨달았습니다.

외교와 충성으로 얻은 권력

춘신군 황헐(黃歇)은 초나라 사람으로 두루 다니며 공부하여 박식했습니다. 그는 뛰어난 언변과 깊은 학식으로 명성이 높았고, 초 경양왕은 그의 재능을 알아보고 중요한 외교 임무를 맡겼습니다.

당시 진(秦)나라는 백기를 앞세워 한나라와 위나라를 연달아 격파하며 승승장구하고 있었습니다. 진 소왕은 이제 초나라를 치라는 명령까지 내려놓았고, 초나라는 절체절명의 위기에 처해 있었습니다. 황헐은 진나라에 사신으로 파견되어 진 소왕 앞에서 핵심을 찌르는 유세를 펼쳤습니다. "천하에 진나라, 초나라보다 강한 나라는 없습니다. 호랑이 두 마리가 서로 싸우면 약한 개가 이익을 얻을 것이니 초나라와 잘 지내는 것이 낫습니다." 진 소왕은 "좋소"라고 대답하고는 백기의 진격을 즉시 제지하고 초나라와 연맹하기로 약속했습니다.

황헐과 초나라 태자 완이 진나라에 사신으로 갔다가 인질로 잡혀 있을 때, 초 경양왕이 병이 났다는 소식이 들려왔습니다. 태자는 반드시 초나라로 돌아가야 했지만, 진나라가 인질을 쉽게 풀어줄 리 없었습니다. 이때 황헐은 목숨을 건 충성을 보였습니다. 그는 태자를 사신의 마부로 변복시켜 관문을 빠져나가게 하고, 자신은 남아서 시간을 벌었습니다.

태자가 이미 멀리 간 후 황헐은 자진해서 진 소왕에게 죽음을 청했습니다. 그러나 응후 범저가 "황헐은 신하된 몸으로서 자신의 몸으로 자기 군주를 섬겼습니다"라며 살려줄 것을 청하여 황헐도 초나라로 돌아갈 수 있었습니다.

태자가 무사히 탈출한 지 석 달 만에 경양왕이 죽고 태자 완이 고열왕으로 즉위했습니다. 고열왕은 황헐의 목숨을 건 충성을 기억하여 즉위 원년에 그를 나라의 최고위 관리인 재상으로 등용하고 춘신군에 봉하여 회수 이북 12개 현을 하사했습니다. 이로써 황헐은 일개 신하에서 한 나라의 최고 권력자가 되었습니다.

권력에 취한 안주

25년간 재상 자리에 있으면서 춘신군은 권력의 단맛에 취해갔습니다. 춘신군의 식객은 3천이 넘었고, 그 부와 권세는 다른 나라를 압도할 정도였습니다. 하지만 춘신군에게는 치명적인 한계가 있었습니다. 바로 초 고열왕에게 아들이 없다는 것이었습니다.

춘신군은 이를 해결하기 위해 여러 명의 여자를 구해 왕에게 들여보냈지만 끝내 아들을 얻지 못했습니다. 이때 조나라 사람 이원이 나타났습니다. 그는 먼저 춘신군의 신뢰를 얻은 다음 자신의 여동생을 춘신군에게 들여보내 총애를 받게 했습니다. 여동생이 임신하자 이원은 즉시 그녀와 공모하여 춘신군을 유혹했습니다.

권력에 안주했던 춘신군은 이원의 황당한 제안에 넘어갔습니다. 하지만 춘신군은 자신이 모든 것을 조종하고 있다고 생각했지만, 실제로는 이원의 덫에 빠진 상태였습니다.

이원의 여동생이 춘신군에게 한 말은 치밀했습니다. "지금 소첩만 임신한 사실을 알고 있지 아무도 모릅니다. 당신의 지위로 신첩을 초왕께 들여보내 주신다면 왕께서는 틀림없이 신첩을 아끼실 것이고, 신첩이 아들을 낳게 되면 당신의 아들이 왕이 되는 것이니 초나라를 전부 얻을 것입니다." 춘신군은 매우 맞는 말이라고 여겨 곧 이원의 누이를 초왕에게 들여보냈습니다. 초왕이 그녀를 예뻐했고, 마침내 아들을 낳아 태자로 세우니 이원의 누이는 왕후가 되었습니다.

혹시 이 이야기를 읽으며 여불위와 자초, 그리고 진시황의 일화를 떠올리셨나요? 그렇다면 이미 역사를 큰 그림에서 연결해 보는 안목을 갖춘 셈입니다.

경고를 무시한 결단의 대가

이원은 그 누이를 들여보내 왕후가 되고 아들이 태자가 되자 춘신군이 이 일을 발설할 것이 두려워 몰래 자객을 길러 춘신군을 죽이려 했습니다.

춘신군이 재상이 된 지 25년이 되었을 때, 초 고열왕이 병이 나자 식객 주영이 마지막으로 경고했습니다. "세상에는 바라지 않던 복이 있을 수도 있고, 바라지 않는 화가 닥칠 수도 있습니다." 주영은 춘신군에게 두 가지 선택을 제시했습니다. "왕이 장성하여 정권을 돌려줄 때도 그렇게 하기 싫으면 남면하여 왕으로 칭하고 초나라를 가지면 되지 않습니까? 이것이 이른바 바라지 않던 복입니다."

그러나 주영의 진짜 우려는 따로 있었습니다. "이원은 나라를 다스리지 않고 있지만 당신의 맞수입니다. 초왕께서 돌아가시면 이원은 틀림없이 먼저 들어가 권력을 차지하고 당신을 죽여서 입을 막을 것입니다."

주영은 자신을 궁중 관리인 낭중으로 임명해달라면서 이원을 죽이겠다고 제안했지만, 춘신군은 "이원은 약한 사람이고 내가 또 잘 해주고 있는데 어찌 그렇게 하겠소"라며 거절했습니다. 마땅히 결단을 내려야 할 순간에 춘신군은 결단을 내리지 못했습니다.

사람들은 이런 우유부단함을 '당단부단(當斷不斷)'이라고 불렀는데, 기회를 놓치고 화를 자초하는 어리석음을 경계하는 말이 되었습니다.

오늘날에도 결정해야 할 때 망설이거나, 적절한 시기를 놓치는 상황을 이렇게 표현합니다.

주영은 자신의 절박한 경고가 받아들여지지 않을 것임을 깨달았습니다. 그는 춘신군의 완고함에 실망하며 "그 화가 자신에게 미칠 것이 두려워" 바로 도망쳤습니다. 그로부터 17일 뒤, 초 고열왕이 죽었습니다. 이원이 과연 먼저 궁궐에 진입하여 자객을 극문(궁궐 안쪽의 출입문) 안에 매복시켰습니다. 춘신군이 극문을 들어서자, 이원의 자객들은 춘신군을 찌르고 그 머리를 베어 극문 밖으로 던졌습니다.

갈라진 두 길

평원군과 춘신군은 모두 뛰어난 능력을 갖춘 지도자였지만, 그들이 걸어간 길은 정반대였습니다. 평원군은 절름발이 사건과 모수의 활약을 통해 자신의 편견과 한계를 깨달았습니다.

그는 '낭중지추'의 고정관념에서 벗어나 숨겨진 인재의 가능성을 인정하게 되었고, 공손룡의 충언을 받아들이며 리더로서 끊임없이 성장했습니다. 위기 상황에서도 이동의 현실적 조언을 수용하여 결사대를 조직하는 등 유연한 리더십을 보여주었습니다.

반면 춘신군은 뛰어난 외교술과 충성심으로 권력의 정점에 올랐지만, 그 과정에서 현실감각을 잃었습니다. 25년간 재상 자리에 있으면서 안주하게 되었고, 주영의 마지막 경고를 무시한 '당단부단'의 선택은 그의 몰락을 불러왔습니다. 권력에 안주하여 위험 신호를 제대로 보지 못한 것입니다.

평원군은 계속 배우려 했고, 춘신군은 더 이상 듣지 않으려 했습니다. 두 사람 모두 수천 명의 식객을 거느렸지만, 한 사람은 그들의 목소리에 귀를 기울였고 다른 사람은 그렇지 못했습니다.

인재를 보는 눈이 운명을 바꾼다

맹상군, 신릉군, 평원군, 춘신군. 이 네 사람은 모두 '전국사공자'의 반열에 올랐고, 수천 명의 식객을 거느리며 각국의 정국을 좌우했던 권력자였습니다. 하지만 인재를 보는 시선과 그것을 대하는 태도는 분명히 달랐고, 그 차이는 곧바로 그들의 운명으로 이어졌습니다.

맹상군은 철저한 실용주의자였습니다. 그가 '계명구도'나 '교토삼굴'의 인물들에게 기회를 준 것은 감성보다 냉철한 판단에 기반한 선택이었습니다. 필요한 순간에 필요한 사람을 알아보고 기꺼이 신뢰를 보였습니다.

신릉군은 품격과 예의의 가치를 중시했습니다. 그는 후영에게 예를 다하고, 주해의 명분을 존중하는 등 인재를 인간적으로 존중하는 태도를 보여주었습니다. 그가 끌어들인 인재들은 단순한 능력 이상의 충성과 감동으로 응답했습니다. 그의 이상주의적 리더십은 인재의 마음을 마음을 움직였습니다.

평원군은 처음에는 인재를 알아보지 못했지만, 경험을 통해 성장했습니다. 낭중지추와 모수자천의 일화는 그의 변화된 인재관을 보여주며, 잘못을 인정하고 배우는 자세가 사람을 얻는 또 다른 방식이었습니다. 반면 춘신군은 안일한 태도로 충언을 외면하고, 눈앞의 아부에 취한 결과 중대한 인재를 잃고 몰락하게 되었습니다.

네 사람 모두 수천 명의 식객을 거느렸습니다. 하지만 누가 진정한 인재인지 구별하고, 적절한 순간에 그들을 신뢰하느냐에 따라 운명이 갈렸습니다. 인재는 어디에나 있지만, 그것을 알아보는 눈은 흔하지 않았습니다.

다음 장에서는 인재를 넘어, 체제 자체를 바꾸려 한 개혁가들의 선택을 살펴봅니다.

쉬어가는 이야기

당나라 태종과 위징 - 세 개의 거울

중국 역대 제왕 중 성군으로 꼽히는 당 태종 이세민이 있습니다. '정관의 치'로 불리는 태평성대를 이끈 황제입니다. 우리에게는 고구려 침입 때 안시성주 양만춘과 대적한 인물로도 잘 알려져 있습니다.

그에게는 위징(魏徵)이라는 특별한 신하가 있었습니다. 위징은 원래 황제 자리를 놓고 경쟁했던 태종의 형 건성 태자의 수하였으나, 태종이 그를 받아들여 신하로 삼았습니다. 위징은 평소 황제에게 거침없이 직언하기로 유명했고, "두루 의견을 들으면 현명한 군주가 되고, 측근의 말만 들으면 어리석은 군주가 된다(兼聽則明, 偏信則暗)"고 조언했습니다.

태종은 평소 여러 신하의 의견을 듣고 국정에 반영했지만, 어느 날은 달랐습니다. 위징이 여러 신하 앞에서 황제를 꾸짖듯이 직언을 하자, 너무 화가 난 태종이 중간에 퇴청해 버린 것입니다.

내전으로 돌아온 태종은 격노하며 "이제는 위징을 용서할 수 없다. 조만간 그를 죽이겠다"고 소리쳤습니다. 이를 지켜본 문덕황후는 뜻밖의 행동을 했습니다. 중요한 행사에만 입는 예복을 갖춰 입고 나와 태종에게 큰절을 한 것입니다.

어리둥절한 태종이 "무슨 일이오?"라고 묻자, 황후는 차분히 말했습니다. "소첩은 '군주가 현명하면 신하가 바른 소리를 한다

쉬어가는 이야기

(君明臣直)'고 배웠습니다. 직언하는 신하가 있다는 것은 폐하께서 현명한 군주가 되셨다는 의미이니, 이에 황제께 축하드리는 것입니다."

이 말을 들은 태종은 활짝 웃으며 자신의 분노가 얼마나 어리석었는지 깨달았습니다. 이후에도 태종과 위징은 서로 소통하며 선정을 이어갔습니다.

시간이 흘러 위징이 세상을 떠났을 때, 태종은 5일간 조회를 열지 않으며 이렇게 슬퍼했습니다.

"나에게는 세 개의 거울이 있었다. 자기 모습을 비춰주는 동경(銅鏡), 역사를 거울로 삼는 사경(史鏡), 사람을 거울로 삼는 인경(人鏡)이 그것이다. 오늘 그중 하나를 잃었도다."

위징은 태종에게 가장 소중한 '인경'이었던 것입니다. 자기 잘못을 거침없이 지적해 주는 사람, 그런 사람이야말로 진정한 거울이라는 뜻이겠죠.

외모를 비춰주는 거울은 쉽게 찾을 수 있지만, 마음을 비춰주는 사람은 흔하지 않습니다. 여러분 주변에는 어떤 거울들이 있나요?

제3장

개혁의 두 방향

개혁은 어디서 시작되어야 할까요? 위로부터일까요, 아래로부터일까요?

역사는 이 두 방향의 개혁을 모두 보여줍니다. 그리고 그 선택은 단지 정책의 문제가 아니라, 삶의 방식과 통치자의 철학, 대중의 의지와도 연결되어 있습니다.

상앙과 진승은 서로 다른 시대와 위치에서 '아래로부터의 변화'를 이끌어낸 인물입니다. 상앙은 법을 통해 백성을 바꾸려 했고, 진승은 들불처럼 퍼져간 봉기로 세상을 바꾸려 했습니다.

반면 조 무령왕과 연 소왕은 '위에서부터의 실험'을 선택했습니다. 조 무령왕은 복식 개혁과 군사 개편을 주도했고, 연 소왕은 낡은 신하 대신 전국의 인재를 불러들였습니다.

네 사람 모두 변화를 선택했지만, 그 방향과 방식은 달랐습니다. 어떤 개혁은 성공했고, 어떤 개혁은 실패했습니다.

《상앙과 진승 : 아래로부터의 변화》

기원전 4~3세기 전국시대. 기존 질서가 무너지고 새로운 체제가 모색되던 격변의 시기에, 왕이 아닌 두 인물이 각각 다른 방식으로 역사를 바꾸어 놓았습니다. 한 사람은 법으로 나라를 강하게 만들었고, 다른 한 사람은 그 법에 맞서 나라를 무너뜨렸습니다.

신분의 한계를 뛰어넘은 야심

상앙(商鞅)은 전국시대 중원의 약소국인 위(衛)나라 왕의 서자로 태어났습니다. 서자라는 것은 정실부인이 아닌 첩의 아들이라는 뜻으로, 왕가의 혈통이지만 왕위 계승권이 없는 애매한 처지였습니다. 이후 그는 강대국 위(魏)나라의 재상 공숙좌의 집안일을 맡아보는 중서자로 일했습니다.

공숙좌가 병에 걸려 위나라 혜왕이 문병을 왔을 때, 공숙좌는 상앙을 재상으로 추천했습니다. 왕이 대꾸하지 않자, 그는 "왕께서 공손앙을 등용하지 않으시려면, 반드시 그를 죽여서 국경을 넘지 못하게 하십시오"라고 충고했습니다. 이는 유능한 인재를 중용하지 않으면 다른 국가에 가지 못하게 해야 한다는 의미였습니다.

공숙좌는 상앙에게 자신이 왕에게 그를 추천했으나 왕이 받아들이지 않을 것 같아 등용하지 않으려면 그를 죽여야 하니 떠나라고 권했습니다. 상앙은 "당신의 말을 듣고 제가 등용되지 않았는데 어찌 그 말을 들어 저를 죽이겠습니까?"라며 떠나지 않았습니다. 혜왕이 돌아오자 공숙좌의 병을 슬퍼하면서도 "내가 나라를 공손앙에게 맡기라 하니 참으로 놀랍습니다"라고 말했습니다.

한편, 평범한 농부 진승(陳勝)은 양성(오늘날 하남성 정주 일원) 출신으로 자는 섭(涉)이었습니다. 여러분은 혹시 밭두둑에서 일하던 한 농부가 중국 역사를 뒤흔들 대제국을 무너뜨릴 것이라고 상상해 보신 적이 있나요? 아마 없으실 겁니다. 하지만 그것이 바로 진승의 이야기입니다.

진승이 젊었을 때는 다른 사람들과 함께 남의 집에서 고용되어 농사를 짓는 날품팔이였습니다. 어느 날 그는 밭두둑 위에서 일을 멈추고 한참 동안 불평을 늘어놓더니 "부귀해지면 서로 잊지 말자!"라고 말했습니다.

함께 일하던 사람들은 웃으며 "품팔아 생계를 잇는 주제에 부귀는 무슨?"이라고 비웃었습니다. 이에 진승은 크게 한숨을 쉬며 "어허! 제비나 참새 따위가 큰 기러기의 뜻을 어찌 알리오!"라고 말했습니다. 이로부터 '연작홍곡(燕雀鴻鵠)'이라는 고사성어가 유래했는데, 이는 '소인이 대인의 원대한 뜻을 헤아리지 못함'을 이르는 말입니다. 연작은 소인배나 하찮은 사람, 홍곡은 군자나 큰 뜻을 품은 사람을 가리킵니다.

상앙과 진승, 한 사람은 왕족의 서자였고 다른 한 사람은 평범한 농부였습니다. 하지만 두 사람 모두 기존 질서에서는 변방에 있던 인물들이었고, 모두 자신의 한계를 뛰어넘으려는 강한 의지를 품고 있었습니다.

기회를 잡는 서로 다른 방식

공숙좌가 죽은 뒤, 상앙은 진(秦)나라 효공이 유능한 인재를 구한다는 '구현령'을 듣고 찾아갔습니다. 효공이 아끼는 신하 경감을 통해 왕을 만났지만, 세 번의 만남은 성과가 없었습니다.

첫 만남에서는 전설 속 성인의 통치술인 제도(帝道)를, 두 번째는 덕으로 다스리는 왕도(王道)를, 세 번째는 힘과 실리를 통한 패도(覇道)를 설명했지만 효공의 관심을 끌지 못했습니다.

네 번째 만남에서 상앙은 진나라를 강하게 만드는 현실적인 방법을 설명했고, 효공은 그제서야 크게 기뻐하며 자신도 모르게 무릎이 상앙 앞으로 나오는 것을 모를 정도로 열중했습니다.

이는 이상보다는 현실을, 미래보다는 현재의 이익을 중시하는 전국시대의 특성을 보여주는 대목입니다. 효공은 상앙을 고위직인 좌서장으로 임명하고 변법을 시행하기로 했습니다.

한편, 진승에게 기회는 전혀 다른 모습으로 찾아왔습니다. 기원전 209년 7월, 진나라는 900명의 장정을 징발하여 어양을 지키게 했고, 진승과 오광도 그중 있었으며, 부대장인 둔장을 맡게 되었습니다. 갑자기 하늘에서 큰비가 내려 길이 막혔고, 이들은 정해진 기한 내에 목적지에 도착할 수 없게 되었습니다.

당시 진나라 법에 따르면 기한을 놓치면 모두 목이 베어질 운명이었습니다. 이 위기 상황에서 진승은 놀라운 제안을 합니다. "지금 도망쳐도 죽고, 큰일을 일으켜도 죽는다. 어차피 죽을 바에는 나라를 만들다 죽는 것이 낫지 않겠는가?"

이처럼 상앙은 법으로 질서를 세웠고, 진승은 힘으로 질서를 바꾸려 했습니다. 하지만 둘 다 기존의 권력 구조를 근본적으로 변화시키려는 공통된 목표를 가지고 있었습니다.

새로운 질서를 만드는 법과 힘

상앙의 변법은 체계적이고 치밀했습니다. 새 법령이 정해지고 널리 알리기 전에 백성들이 믿지 않을까 염려되어, 상앙은 큰 나무를 도성의 남문 앞에 세워두고 이것을 북문으로 옮기는 사람에게 10금을 주겠다고 했습니다. 백성들이 이상하게 생각하고 아무도 옮기지 않자, 상앙은 상금을 50금으로 올렸습니다. 어떤 사람이 그것을 옮겨놓자, 바로 50금을 주어 속이지 않는다는 것을 분명히 했습니다.

위정자가 백성의 신뢰를 얻는 것이 얼마나 중요한지 보여주는 사건이었습니다. 오늘날에도 정부나 기업이 새로운 정책을 시행할 때 먼저 신뢰를 쌓는 일부터 시작하는 것을 볼 수 있습니다. 이런 상황을 우리는 '이목지신(移木之信)'이라고 부릅니다.

새로운 법령이 시행되자 불편함을 호소하는 백성들이 수천 명에 이르렀고, 이때 태자가 법을 어겼습니다. 상앙은 "법이 행하여지지 않는 이유는, 위에서 그것을 지키지 않기 때문이다(法之不行, 自上征之)"라며 태자를 법대로 처벌하려 했습니다.

그러나 태자는 왕의 뒤를 이을 사람이라 직접 처벌하는 대신, 태자의 스승인 태부 공자 건(虔)을 처벌하고, 태사 공손고(公孫賈)에게는 이마에 글자를 새기는 경형(黥刑)을 내렸습니다. 이후부터 진나라 백성들은 모두 법령에 따랐습니다.

이는 '닭을 죽여 원숭이에게 경계하게 한다'는 '살계경후(殺鷄儆猴)'로, 일벌백계의 효과를 나타냅니다. 법 집행의 공정성과 엄정성이 얼마나 중요한지 보여주는 사례입니다.

한편, 진승의 봉기는 전혀 다른 방식으로 질서를 바꾸려 했습니다. 그는 교묘한 심리전을 동반했습니다. 비단에 붉은 글씨로 '진승왕'이라고 써서 물고기 뱃속에 넣어두었고, 오광에게 숲속 사당에서 여우가 우는 소리로 "대초가 일어나고 진승이 왕이 된다"라고 외치게 했습니다. 이런 기발한 전략으로 병졸들은 이것이 하늘의 뜻이라고 믿기 시작했습니다.

결정적인 순간이 왔을 때, 진승은 무리들을 불러 놓고 감동적인 연설을 했습니다. "장사가 목숨을 내놓지 않을 것이라면 그만이지만 목숨을 건다면 크게 이름을 내야 하지 않겠는가! 왕과 제후, 장수와 재상의 씨가 따로 있다더냐?(王侯將相寧有種呼?)" 이 연설에 감명받은 무리들은 모두 "삼가 명을 받들겠소!"라고 외쳤습니다.

이 말은 신분의 벽을 넘어 누구나 뜻을 세우면 새 세상을 만들 수 있다는 도전장이었습니다. 우리 역사에서도 고려시대 노비 만적이 봉기하며 "왕후장상이 어찌 씨가 따로 있겠는가?"라고 외쳤습니다. 비록 실패했지만, 그의 말은 진승의 외침처럼 신분 질서에 맞선 간절한 바람을 보여줍니다.

상앙은 법으로 질서를 세웠고, 진승은 힘으로 질서를 바꾸려 했습니다. 둘 다 기존의 권력 구조를 근본적으로 변화시키려는 공통된 목표를 가지고 있었습니다.

진승의 전략은 단순한 폭력 봉기가 아니라, 당시 사람들의 심리와 신분 구조를 교묘히 이용한 것이었습니다. 상앙과 진승 모두 권력 구조를 바꾸되, 한 사람은 법과 제도, 다른 사람은 설득과 심리전으로 접근했다는 점이 대비됩니다.

권력의 달콤함과 쓴맛

상앙의 개혁은 진나라를 강대국으로 만들었습니다. 기원전 341년 상앙은 위나라를 공격하여 위 혜왕을 굴복시켰고, 위나라는 황하 서쪽 땅을 진나라에 바치며 강화해야 했습니다.

위 혜왕은 잇따라 제나라와 진나라에게 패하여 황하 서쪽 땅을 진나라에 바치며 강화했고, 수도를 안읍에서 대량(大梁)으로 옮겼습니다. 이때부터 위나라를 양(梁)나라라고도 부르게 되었습니다. 위 혜왕은 "과인이 공숙좌의 말을 듣지 않은 것이 한스럽구나"라고 탄식했습니다. 상앙이 승리하고 돌아오자, 진나라는 그에게 15개 읍을 봉지로 내리고 상군(商君)이라 불렀습니다.

진승의 봉기도 놀라운 성공을 거두었습니다. 대택향에서 시작된 봉기는 들불처럼 번져나가 진(陳)에 이르렀을 때는 병졸이 수만이 되었습니다. 지역원로와 호걸들의 추대로 진승은 왕으로 자립하여 국호를 장초(張楚)라 했습니다. 평범한 농부였던 사람이 이제 왕이 되었습니다.

그러나 성공은 두 사람 모두에게 예상치 못한 변화를 불러왔습니다. 상앙이 재상이 된 지 10년이 지나자 원망하는 사람들이 늘어났습니다. 이때 조량(趙良)이라는 사람이 상앙은 강압적 통치와 가혹한 형벌로 원망을 샀음을 비판하며, "덕을 믿는 자는 번창하고 힘을 믿는 자는 망한다"며 봉읍을 반납하고 은퇴할 것을 권했습니다.

특히 조량의 마지막 경고는 예언적이었습니다. 왕이 세상을 떠나면 상앙을 제거할 명분이 충분히 생길 것이며, 그의 파멸은 순식간에 다가올 것이라고 했습니다. 그러나 상앙은 조량의 말을 따르지 않았습니다. 권력의 정점에 있던 그에게는 조량의 말이 기우로만 들렸을 것입니다.

진승도 권력이 가져온 고립을 경험했습니다. 왕이 된 후 진을 도읍으로 삼은 진승에게 옛 친구가 찾아왔습니다. 일찍이 함께 남의 집 농사를 짓던 동료였습니다.

궁궐을 둘러본 손님은 "대단하다, 진승이 왕이 되다니!"라고 감탄했습니다. 하지만 손님은 갈수록 자기 멋대로 들락날락하며 진승의 옛날 일들을 말하고 다녔습니다. 누군가 진왕에게 "손님이 말을 함부로 하니 위엄이 깎입니다"라고 했습니다. 이에 진승은 그의 목을 베었습니다.

이 사건 이후 진승과 오래전부터 알던 사람들은 모두 스스로 떠나 버렸고, 가혹하게 사찰하는 것을 충성이라 여겼기 때문에 장수들도 그를 가까이하지 않았습니다.

권력의 정점에 선 두 사람은 어떻게 달라졌을까요? 성공이 사람을 어떻게 변화시키는지 생각해 보셨나요?

자신이 만든 것에 의해 무너지다

조량의 예언은 정확했습니다. 진 효공이 죽고 태자가 즉위하자, 공자 건과 그를 따르는 무리들이 상앙이 반역을 꾀한다고 고발했습니다. 상앙이 도망쳐 변방의 여관에 묵으려 했으나, 역사의 아이러니가 펼쳐졌습니다. 여관 주인은 "상앙의 법에 여행증이 없는 손님을 묵게 하면 그 손님과 함께 처벌받습니다"라며 거절했습니다.

이에 상앙은 "아! 법을 만든 폐단이 이 지경까지 이르렀구나!"라고 탄식했습니다. 이는 '자기가 만든 법에 자신이 죽는다'는 '작법자폐(作法自斃)'라는 고사성어의 유래가 되었습니다. 상앙은 위나라로 도망쳤으나, 위나라 사람들은 그가 일찍이 공자 앙을 속인 것을 원망하여 받아들이지 않았습니다. 결국 진 혜왕은 상앙을 거열형(사지 절단형)에 처하고, "상앙처럼 반역하는 사람이 되지 말라!"라고 경고했습니다.

진승의 최후도 비극적이었습니다. 기원전 209년 12월, 진승이 여음(汝陰)으로 가다가 하성보(下城父)에 이르렀을 때 그의 마부 장고(莊賈)가 진왕을 죽이고 진나라에 투항했습니다. 권력에 취해 주변 사람들을 소외시킨 결과, 가장 가까운 사람마저 등을 돌리게 만든 것입니다.

두 사람의 죽음은 모두 자신들이 만들어낸 상황의 결과였습니다. 상앙은 자신이 만든 엄격한 법체계에 의해 죽었고, 진승은 자신이 일으킨 혁명의 와중에서 배신당해 죽었습니다.

상앙과 진승이 우리에게 던지는 질문은 무엇일까요?

변화가 남긴 것

상앙과 진승의 이야기는 '아래에서 시작된 변화'가 어떻게 역사를 바꿀 수 있는지 보여줍니다. 상앙은 신하의 신분으로 법을 통해 국가 체제를 근본적으로 바꾸었고, 진승은 농민의 신분으로 무력을 통해 왕조를 무너뜨렸습니다. 두 사람 모두 기존 질서의 변방에 있던 인물들이었지만, 시대의 요구에 부응하여 거대한 변화를 만들어 냈습니다.

흥미롭게도 상앙이 만든 엄격한 법치 체제가 결국 진승의 반란을 불러일으키는 원인이 되었습니다. 대택향에서 비를 만나 기한을 놓친 부역자들이 "어차피 죽을 것이라면 큰일을 벌이자"고 결심한 것은 바로 상앙의 가혹한 법 때문이었습니다. 법으로 나라를 일으킨 자와 그 법에 맞서 나라를 무너뜨린 자의 만남, 이것이 바로 역사의 아이러니입니다.

두 사람은 서로 다른 방식으로 변화를 추구했지만, 모두 자신이 만든 상황에 의해 파멸했습니다. 상앙의 냉혹한 현실주의와 진승의 권력욕은 처음에는 성공을 가져다주었지만, 결국 그들 자신을 고립시켰습니다.

《조 무령왕과 연 소왕 : 위로부터의 혁신》

기원전 4~3세기 전국시대 후기. 강대국들의 각축이 치열해지는 가운데, 두 나라의 군주가 각각 제도 혁신과 인재 정책의 다른 방식으로 국가 개혁을 추진했습니다.

위기 앞에 선 두 군주의 선택

조나라 무령왕(武靈王)은 기원전 325년에 즉위했습니다. 당시 그는 어려서 정무를 직접 돌볼 수 없었기에 지식과 경험이 풍부한 신하들이 그를 보좌했습니다. 그는 즉위 후 선왕 시절의 대신 비의(肥義)에게 자문을 구하고 그의 벼슬을 높였으며, 80세 이상 노인들에게 매달 예물을 보내는 등 예의를 갖추었습니다.

무령왕의 특이한 점 중 하나는 당시 대부분의 나라가 '왕'을 칭했지만, 조나라만은 이를 거부했다는 것입니다. 무령왕은 "알맹이도 없으면서 그런 이름을 가져서 무엇 한단 말인가?"라고 하며 백성에게 자신을 '군(君)'으로 부르게 했습니다. 이는 그가 명분보다 실질적인 통치에 집중했음을 보여줍니다. 겸손함을 바탕으로 한 그의 통치 철학은 훗날 조나라 발전의 강력한 토대가 되었습니다.

조나라는 북방의 흉노와 동호, 남쪽의 강대국들에 둘러싸여 있었습니다. 무령왕은 신하 누완(樓緩)에게 이렇게 상의했습니다. "지금 중산(中山)은 우리 뱃속 한가운데 있고, 주변에는 연나라, 호나라, 임호, 누번, 진나라, 한나라가 있지않소. 강한 병력의 지원이 없으면 사직이 망할 위험이 있는데, 어떻게 해야 좋겠소?"

한편 연나라는 더욱 절망적인 상황에 부닥쳐 있었습니다.

기원전 323년, 연나라 문공이 세상을 떠나고 그의 아들이 즉위하여 역왕이 되었습니다. 역왕은 즉위하자마자 큰 도전에 직면했습니다. 제나라의 선왕이 연나라의 장례 기간을 틈타 침략하여 열 개의 성을 빼앗아 버렸기 때문입니다. 이 위기 상황에서 소진이라는 유세가의 활약으로, 빼앗긴 열 개의 성을 되찾는 외교적 성과를 이루어냈습니다.

그러나 연나라의 군주가 왕을 칭하면서 정치적 긴장이 고조되었습니다. 역왕은 12년간 통치한 후 세상을 떠났고, 그의 아들 쾌가 새로운 왕으로 즉위했습니다. 한편, 소진은 재상 자지(子之)와 사돈 관계를 맺었으며, 연나라 권력의 변화가 시작되고 있었습니다.

기원전 314년, 마침내 재상 자지가 권력을 장악하면서 시작된 내란으로 연나라는 거의 붕괴 직전까지 갔습니다. 제나라가 이 혼란을 틈타 침공하여 연왕 쾌(噲)는 죽고, 나라는 폐허가 되었습니다. 자지가 죽은 지 2년 후인 기원전 311년, 태자 평이 즉위하여 연 소왕이 되었습니다.

소왕은 연나라가 거의 붕괴한 상황에서 즉위했습니다. 그는 어떻게 이 위기를 극복했을까요? 바로 겸손한 자세와 유능한 인재 등용이었습니다.

소왕은 몸을 낮추고 후한 대우로 현자를 초빙했습니다. 그는 곽외(郭隗)에게 다음과 같이 말했습니다. "유능한 인재를 얻어 함께 나라를 다스리며 선왕의 치욕을 씻는 것이 나의 바람이오. 선생께서 보기에 이런 인재가 있다면 이 몸이 친히 그를 모시리라."

두 군주 모두 국가의 위기 상황에서 즉위했지만, 그들이 선택한 해결책은 달랐습니다. 무령왕은 군사 제도의 혁신을, 소왕은 인재 영입 정책을 택했습니다. 과연 어떤 접근법이 더 효과적이었을까요?

과감한 혁신과 현명한 포용

무령왕 19년, 그는 북방 오랑캐의 옷인 호복을 입고 말을 타고 활을 쏘는 것을 백성들에게 가르치려는 혁신적인 개혁을 시도했습니다. 이는 당시로서는 매우 파격적인 결정이었습니다.

여러분은 무령왕이 왜 호복을 입으려고 했다고 생각하시나요? 이는 단순한 복장 변화가 아니라 군사 개혁의 일환이었습니다. 오랑캐의 옷을 입고 말을 타며 활을 쏘는 기술을 익히면 북방 기마민족과의 전투에서 우위를 점할 수 있다고 생각했기 때문입니다.

이러한 제안에 신하 누완은 찬성했지만, 다른 신하들은 대부분 반대했습니다. 무령왕은 이에 낙담하지 않고 비의에게 자신의 뜻을 설명했습니다.

"나는 호복을 입음으로써 적을 약하게 하면서도 힘은 적게 들이고, 많은 공을 이루면서도 백성을 수고롭게 만들지 않고자 하오. 세상을 뛰어넘는 공을 세우려면 세속의 비난을 감수해야 하오"

하지만 무령왕의 호복 착용 결정은 많은 반대에 부딪혔습니다. 특히 숙부인 공자 성(成)은 강력히 반대했습니다. 중국의 전통문화와 복식을 버리고 오랑캐 옷을 입는 것에 크게 반발했기 때문입니다. 무령왕은 직접 그의 집을 방문하여 설득했습니다.

"옷이란 행동의 편의를 위한 것이고, 예의란 일의 편의를 위한 것입니다. 성인들은 백성에게 이롭고 나라를 부유하게 하려고 예를 제정했습니다. 지역마다 복장이 다르지만 편리함을 추구한다는 점은 같습니다." 결국 공자 성도 무령왕의 논리에 감복하여 호복을 입게 되었고, 호복령이 공식적으로 채택되었습니다.

변화를 두려워하는 것이 더 위험한 것은 아닐까요? 무령왕은 변화의 필요성을 강조하며 관습에 얽매이지 않는 실용주의적 태도를 보여주었습니다. 그는 마침내 자신의 뜻대로 호복을 입고 기병과 사수를 모집했습니다.

연 소왕의 접근법은 전혀 달랐습니다. 소왕은 몸을 낮추고 후한 대우로 현자를 초빙했습니다. 그는 곽외에게 다음과 같이 말했습니다. "유능한 인재를 얻어 함께 나라를 다스리며 선왕의 치욕을 씻는 것이 나의 바람이오. 선생께서 보기에 이런 인재가 있다면 이 몸이 친히 그를 모시리라."

이에 곽외는 이렇게 조언했습니다. "왕께서 꼭 그런 인재를 모시려 한다면 먼저 이 곽외부터 시작하십시오. 그러면 이 곽외보다 나은 인재들이 어찌 천 리를 멀다 하겠습니까?"

소왕은 곽외를 위해 궁을 짓고 스승으로 모셨습니다. 어진 사람을 높이 받들어 대우한다는 의미로, 오늘날에도 훌륭한 인재를 예우하여 등용할 때 이런 표현을 씁니다. 이런 상황을 우리는 '선종외시(先從隗始)'라고 부릅니다.

이렇게 시작된 연나라의 인재 영입은 큰 성공을 거두었습니다. 악의가 위나라에서, 추연이 제나라에서, 극신이 조나라에서 오는 등 다양한 인재들이 다투어 연나라로 달려왔습니다. 학자들과 뛰어난 인재들이 서로 앞다투어 연나라로 모여드는 모습이었습니다. 오늘날에도 인재들이 경쟁적으로 어떤 곳에 몰려드는 현상을 볼 때 이런 표현을 씁니다. 이런 상황을 우리는 '사쟁추연(士爭趨燕)'이라고 부릅니다.

또한 소왕은 백성들의 마음을 얻기 위해 노력했습니다. 죽은 사람들에게 애도의 뜻을 표하고, 혼자 유족들을 찾아가 위문하는 등 백성들과 동고동락했습니다.

두 군주가 선택한 방식은 완전히 달랐지만, 모두 변화를 두려워하지 않았다는 공통점이 있습니다. 여러분은 새로운 변화 앞에서 어떤 태도를 보이시나요?

설득과 포용의 지혜

그러나 무령왕의 호복 개혁은 많은 반대에 부딪혔습니다. 신하들은 여전히 왕에게 호복을 입지 말고 옛 법을 따르라고 간언했습니다. 이에 무령왕은 역사적 통찰력을 발휘했습니다. "선왕들의 습속이 다 같지 않은데 어떤 법을 말하는가? 제왕들이 서로 이어받지 않았는데 어떤 예를 따르자는 말인가?"

그는 계속해서 "성인이 일어난 것도 옛것을 이은 것이 아니었기 때문에 왕이 될 수 있었고, 하나라와 은나라는 쇠약해지는데도 예를 바꾸지 않아 망한 것"이라는 예리한 분석을 제시했습니다. 변화를 두려워하는 것이 더 위험하다는 무령왕의 주장은 설득력이 있었습니다. 그는 관습에 얽매이지 않는 실용주의적 태도로 마침내 자신의 뜻대로 호복을 입고 기병과 사수를 모집했습니다.

특히 무령왕의 설득 방식은 주목할 만합니다. 그는 단순히 권력으로 밀어붙이지 않고 논리와 역사적 사례를 들어 상대방을 설득했습니다. 공자 성을 설득할 때도 "옷이란 행동의 편의를 위한 것이고, 예의란 일의 편의를 위한 것"이라며 실용적 관점에서 접근했습니다. 이런 설득의 지혜가 있었기에 호복 개혁이 성공할 수 있었습니다.

한편, 연 소왕의 인재 영입 과정도 체계적이었습니다. 곽외를 시작으로 한 인재 정책은 연쇄 반응을 일으켰습니다. 곽외가 연나라에서 극진한 대우를 받는다는 소문이 퍼지자, 악의는 위나라에서 "연나라 소왕은 현자를 예우한다"는 말을 듣고 스스로 찾아왔습니다. 추연은 제나라에서 연나라로 왔고, 극신은 조나라에서 왔습니다.

소왕의 놀라운 점은 이들 인재 각각에게 맞는 대우를 했다는 것입니다. 악의에게는 차관급 고위직인 아경의 지위를 주어 군사적 재능을 발휘할 수 있게 했고, 추연에게는 학문 연구에 전념할 수 있는 환경을 제공했습니다.

개혁의 성과와 영광의 순간

무령왕의 호복 정책은 놀라운 성과를 거두었습니다. 호복을 입고 기병과 사수를 모집한 후, 그는 본격적으로 영토 확장에 나섰습니다. 재위 20년에는 중산의 땅을 공략하고 서쪽으로는 호나라 땅을 공략하여 임호의 왕이 말을 바치게 했습니다. 재위 26년에는 땅이 북으로 연나라와 대나라까지, 서쪽으로 운중과 구원에까지 확장되었습니다.

가장 인상적인 일화는 무령왕이 자신을 사신이라 속이고 진(秦)나라에 들어가 지형을 살피고 진왕의 사람됨을 관찰했다는 점입니다. 진나라 소양왕은 그의 당당한 풍모가 신하의 것이 아님을 이상하게 여겨 쫓게 했으나, 무령왕은 말을 달려 빠져나갔습니다. 혜문왕 3년에는 마침내 중산을 멸망시키고 북쪽 땅이 조나라에 복속되었습니다.

연 소왕의 인재 정책도 극적인 성과를 낳았습니다. 소왕 28년, 연나라는 부유해지고 군사력도 강해졌습니다. 이에 소왕은 마침내 악의를 상장군으로 삼아 조나라, 초나라, 한나라, 위나라와 함께 제나라를 정벌하기로 했습니다.

기원전 284년, 5국 연합군은 제나라를 크게 무찔렀고, 제 민왕은 도성 밖으로 도망쳤습니다. 이 전투 이후 함락되지 않는 제나라의 성으로는 거와 즉묵만 남았고 나머지는 모두 연나라의 차지가 되었습니다. 이러한 상황은 6년 동안 지속되었습니다.

후계자가 무너뜨린 성과

무령왕의 성공에는 치명적인 그림자가 드리워져 있었습니다. 무령왕 27년(기원전 299년), 그는 국왕 이양식을 거행하고 아들 하(何)를 왕으로 세우고 자신을 '주부(主父)'라 부르며 왕위에서 물러났습니다. 이 하가 바로 혜문왕입니다. 혜문왕은 무령왕이 총애했던 혜후 오왜(吳娃)의 아들이었습니다. 하지만 무령왕에게는 맏아들 장(章)도 있었고, 장은 동생 하가 왕위를 계승한 것에 내심 불만을 품고 있었습니다.

무령왕은 왕위를 넘기고도 계속 활발하게 활동했습니다. 혜문왕 4년, 주부는 조나라를 나누어 큰아들 장을 대(代) 지역의 왕으로 삼으려 했으나 결정하지 못하고 미루어두었습니다. 이러한 우유부단함이 결국 비극을 불렀습니다. 얼마 후 큰아들 장이 전불례와 함께 반란을 일으켰고, 이 과정에서 충신 비의가 죽었습니다.

반란은 진압되었지만, 더 큰 비극이 기다리고 있었습니다. 장이 주부에게 도망쳤을 때 주부가 그를 받아들였고, 이에 공자 성과 이태는 주부의 궁을 포위했습니다. 장이 죽자 "공자 장 때문에 주부를 포위했으나 병사를 철수시키면 우리는 멸족을 당할 것"이라며 계속 포위를 유지했습니다. 결국 주부는 석 달 동안 먹지 못하고 굶어 죽었습니다. 호복을 입고 천하를 호령하던 개혁군주가 자신의 궁궐에서 굶어 죽는 비극이었습니다.

한편, 연 소왕의 성공도 지속되지 못했습니다. 소왕이 33년 만에 죽고 그의 아들 혜왕이 기원전 279년에 즉위하면서 상황이 바뀌기 시작했습니다. 태자 시절부터 혜왕은 악의와 사이가 좋지 않았습니다. 즉위한 후에는 악의를 의심하여 기겁에게 군대를 총괄하는 상장군 직책을 맡겼고, 이에 악의는 조나라로 망명했습니다.

제나라의 전단(田單)이 즉묵에서 연나라의 군대를 격파했고, 기겁은 전사했으며 연나라의 군대는 철수하게 되었습니다. 결국 제나라는 잃었던 성들을 모두 되찾았습니다. 혜왕의 짧은 통치는 7년 만에 끝났습니다. 인재를 의심하고 멀리한 결과, 소왕이 28년간 쌓아올린 성과가 불과 몇 년 만에 무너졌습니다.

위로부터의 개혁이 남긴 것

무령왕과 소왕, 두 군주 모두 위기에서 출발하여 혁신으로 국가를 일으켰습니다. 무령왕은 호복을 입고 기마전술을 도입하여 조나라를 강국으로 만들었고, 소왕은 곽외를 시작으로 천하의 인재를 모아 연나라를 부흥시켰습니다. 한 사람은 제도를, 다른 사람은 사람을 바꾸는 방식이었습니다.

두 군주의 공통점도 있었습니다. 둘 다 기존 관습에 도전했고, 반대를 설득하는 데 시간을 들였으며, 상당한 성과를 거두었습니다. 무령왕은 숙부 공자 성을 직접 찾아가 설득했고, 소왕은 곽외의 조언을 받아 단계적으로 인재를 모았습니다. 조나라는 영토를 확장했고, 연나라는 제나라를 굴복시켰습니다.

하지만 두 사람 모두 후계자 문제에서 실패했습니다. 무령왕은 왕위 계승을 명확히 하지 못해 아들들 간의 갈등을 불렀고, 결국 궁궐에서 굶어 죽었습니다. 소왕의 아들 혜왕은 아버지가 모은 인재들을 의심하여 악의를 내쫓았고, 28년간 쌓아올린 성과가 불과 몇 년 만에 무너졌습니다.

위로부터의 개혁은 빠르고 강력했지만, 한 세대를 넘기지 못했습니다. 개혁가가 사라지자 개혁도 함께 흔들렸습니다.

변화의 시작점이 다르면 결과도 다를까요?

상앙과 진승은 아래로부터, 조 무령왕과 연 소왕은 위로부터 변화를 시도한 인물들이었습니다. 상앙은 법으로 나라를 세웠고, 진승은 그 법에 반기를 들어 나라를 무너뜨렸습니다. 무령왕은 전통을 깬 제도를 통해, 소왕은 인재 등용을 통해 새로운 질서를 구축하고자 했습니다. 네 사람 모두 자신만의 방식으로 시대를 흔들어 놓았습니다.

흥미로운 점은 변화의 출발선에 따른 대비입니다. 상앙과 진승은 사회의 주변부에서 출발한 인물들이었습니다. 상앙은 권력 핵심과는 거리가 먼 왕족의 서자였고, 진승은 평범한 농민이었습니다. 반면 무령왕과 소왕은 권력의 정점에 있었지만, 안정을 버리고 변화를 택했습니다. 변화는 특정한 곳이나 사람에게서만 시작되는 것이 아니었습니다.

그러나 이들의 개혁은 모두 한계에 부딪혔습니다. 상앙은 자신이 만든 법에 의해 처형당했고, 진승은 권력을 잡은 뒤 오히려 백성의 신뢰를 잃고 몰락했습니다. 무령왕은 후계자 문제로 비극적인 결말을 맞았고, 소왕의 개혁은 그를 이은 세대에서 이어지지 못했습니다. 변화를 시작하는 것보다 지속시키는 것이 더 어려웠습니다.

특히 상앙과 진승의 관계는 역사적 아이러니를 보여줍니다. 강력한 국가를 만든 상앙의 법이, 결국 진승의 반란을 낳는 씨앗이 되었습니다. 법으로 일으킨 나라가 그 법 때문에 무너지기 시작한 것입니다.

변화는 언제나 그 자체로 모순을 안고 있으며, 오늘날에도 '어디서부터 어떻게 바꿔야 하는가?'라는 질문은 여전히 유효한 것 같습니다.

네 사람 모두 변화를 이끌었지만, 그 변화는 한 세대를 넘기지 못했습니다. 다음 장에서는 '물러남'이라는 또 다른 선택의 지혜를 살펴보겠습니다.

제4장

내려놓음의 미학

권력과 지위는 얻기도 어렵지만, 내려놓기는 더 어렵습니다. 특히 천하를 움직이는 인물일수록 스스로 물러나는 결정은 더욱 큰 용기와 지혜를 요구합니다.

범저와 채택은 모두 스스로 물러남으로써 혼란을 막고 명예를 지켰습니다. 계찰과 범려는 자신의 한계를 정확히 알고, 끝까지 권력에 집착하지 않음으로써 더 큰 자유와 영향력을 얻게 되었습니다.

네 사람 모두 권력의 정점에서 스스로 내려왔습니다. 과연 그들은 무엇을 보았고, 어떤 선택을 했을까요?

《범저와 채택 : 때를 아는 지혜》

기원전 3세기 중반, 진나라는 소양왕 치세 하에 강력한 통일제국으로 발돋움하고 있었습니다. 하지만 권력의 핵심에는 소양왕의 외삼촌 양후가 모든 실권을 쥐고 있었고, 진나라의 진정한 잠재력은 아직 발휘되지 못하고 있었습니다.

배신과 절망에서 시작된 운명

실컷 두들겨 맞고 겨우 살아난 한 남자가 있었습니다. 범저(范雎)는 위(魏)나라 출신으로, 큰 뜻을 품고 유세가가 되고자 했으나 집안이 가난했습니다. 그래서 그는 우선 위나라의 중대부 수고(須賈)를 섬기며 기회를 기다렸습니다.

수고가 제나라에 사신으로 갔을 때 범저도 수행했습니다. 제 양왕이 범저의 뛰어난 언변을 듣고 황금과 술을 보내 등용하려 했으나, 범저는 이를 거절했습니다. 그런데 이 일을 안 수고는 범저가 위나라의 기밀을 누설했기 때문이라고 의심했습니다.

위나라로 돌아온 뒤, 수고의 보고를 받은 재상 위제(魏齊)는 크게 분노했습니다. 그는 범저를 끌어다 심하게 매질했고, 갈비뼈와 이가 부러질 정도로 얻어맞은 범저는 죽은 척할 수밖에 없었습니다. 위제는 그를 대자리에 싸서 변소에 버렸고, 술 취한 빈객들은 범저의 몸에 오줌을 누는 모욕을 가했습니다.

자신을 지키던 사람에게 범저는 “당신이 나를 나갈 수 있게 해주면 반드시 후하게 갚을 것이오."라고 약속했습니다. 그를 지키던 사람이 위제에게 시신을 버려야겠다고 보고하자, 술에 취해 있던 위제는 허락했고, 범저는 겨우 탈출할 수 있었습니다.

정안평(鄭安平)의 도움으로 범저는 간신히 탈출하여 이름을 장록(張祿)으로 바꾸고 숨어 지냈습니다. 인생의 가장 밑바닥에서, 그는 다시 기회를 엿보아야 했습니다.

범저 인물관계도

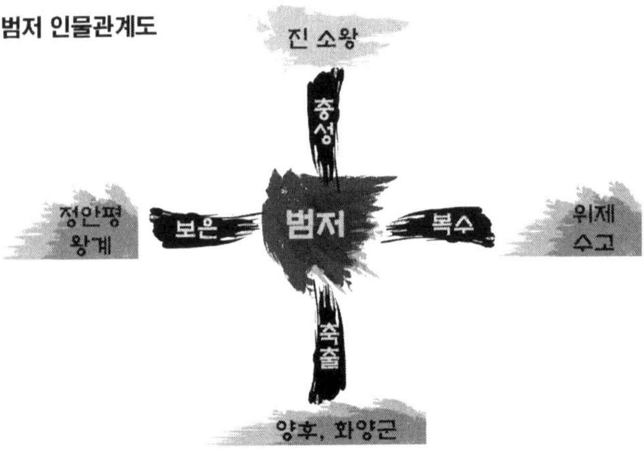

운명의 전환점과 기회 포착

그 무렵 진나라 소왕은 사신 왕계(王稽)를 위나라에 보냈습니다. 정안평은 몰래 범저를 왕계에게 소개했고, 왕계는 밤에 은밀히 그를 만나 이야기를 나누었습니다. 짧은 대화만으로도 범저의 비범함을 알아본 왕계는 범저를 수레에 태워 마침내 진나라로 향했습니다.

그런데 진나라로 향하는 길에서 위기가 찾아왔습니다. 진나라 재상 양후(穰侯)의 마차가 다가오자, 범저는 얼른 수레 뒤에 숨었습니다. 양후가 "제후의 유세객을 데리고 온 것은 아니겠죠?"라고 물었지만, 다행히 수색하지는 않았습니다. 양후가 그냥 지나가자, 범저는 "양후가 지혜롭다고 하더니 게으르군요. 의심하고도 수색하지 않았으니 분명 후회할 겁니다"라고 말했습니다.

과연 얼마 지나지 않아 양후는 기마병을 보내 수색했으나, 이미 늦었습니다. 정말 긴박한 순간이었습니다! 당시 양후는 소양왕의 외삼촌으로 모든 권력을 쥐고 있던 인물이었습니다.

진나라에 도착한 범저는 기용되지 못하고 1년여 동안 소홀한 대접을 받으며 기다렸습니다. 당시 소양왕은 삼진(조·위·한나라)에게 여러 차례 시달린 경험 때문에 유세가들을 신뢰하지 않았습니다.

하지만 범저는 이 시간을 헛되이 보내지 않았습니다. 당시 진나라의 권력 구조를 정확히 파악했던 것입니다.

양후는 소양왕의 외삼촌으로, 이복형인 무왕이 신하들과 힘자랑을 하다가 재위 4년(기원전 307년)만에 갑자기 죽자, 당시 연나라에서 볼모로 있던 조카 소양왕을 옹립했고 이후 진나라에서 막강한 권한을 행사했습니다.

선태후는 중국 역사상 최초의 태후로 일컬어지며, 초나라 출신으로 미팔자(芈八子, '미'는 초나라 왕족의 성씨이고, '팔자'는 진나라 후궁의 계급)라 불렸습니다. 경양군과 고릉군은 선태후가 북방의 이민족 의거왕과 불륜으로 낳은 아들로, 양후와 함께 진나라 정치를 장악했습니다.

이들은 각각 재상과 장군이 되어 봉읍을 가졌고, 태후의 권세 때문에 집안의 부가 왕실보다 더 부유했습니다.

마침내 범저는 목숨을 걸고 글을 올렸습니다. 소양왕이 범저를 불렀을 때, 범저는 일부러 도발했습니다. "진나라에 왕이 어디 있느냐? 오직 태후와 양후만 있을 뿐이지." 이 말에 놀란 소양왕이 무릎을 꿇고 가르침을 청하자, 범저는 핵심 전략을 제시했습니다. "왕께서는 멀리 떨어진 나라와는 우호 관계를 맺고, 가까운 나라부터 공격하시는 것이 낫습니다." 여기서 진나라 통일 대업의 근간이 된 '원교근공(遠交近攻)' 정책이 나왔습니다.

권력의 중심에서 멀리 있던 한 사람이 제국의 운명을 바꾸는 전략을 제시한 것입니다. 이처럼 기회는 정말 예상치 못한 순간에 찾아오는 것일까요?

권력의 핵심을 향한 승부수와 복수의 완성

몇 년 후 범저는 결정적 한 수를 던졌습니다. "열매가 너무 많으면 가지를 부러뜨리고, 수도가 너무 크면 나라를 위태롭게 합니다. 지금 진나라에는 태후와 양후가 권력을 잡고 있으니 결국 진나라 왕이 없는 것입니다."

소양왕은 범저의 이 말에 크게 공감하여 과감한 결단을 내렸습니다. 태후를 폐출시키고 양후 일족을 함곡관 밖으로 내쫓았습니다. 범저는 진나라 재상이 되어 응후(應侯)라 불리게 되었습니다. 양후 일족이 가져간 짐이 수레 1천 대를 넘을 정도로 그들은 왕실보다 부유했다고 합니다.

범저가 재상이 되었지만, 위나라 사람들은 그를 장록이라고 알고 있었기 때문에 그가 죽은 것으로 여겼습니다. 위나라가 수고를 사신으로 보내자, 범저는 신분을 감추고 낡은 옷을 입고 찾아갔습니다. 수고는 범저를 가엾게 여겨 자신의 두터운 솜옷을 건네주었습니다.

범저는 수고를 재상 관저로 데려가 정체를 드러냈습니다. 수고가 용서를 구하자, 범저는 말했습니다. "너의 죄는 세 가지다. 나를 모함한 것, 위제가 나를 욕보일 때 말리지 않은 것, 빈객들이 내 몸에 오줌을 누는데 모른 척한 것이다. 그러나 오늘 당신을 죽이지 않는 것은 솜옷을 주며 옛정을 잊지 않았기 때문이다."라고 말하며 수고를 용서했습니다.

하지만 위제에 대한 범저의 복수는 철저했습니다. 범저는 크게 잔치를 벌여 여러 나라 사신을 초대하고, 수고를 대청 아래에 앉게 해서 말과 소가 먹는 여물을 구유에 담아 그 앞에 내놓았습니다. 그리고 일부러 경형(黥刑)을 받은 두 죄인을 옆에 앉게 하고 모욕과 위협을 주며 위제의 목을 요구했습니다.

한편, 범저는 자신을 도운 정안평과 왕계를 장군과 태수로 추천하며 은혜를 갚았습니다. 이로부터 "밥 한 그릇의 은덕에도 반드시 보답하고, 눈 한 번 흘긴 원한도 반드시 갚는다"라는 말이 생겨났습니다(일반필상, 애자필보, 一飯必償, 睚眦必報). 이 말은 인간 관계와 신의를 지키는 근본 원리를 보여줍니다. 작은 은혜에도 감사하고, 작은 원한에도 경각심을 가져야 한다는 의미가 담겨 있습니다.

여러분은 자신에게 선을 베푼 사람과 악을 행한 사람을 어떻게 구분하시나요? 범저처럼 명확한 기준을 가지고 계신가요?

그런데 이때 자신이 추천한 정안평과 왕계가 나중에 반역죄로 몰리면서 범저의 입지가 위태로워졌습니다. 성공의 정점에서도 새로운 위험이 기다리고 있었던 것입니다.

해는 서쪽으로 지고, 달이 차면 기운다

연나라 출신의 채택(蔡澤)은 사방에서 유학하며 크고 작은 여러 나라의 왕에게 유세를 펼쳤지만, 번번이 능력을 인정받지 못했습니다. 조나라와 한나라, 위나라에서 쫓겨나고 강도까지 만나 빈털터리가 된 채택에게 절호의 기회가 찾아왔습니다. 범저가 추천한 인재들이 문제를 일으켜 그가 곤란해하고 있다는 소식을 들었던 것입니다.

채택은 즉시 진나라로 향했습니다. 그런데 그는 소왕을 직접 만나려 하지 않고 교묘한 전략을 구사했습니다. 사람을 시켜 이런 소문을 퍼뜨리게 한 것입니다.

"연나라의 유세객 채택은 천하에 뛰어난 유세가이다. 진왕은 틀림없이 그를 좋아하게 되어 범저가 곤란해질 것이고, 끝내는 범저의 자리를 빼앗을 것이다."

이 소문을 들은 범저는 자존심이 상했습니다. 범저는 사람을 보내 채택을 불렀고, 채택의 계획이 성공했습니다. 채택은 범저를 만났을 때 매우 오만한 태도를 보였고, 범저가 꾸짖자 오히려 당당히 대답했습니다.

하지만 채택의 진짜 전략은 이제부터 시작이었습니다. 그는 본격적인 설득에 나섰습니다. "옛말에 '일중즉이, 월만즉휴(日中則移, 月滿則虧)'

라고 했습니다. 즉 해가 중천에 이르면 서쪽으로 기울고, 달이 차면 곧 이지러진다는 뜻입니다. 상앙, 백기, 오기, 문종은 모두 물러날 때를 모르다가 비극적 최후를 맞았지만, 범려는 성공한 후 홀연히 떠나 목숨을 지켰습니다."

또한 채택은 『역경』의 말을 인용했습니다. "끝까지 올라간 용은 뉘우칠 날이 있다. 이는 오르기만 하고 내려올 줄 모르고, 뻗을 줄만 알고 굽힐 줄을 모르며, 나아가는 것만 알고 돌아설 줄을 모르는 사람을 비유한 말입니다.(항룡유회, 亢龍有悔)"

마침내 채택의 설득은 성공했습니다. 범저는 감탄하며 말했습니다. "좋은 말씀이오, 나 역시 욕심을 부리며 그칠 줄을 모르면 그 욕심 부린 것마저 잃는다는 것을 알고 있소이다."

지혜로운 승계와 현명한 퇴장

며칠 뒤 범저는 조정에 들어가 진 소왕에게 채택을 추천했습니다. "채택이라는 빈객이 산동에서 저를 찾아왔습니다. 이 사람은 말재주가 뛰어나고, 삼황오제의 일에 밝고 세속의 변화에 통달하여 진나라의 정무를 맡기기에 충분합니다. 지금까지 신이 만나본 사람이 수도 없이 많지만, 그와 비교할 수 있는 사람은 없습니다. 신도 그에 미치지 못합니다."

진 소왕이 채택을 만나 이야기를 나누고 매우 만족하여 그를 외국 출신의 고위 관료인 객경에 임명했습니다. 범저는 이 기회에 병을 핑계로 재상의 도장을 반납했고, 소왕은 채택을 진나라의 재상으로 임명했습니다.

범저는 죽을 위기에서 살아남아 오히려 더 큰 성공을 이뤘습니다. 그리고 자신이 추천한 인물들의 실패로 위기에 처했을 때, 채택에게 자리를 물려주었습니다.

하지만 권력의 정점에서도 채택은 자신의 신념을 잊지 않았습니다. 채택이 진나라의 재상이 된 지 몇 달 뒤 누군가 그를 모함했을 때, 채택은 죽임을 당할까 두려워 즉시 병을 구실로 재상의 도장을 반납했습니다. 실로 놀라운 위기관리 능력이었습니다! 위험 신호를 감지하자마자 미련 없이 물러나는 결단력을 보인 것입니다.

소왕은 그를 강성군으로 봉했습니다. 채택은 진나라에 10년 넘게 머무르면서 소양왕, 효문왕, 장양왕을 모셨습니다. 채택은 자신이 원했던 부귀영화를 모두 누렸습니다. 채택은 처음부터 성공한 후에는 그 자리에 연연하지 않겠다는 마음가짐을 가지고 있었고, 실제로 그렇게 살았습니다.

서로 다른 길, 같은 깨달음

흥미롭게도 진나라에서는 권력이 마치 생태계의 먹이사슬처럼 이어졌습니다. 양후가 범저에 의해, 범저가 채택에 의해 물러나게 된 것입니다. 그런데 이것은 단순한 권력 투쟁이 아니었습니다. 오히려 각자가 때를 알고 적절히 물러나는 지혜의 계승이었습니다.

채택이 범저에게 했던 말처럼, '장강의 뒷물결이 앞 물결을 밀어내듯(長江後浪推前浪)'이 새로운 인재가 기존의 인재를 대신하는 것은 자연스러운 일입니다. 중요한 것은 앞 물결이 뒷물결을 원망하는 것이 아니라, 자신의 역할을 다하고 때가 되면 기꺼이 자리를 내어주는 것입니다. 범저와 채택 모두 이런 선택을 한 인물들이었습니다.

범저와 채택은 서로 다른 배경에서 출발했지만, 결국 같은 깨달음에 도달했습니다. 범저는 절망적인 고난에서 시작해 권력의 정점에 올랐고, 채택은 여러 나라를 떠돌며 기회를 찾다가 마침내 진나라에서 꽃을 피웠습니다. 그리고 두 사람 모두 정점에서 스스로 내려왔습니다.

범저의 방식과 채택의 방식은 달랐습니다. 범저는 인내하고 복수하고 또 관용을 베풀었습니다. 채택은 처음부터 상황을 꿰뚫어 보고 상대의 심리를 이용했습니다. 하지만 성공한 후의 선택은 같았습니다. 집착하지 않고, 위험을 감지하면 미련 없이 물러났습니다.

여러분은 언제 앞서 나가고, 언제 물러서야 할지 알고 있으신가요? 역사는 끊임없이 흘러가고, 한 시대의 영웅도 결국 다음 세대에게 자리를 내주게 되는 것이 인간사의 이치가 아닐까요?

《계찰과 범려 : 집착하지 않는 양보와 물러남》

기원전 5세기 무렵 패권을 둘러싼 치열한 경쟁 속에서도 권력과 성공에 집착하지 않는 두 현자가 있었습니다. 한 사람은 왕위를 세 번이나 거부한 오나라의 계찰이었고, 다른 한 사람은 최고의 성공을 이룬 후 홀연히 사라진 월나라의 범려였습니다.

왕위를 세 번 거부하다

<오나라 초기 가계도>

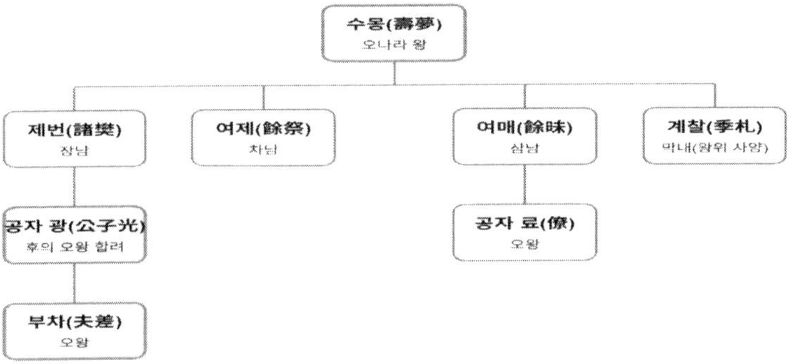

기원전 560년, 오나라의 왕 수몽(壽夢)이 세상을 떠났습니다. 수몽에게는 네 명의 아들이 있었는데, 장남 제번(諸樊), 차남 여제(餘祭), 삼남 여매(餘昧), 그리고 막내 계찰(季札)이었습니다. 수몽은 네 아들 중 가장 어질다고 여긴 막내 계찰을 왕으로 세우고 싶어 했습니다. 하지만 계찰은 이를 완강히 거절했습니다.

제번이 왕위에 오른 첫해, 그는 상을 마친 후 동생 계찰에게 왕위를 물려주려 했습니다. 그러나 계찰은 단호히 사양하며 이렇게 말했습니다.

"형님은 합법적 계승자인데, 누가 감히 형님의 권위에 도전할 수 있겠습니까? 국가의 군주는 제 뜻대로 되는 것이 아닙니다." 최고 권력을 거부한다는 그것이 얼마나 어려운 일일까요?

계찰은 집을 버리고 농사를 짓기 시작했고, 그제서야 사람들은 그를 왕으로 세우려는 시도를 멈추었습니다. 기원전 548년 왕 제번이 세상을 떠나면서 동생 여제에게 왕위를 물려주라는 유언을 남겼는데, 이는 결국 계찰에게 왕위가 돌아가게 하려는 의도였습니다. 하지만 계찰은 이번에도 다시 한 번 왕위를 거부했습니다.

기원전 544년, 오나라는 계찰을 노나라에 사신으로 보냈습니다. 이때 계찰의 가장 유명한 일화가 탄생합니다. 그가 북쪽 서군을 지나갈 때, 서군의 군주가 계찰의 검이 마음에 들었지만 차마 입으로 말하지 못했습니다. 계찰은 이를 마음으로 알았지만, 사신으로서의 예법과 임무 때문에 즉시 검을 줄 수 없었습니다.

돌아오는 길에 서군을 다시 들렀지만, 안타깝게도 군주가 이미 세상을 떠났습니다. 그런데도 계찰은 보검을 풀어 서군 군주 무덤 위의 나무에 걸어 놓고 떠났습니다. 시종이 "서군은 이미 죽었는데 누구에게 주시려는 것입니까?"라고 물었을 때, 계찰은 "그런 말 하지 마라. 당초 내가 주기로 마음먹었는데 죽었다고 내 마음을 바꿀 수 있겠는가?"라고 대답했습니다. 이로부터 '계찰괘검(季札掛劍)'이라는 고사성어가 나왔습니다. 여러분은 마음속으로만 한 약속도 지키시나요?

기원전 527년, 왕 여매가 죽으면서 동생 계찰에게 왕위를 주려 했으나, 계찰은 또다시 사양하며 자리를 피했습니다. 놀랍게도 세 번에 걸쳐 왕위를 거부한 것입니다.

권력 투쟁과 현자의 조언

결국 수몽은 장남 제번을 세워 나라를 다스리게 했습니다. 하지만, 이 결정이 훗날 오나라 내부에 권력 투쟁의 불씨를 남기게 됩니다.

기원전 522년, 초나라에서 오자서가 오나라로 도망쳐 오면서 역사의 물줄기가 바뀌게 됩니다. 공자 광(훗날 오왕 합려)은 오자서를 객사로 맞아들였습니다. 공자 광은 선왕 제번의 큰아들로, 늘 왕위에 대한 야망을 품고 있던 인물이었습니다.

공자 광은 이렇게 생각했습니다. "내 아버지에게는 형제가 넷이었는데, 왕위는 계찰에게 가기로 되어 있었소. 하지만 계찰이 처음에 왕위를 거부했기에 내 아버지가 먼저 즉위했던 것이오. 이제 계찰에게 전해지지 않았으니, 내가 오르는 것이 당연하지 않겠소?"

이런 생각을 품은 공자 광은 은밀히 유능한 인재들을 모아 사촌인 오왕 요를 습격하고 왕위를 빼앗았습니다. 권력에 대한 야망은 사람을 이렇게 변화시킬 수 있는 것일까요?

한편 계찰은 음악에 대한 깊은 이해를 통해 문화적 통찰력을 보여주었습니다. 노나라에서 주나라의 음악을 들으며 각 나라의 정신과 문화를 꿰뚫어 보는 놀라운 능력을 발휘했습니다. 그는 제나라에서 안영에게, 정나라에서 자산에게, 진나라에서는 여러 대부들에게 각각 정치적 예언과 조언을 했습니다. 모든 예언이 적중했습니다.

계찰은 노나라를 떠나 제나라로 갔고, 그곳에서 안영에게 중요한 조언을 했습니다.

"그대는 서둘러 봉읍과 정권을 내놓으시오. 봉읍과 정권이 없어야 재앙을 면할 수 있소. 제의 정권은 장차 어딘가로 옮겨갈 터인데 그 자리를 찾기 전에는 재난이 그치지 않을 것이오."

이 조언 덕분에 안영은 정권과 봉읍을 내놓음으로써 난씨와 고씨가 일으킨 난에서 벗어날 수 있었습니다.

정나라에 도착한 계찰은 자산을 만났는데, 마치 오래전부터 알고 지낸 친구처럼 친밀하게 대했습니다. 그는 자산에게 "정나라의 집정자가 교만하고 사치스러워 재난이 곧 닥치고 정권은 분명 당신에게 갈 것이오. 그대가 정권을 맡으면 예의에 따라 신중하게 처리하시오. 그렇지 않으면 정은 몰락할 것이오."라고 경고했습니다.

진나라에서는 조문자, 한선자, 위헌자에게 "진이 당신들 세 집안에 집중될 것이오."라고 예언했습니다. 또한 숙향에게는 "당신이 애쓰시오. 군주가 교만하고 사치하나 좋은 신하가 많고 대부들 모두 부유하니 정권이 이 세 집안으로 돌아갈 것이오. 당신은 곧은 사람이나 재난을 피할 방법을 꼭 생각하시오!"라고 충고했습니다.

계찰의 통찰력은 어디에서 비롯되었을까요? 계찰은 왕위에 오르지 않았지만, 더욱 존경받는 인물이 되었습니다.

성공 후의 선택

이와는 완전히 다른 길을 걸은 인물이 있었습니다. 월나라의 범려는 권력을 거부하는 대신 고난을 받아들였습니다. 초나라의 가난한 집안에서 태어난 그는 문종과 함께 월나라로 망명하여 월왕 구천의 책사가 되었습니다.

기원전 494년 월나라가 오나라에 패배했을 때, 범려는 구천을 따라 오나라로 가서 굴욕적인 시중을 드는 구천을 헌신적으로 보살폈습니다.

3년 후 구천과 함께 월나라로 귀국한 범려는 친구 문종과 함께 부국강병에 최선을 다했고, 마침내 기원전 473년 이십여 년에 걸친 오월쟁패(吳越爭霸, 오나라와 월나라 간의 패권 다툼) 끝에 오나라를 멸망시키는 데 성공했습니다. 월왕 구천은 춘추오패 반열에 올랐고, 범려는 그 성공의 일등 공신이었습니다.

오나라 멸망 후, 범려는 중대한 결정을 내렸습니다. 그는 구천이 어려운 일은 함께 할 수 있지만 그 공을 나누어 갖지 못하는 성격임을 간파했습니다. 마침내 범려는 모든 것을 버리고 월나라를 떠나기로 결심했습니다.

오랜 세월을 고생하며 성공을 이룬 뒤에 모든 것을 버리고 떠난다는 이 결정이 얼마나 어려운 일이었을까요? 또한, 범려는 친구 문종에게 함께 떠나자고 편지를 보냈습니다.

"새를 다 잡고 나면 활은 창고에 넣어 두고(조진궁장, 鳥盡弓藏), 토끼 사냥이 끝나면 사냥개는 삶아 먹힌다(토사구팽, 兎死狗烹)."

나라를 위해 평생을 바친 뒤 떠난다는 건 쉽지 않은 결정이었지만,

그는 뒤도 돌아보지 않고 월나라를 떠났습니다.

하지만 망설이던 문종은 결국 구천의 의심을 사 스스로 목숨을 끊고 말았습니다. 이 이야기를 우리는 '토사구팽(兎死狗烹)'이라고 부릅니다. 즉, 목적을 이루고 나면 필요 없어진 사람을 버린다는 뜻입니다. 그런데 여러분, '토사구팽'을 흔히 한신의 이야기에서 나왔다고 알고 있지 않나요? 사실 범려의 일화가 한신보다 훨씬 먼저였다는 점, 놀랍지 않으신가요?

월나라를 떠난 범려는 스스로 이름을 '치이자피(鴟夷子皮)'로 바꾸었습니다. 치이자피라는 이름은 오나라의 충신 오자서(伍子胥)가 죽은 후 가죽부대에 담겨 강물에 던져진 사건에서 유래했습니다. 범려는 충신의 비극적 최후를 기억하며 자신도 때를 놓치면 같은 운명을 맞을 수 있다는 경각심으로 이 이름을 택했습니다.

집착하지 않는 삶의 완성

제나라에서 농사를 지어 재물을 크게 모은 범려는 이것을 모두 사람들에게 나누어 주었습니다. 이후 물류의 중심지였던 도(陶) 지역에 정착하여 도주공(陶朱公)이라는 이름으로 장사를 크게 확장해 다시 한번 큰 부를 축적했습니다.

그러나 완벽해 보이는 범려의 삶에도 비극은 찾아왔습니다. 그의 둘째 아들이 초나라에서 살인죄를 저질러 옥에 갇히는 사건이 발생했습니다. 범려는 처음에 셋째 아들을 보내려 했으나, 장남이 나서서 이 일을 맡겠다고 했습니다. 범려는 일천금을 주며 초나라의 오랜 친구인 장생을 찾아가도록 했고, "둘째가 풀려나도 아무 이유를 묻지 말고 그냥 황금을 장생에게 주고 오너라."라고 당부했습니다.

당시 장생은 초나라 왕의 존경을 받는 청렴한 인물이었습니다. 그는 범려의 장남에게서 황금을 받고 왕에게 간언하여 전국에 사면령을 내리도록 했습니다. 한편, 초나라에 남아 동생의 석방을 기다리던 장남은 사면령 소식을 듣고 장생이 의심스러워 황금이 아까워 그를 다시 찾아갔습니다. 찾아온 의도를 간파한 장생은 받았던 황금을 내놓았고, 장남은 이를 챙겨 의기양양하게 물러났습니다.

그러나 장생은 즉시 초나라 왕을 찾아가 "도주공(범려) 아들이 사람을 죽이고 옥에 갇혀 있는데, 왕의 측근이 주공의 뇌물을 받아 왕께서 그를 살리려고 사면령을 내리실 거라는 소문이 파다합니다."라고 전했습니다. 격노한 왕은 도주공의 아들을 먼저 사형에 처한 후에 사면령을 내렸습니다.

결국 장남은 동생의 시신을 안고 돌아왔고, 가족은 통곡했지만, 범려는 오히려 태연히 말했습니다. "첫째는 고생을 알기에 돈을 아까워하고, 셋째는 어려서부터 부유하게 자라 돈에 미련이 없다. 그래서 셋째를 보내려 했다. 운명이다, 어쩔 수 없다."

범려는 모든 형세를 파악하는 혜안의 소유자였습니다. 두 아들의 기질, 친구 장생의 성품, 장생에 대한 초나라 왕의 존경심 등을 모두 꿰뚫고 있었던 것입니다. 그러나 처세의 달인 범려도 운명 앞에서는 어쩔 수 없었습니다.

우리의 삶에서도 아무리 지혜롭고 능력 있는 사람이라도 피할 수 없는 운명이 있는 것일까요?

집착하지 않는 부

그는 "귀한 것이 극에 이르면 도리어 천한 것으로 바뀐다"는 경제 원칙을 확고하게 인식하고 있었습니다. 수만 금을 모아 대부호가 된 범려는 자신이 번 재물을 사람들에게 세 번이나 흔쾌히 나누어 주었습니다. 이로부터 '삼취삼산(三聚三散)'이라는 고사성어가 나왔습니다. 세 번 모으고 세 번 흩어준다는 뜻으로, 부에 집착하지 않는 마음을 표현합니다.

민간 전설에 따르면, 범려는 월나라를 떠날 때 중국 4대 미인 중 한 명인 서시(西施)와 함께 여생을 보냈다고 합니다. 이렇게 그는 권력과 재물, 그리고 미인까지 두루 갖추어 많은 이들의 부러움을 사는 삶을 살았습니다.

후대 사람들은 범려의 삶을 '성공자퇴(成功者退)'와 '명철보신(明哲保身)'이라는 말로 표현했습니다. 성공한 사람은 물러날 때를 알아야 하고, 분별력 있는 행동으로 자신을 보전해야 한다는 뜻입니다. 사람들은 그를 존경하여 상업의 성인이라는 의미인 '상성(商聖)'이라 불렀고, 중국인들은 그를 재물을 모아주는 신으로 섬겼습니다. 흥미롭게도 중국인들은 삼국지에 나오는 관우(關羽)를 재물을 지켜주는 신으로, 그리고 범려를 재물을 모아주는 신으로 섬깁니다.

부를 쌓는 것과 나누는 것, 어느 쪽이 더 어려울까요? 범려는 세 번 큰 부를 모았고, 세 번 모두 나누어 주었습니다. 자신만의 '삼취삼산'을 실천한다면 여러분의 삶은 어떻게 달라질까요?

서로 다른 길, 같은 지혜

계찰과 범려는 집착하지 않는 삶을 살았지만, 그 접근법은 완전히 달랐습니다. 계찰은 처음부터 권력을 거부했습니다. 반면 범려는 성공의 정점에서 스스로 물러났습니다.

계찰은 세 번이나 왕위를 사양하고 농사를 지으며 살았습니다. 범려는 월나라를 떠나 새 이름으로 장사를 하며 세 번이나 큰 부를 모았다가 흩어주었습니다. 두 사람 모두 무언가에 얽매이지 않는 삶을 살았습니다.

흥미롭게도 두 사람 모두 존경받는 인물이 되었습니다. 계찰은 왕위에 오르지 않았지만 현자로 추앙받았고, 범려는 권력을 버렸지만 상성으로 추앙받았습니다.

우리는 어떤 것에 너무 집착하고 있는 것은 아닐까요? 계찰과 범려가 보여준 것처럼, 때로는 얻는 것보다 내려놓는 것에서 진정한 가치를 발견할 수 있을지도 모릅니다.

당신은 이제 어떤 것을 내려놓아야 할까요?

때를 아는 지혜가 만든 자유

범저와 채택, 계찰과 범려. 이 네 명의 인물은 시대와 상황은 달랐지만, 한 가지 공통된 선택을 했습니다. 모두 권력의 정점에서 스스로 내려왔습니다.

범저는 죽음의 문턱에서 살아남아 진나라 재상이 되었습니다. 그리고 자신이 추천한 인물들이 문제를 일으켜 위기에 처했을 때, 채택에게 자리를 물려주었습니다. 채택은 범저에게 "해가 중천에 이르면 서쪽으로 기울고, 달이 차면 이지러진다."라고 말했습니다. 그리고 스스로 재상이 된 후 위험 신호를 감지하자마자 즉시 도장을 반납했습니다.

계찰은 왕위를 세 번이나 거부했습니다. 첫 번째, 두 번째, 세 번째 모두 사양하며 자리를 피했습니다. 범려는 오나라를 멸망시키고 월왕 구천을 춘추오패로 만든 후 모든 것을 버리고 떠났습니다. "새를 잡고 나면 활은 창고에 넣게 된다"라는 편지를 문종에게 남긴 채 말입니다.

네 사람의 선택은 각자 달랐습니다. 범저는 위기의 순간에 물러났고, 채택은 위험을 감지하고 물러났습니다. 계찰은 처음부터 권력을 거부했고, 범려는 최고의 성공을 이룬 후에 떠났습니다. 시작점도 달랐고, 물러나는 방식도 달랐습니다.

하지만 결과는 비슷했습니다. 범저는 채택에게 존경받으며 자리를 넘겼고, 채택은 세 명의 왕을 섬기며 안전하게 살았습니다. 계찰은 왕위 없이도 현자로 추앙받았고, 범려는 권력 없이도 상성으로 존경받았습니다. 네 사람 모두 권력에 얽매이지 않는 삶을 살았습니다.

여러분은 어느 순간에 서 있나요? 네 사람의 이야기는 여기에서 끝나지만, 우리 각자의 이야기는 계속됩니다. 여러분은 무엇을 내려놓고, 무엇을 지킬 것인가요?

이제 《사기》 속 선택의 지혜를 따라온 여정을 마무리하며, 저자의 마지막 이야기로 넘어갑니다.

맺음말
(고전은 살아 있습니다)

고전은 단지 오래된 책이 아닙니다. 수천 년을 지나면서도 사람의 마음을 움직이고, 삶의 방향을 묻는 책, 그것이 진짜 고전입니다. 그리고 《사기》는 그중에서도 가장 인간적이고 가장 치열한 고전입니다.

사마천은 권력의 명암, 충성과 배신, 성공과 몰락의 순간들을 낱낱이 기록하며 단순한 역사 너머의 이야기를 남겼습니다. 그는 황제와 장군, 재상과 간신, 상인과 시인까지 무대 위에 올려놓았지만, 결국 하나의 질문을 향해 나아갔습니다.

"나는 어떻게 살아야 할 것인가?"

이 책은 《사기》 속 인물들을 통해, 그 질문에 대한 다양한 길을 보여주고자 했습니다. 누군가는 욕망을 좇다 스러졌고, 누군가는 뜻을 위해 물러났습니다. 어떤 이는 우정을 지켰고, 또 어떤 이는 권력 앞에 무너졌습니다. 그들의 선택은 제각각이었고, 결과도 극적으로 엇갈렸습니다.

시대와 조건은 달라도, 우리 역시 크고 작은 결정을 반복하며 살아갑니다. 이 책이 여러분의 선택 앞에 작은 참고가 되기를 바랍니다.

책장을 덮는 지금, 여러분은 어떤 인물이 떠오르시나요? 누군가의 말 한마디, 행동 하나가 오래도록 기억된다면, 그 인물이 바로 지금 당신이 닮고 싶은 사람일지도 모릅니다. 그리고 그 인물처럼 살기 위해, 오늘 당신은 어떤 선택을 하시겠습니까?

고전은 살아 있습니다.

그리고 그 중심에는 여전히, "어떻게 살아야 할 것인가?"라는 질문이 숨 쉬고 있습니다.

저자 후기

고전을 좋아했습니다.

다만 그것이 단순한 취향을 넘어, 누군가에게 의미 있는 이야기로 전달될 수 있을까에 대해서는 확신이 없었습니다.

그저 오래된 인물들의 삶을 읽고 감탄하거나 안타까워하거나, 때로는 나 자신을 투영해 보는 조용한 독서가 익숙했습니다.

그러던 어느 날 문득 이런 생각이 들었습니다.

"나는 이 인물들의 이야기를 통해 참 많은 것을 생각하고 배웠다. 그렇다면 이 배움을 나눌 수도 있지 않을까?"

《사기》 속 인물들은 오늘날의 기준으로 보면 낯설고 때론 과격한 모습도 보입니다. 하지만 그들도 저마다의 현실과 고민 속에서 선택했습니다.

인간관계의 갈등, 명예와 실리의 줄다리기, 물러남과 맞섬의 타이밍 등, 그 모든 것이 지금을 사는 우리에게도 낯설지 않은 이야기입니다.

그래서 이 책은 고전을 해설하는 데서 멈추기보다, 고전과 사람 사이를 잇는 다리를 놓고 싶었습니다. 어떻게 하면 고전의 깊이를 잃지 않으면서도, 독자에게 따뜻하고 현실적인 이야기로 다가갈 수 있을까?

그 질문을 끌어안고 썼습니다.

처음부터 완벽한 글을 쓰겠다고 생각하지는 않았습니다. 오히려 '한 걸음을 내딛는 것' 자체가 중요하다고 믿었습니다.

이 책은 그런 의미에서 제 첫 번째 고전 해설서이자, 작지만 진심을 담은 기록입니다.

누군가에게 《사기》는 여전히 멀고 어려운 책일 수 있습니다. 그러나 그 안의 사람 이야기는 우리 삶과 닿아 있습니다. 이 책이 그런 연결고리가 되어주기를 바랐습니다.

저는 여전히 배우는 사람입니다. 고전과 현실, 문장과 마음 사이의 거리를 조금씩 좁혀가는 중입니다. 이 책이 끝이 아니라, 더 깊은 이야기로 이어지는 시작이 되기를 바랍니다.

글을 쓰는 동안 가장 큰 힘이 되어 준 것은 가족이었습니다.

오랜 시간 묵묵히 응원해 준 아내와, 자신들의 길을 성실히 걸어가며 아버지를 믿고 기다려 준 두 아들에게 고마운 마음을 전합니다. 함께하지 못한 시간에 대한 미안함이 늘 남지만, 이 책이 그 시간의 의미를 조금이나마 대신해 주길 바랍니다.

끝으로, 이 책을 읽어주신 독자 여러분께 깊이 감사드립니다.

고전 속 인물과 저의 글 사이에서 단 한 줄이라도 마음에 머물렀다면, 그것이 저자에게는 가장 큰 보람입니다.